我和埃米的富足之路

〔美〕罗伯特·清崎　〔美〕埃米·清崎　著

刘思佳　译

四川人民出版社

readers-club

北京读书人文化艺术有限公司
www.readers.com.cn
出　品

致中国读者的一封信

亲爱的中国读者：

你们好！

今年是《富爸爸穷爸爸》在美国出版20周年，其在中国上市也已经整整17年了。我非常高兴地从我的中国伙伴——北京读书人文化艺术有限公司（他们在这些年里收到了很多读者来信）那里了解到，你们中的很多人因为读了这本书而认识到财商的重要性，从而努力提高自己的财商，最终同我一样获得了财务自由。

我很骄傲我的书能够让你们获益。20年后的今天，世界又处在变革的十字路口。全球经济形势日益复杂，不断涌现的"黑天鹅事件"加剧了世界发展的不确定性，人们对未来充满迷茫，悲观主义情绪正在蔓延。

而对于你们，富爸爸广大的中国读者来说，除了受世界经济的影响，还要面对国内经济转型的阵痛，这个过程艰苦而漫长。当然，为了成就这种时代的美好，你必须坚持正确的选择，拥有前进的智慧和勇气。这就需要你努力学习。此次修订除了对原来内容的更新，还增加了许多全新的小版块。这些小版块贯穿全书，可以看作是穿越时光的透视镜，它们从今天回望

1997年这本书诞生的时候,用今天的形势来印证富爸爸当初的理念。

最后,我还是要说,任何人都能成功,只要你选择这么做!

罗伯特·清崎
2017年6月

出版人的话

转眼间,"富爸爸"问世已20年,与中国读者相伴也已17余年。在中国经济和社会蓬勃发展的17余年间,"富爸爸"系列丛书的出版影响了千千万万的中国读者,有超过1000万的读者认识了富爸爸、了解了财商。在"富爸爸"的忠实读者中,既有在餐厅打工的服务员,也有执教讲堂的大学教授;既有满怀创业梦想的年轻人,也有安享晚年的退休人士。"富爸爸"的读者群体之广、之大,是我们不曾预料到的。

作为一套在中国风靡大江南北、引领国人创业创富的财商智慧丛书,"富爸爸"系列伴随和见证了千万读者的创富经历和成长历程,他们通过学习财商,已然成为中国的"富爸爸",这也是我们修订此书的动力。十几年来,"富爸爸"系列也在不断地增加新的"家族成员",新书的内容也越来越贴合当下经济的快速发展以及国内风起云涌的经济大潮,我们也在十几年的财商教育过程中摸索出了一套适合国内大众群体的"MBW"财商理论体系,即从创富动机、创富行为习惯、创富路径三方面培养学员的财商,增强大家和财富打交道的积极意识,提高抗风险的能力。

曾有一位来自深圳的学员告诉我,他当年就是因为读了《富爸爸穷爸爸》一书,并通过系统的财商训练,才在事业上取得了巨大的成功。难能可贵的是,成功后的他并没有独享财富,而是将自己致富的秘诀——"富爸爸"财商理念分享给了更多想要创业、想要致富、想要成功的人。

在"富爸爸"的忠实读者群中,类似的成功故事还有很多很多。在"富爸爸"的影响下,每一位创富的读者都非常乐意向更多的朋友传授自己从财商训练中获得的成功经验。

值此"富爸爸"20周年之际,作者的最新修订版再次契合了时代的发展、读者的需要。在经济金融全球化的发展与危机中,作者总结过去、现在和未来财富的变化与趋势,并重温了富爸爸那些简洁有力的财商智慧,在中华民族伟大复兴的新时代,"富爸爸"系列丛书将结合财商教育培训,为读者带来提高财商的具体办法,以及在中国具体环境下的MBW创富实践理论。丛书的出版公司北京读书人文化艺术有限公司将和相关的财商教育培训机构一起,从图书、财商游戏、财商培训、财商俱乐部等多角度多方面,打造出一个立体的"富爸爸",不仅要从财商理念上引导中国读者,更要在实践中帮助中国读者真正实现财务自由。读者和创业者可以通过登录官方网站:www.readers.com.cn及www.fubaba.com,或关注读书人俱乐部微信,来了解更多有关"富爸爸"系列丛书和财商培训的信息。

正如富爸爸在书中所说,世界变了,金钱游戏的规则也变了。对于读者和创富者来说,也要应时而变,理解金钱的语言、学会金钱的游戏。只有这样,你才能玩转金钱游戏,实现财务自由。

汤小明

2017年4月

读书人俱乐部

感谢亲爱的爸爸、妈妈。

对一流头脑的检验是看它在同时装载两种对立的思想时运转的能力。

——F. 斯科特·菲茨杰拉德

目录
Contents

前　言　　　两个矛盾的世界 / 1

作者序（一）　罗伯特：关于爱和金钱 / 10

作者序（二）　埃米：身体好，精神好 / 23

第 1 章　　出生的历史时代 / 30

第 2 章　　战争与和平 / 46

第 3 章　　老问题新答案 / 64

第 4 章　　人间天堂 / 92

第 5 章　　开始旅程 / 114

第 6 章　　破碎的承诺 / 130

第 7 章　　展望未来 / 141

第 8 章　　旅途的食物 / 157

第 9 章　　信仰的跨越 / 175

第 10 章	开悟，更完美的生活 / 187
第 11 章	天堂，地狱，快乐 / 210
第 12 章	生与死 / 220
第 13 章	找到精神家园 / 247
第 14 章	尾　声 / 270
后　记	心脏的变化：一个真实的故事 / 294

我们对你的祝愿 / 296

我是富爸爸公司 / 297

前　言
两个矛盾的世界

我们生下来便拥有两个家庭：第一个是我们在生物学意义上的家庭，即原生家庭；第二个是我们的精神家园，一个让我们能为之贡献且不断成长的地方，也是我们能欣然度过一生的地方。

我们在夏威夷一个叫希洛的小镇上长大，是日本后裔。我们出生的时候二战刚结束，正处于冷战时期。住在比格岛的时候，我们曾多次遭遇海啸袭击和火山喷发。

我的爸爸拉夫·清崎是当地教育部门负责人，同时还在当地民防部门任职，并积极致力于灾后重建。所以，他和妈妈玛乔丽常常几天都不在家。

妈妈是位护士，在当地红十字会工作。妈妈还是希洛卫理公会的一名忠实信徒，并且热爱音乐。每到圣诞节时，哪家教会的合唱队最好，她就会参加那家。妈妈患有先天性风湿热，这种病令她心脏衰弱。妈妈49岁那年，心脏病便夺走了她的生命。

清崎一家一直有这样的信念：面对困难时努力寻找解决方法，尽最大努力帮助他人。爸爸不仅强调教育的重要性，还教育我们要不断学习，学会为他人服务。妈妈从不在家谈论自己的信仰，她只是坚持去教堂做礼拜，在生活中实践她的信仰。父母从不在口头上

▲ 爸爸、罗伯特和埃米（分别是3岁和2岁），当时我们一起去听妈妈的演唱。爸爸常常用他的大手掌保护我们。不过请注意，此图中他手里还拿着烟，他很爱我们，但就是戒不了抽烟这个坏习惯，最后死于肺癌。

谈论社会责任，而是自发自愿地为社会作贡献。他们给了我们一个家，一个避风港，让我们躲避生活的暴风雨，尽他们最大的努力保护着我们。

即便如此，父母也无法将我们与世隔绝，世界从各个方向朝我们扑来。1962年，罗伯特15岁，埃米14岁，乔恩13岁，最小的贝丝11岁。一天，全家在一起看电视的时候，天空突然出现一束白光，吓得贝丝尖叫道："天啊！看窗外！"

我们都跑到饭厅去看，夜晚的天空，只见一道闪电变成愤怒的橘色，又变成血红，再到深紫，最后变回黑色。当时，我们还不明白发生了什么，过后才知道，我们看见的正是原子弹在太平洋横空爆炸的场景。

第二天，当地报纸报道了美国正在进行核试验，其中一项试验就是在圣诞岛（一个位于夏威夷南部的珊瑚岛）上进行的。当时的情景就像是有人在天空里泼了鲜血。本地报纸的描述更形象：就像有人撕裂了动物的咽喉，让鲜血染红了天际。据记者描写，刚开始，血是鲜红的，还冒着泡，因为动物还没有死，血中还有氧气。随后血变凉，逐渐凝结、变厚，从暗红色变成深紫色，然后由深紫色又变成黑色，最后从一片漆黑中又闪现出闪烁的星星。

岁月，以及我们亲眼见证的核爆炸，决定了清崎一家的命运。1964年，拉夫和玛乔丽辞掉工作，自愿加入肯尼迪总统的和平卫队，这使得家庭收入锐减。两姐妹加入了和平组织，学校和大街小巷都有她们抗议越战的身影。两兄弟则自愿参加了越南战争，乔恩加入了空军，罗伯特加入了海军。

有意思的是，我们每个人都在以自己的方式为保卫和平而战。

从儿时起，尽管我们是一母同胞，但彼此之间却很不一样。任何人只要看一眼，就能发现我们之间的差异多过相似。

这种差异，比西装革履的罗伯特·清崎和穿着道袍的妹妹站在一起产生的反差还大；这种差异，比物质财富和精神财富之间的对比还大；这种差异，比参战和维和、稀少和丰富、问题和答案之间对立的矛盾还大，还深远。

第二个家庭就是我们的精神家园。那是召唤着我们，让我们找到归宿，得到理解和快乐之所。我们知道，精神家园中有纯洁的爱，在这里能找到我们在生活中已许久不曾得到的内心满足。

精神家园是我们真正的家，在这里能发现真正的自我，并能学

▲ 埃米·清崎和罗伯特·清崎。

会宽容和欣赏。有很多条路都能带你通向精神家园，如婚姻、教育、信仰、职业、朋友、老师，甚至是危机和绝望。

  在婚姻中找到精神家园，就是要找到你的灵魂伴侣。人生最大的幸福就在于能找到另外一个人和你分享生活。我们都知道，现代社会的离婚率很高，离婚的理由更是多种多样。一个人的人生是孤独的，但如果结婚的对象并不是自己的灵魂伴侣，结婚带来的只会是更多的孤独和空虚。爱你的配偶和爱你的灵魂伴侣是截然不同的感觉。

  很多人都在寻找他们的第二个家庭——精神家园，不过只有一小部分人能找到。

本书讲述的是一个哥哥和一个妹妹的故事,两个人生于同一个家庭,通过知识和自我发现,以并行却截然不同的道路寻求信仰、金钱及快乐。本书也是我们支持彼此去寻找各自的精神家园的故事,尽管在寻找的过程中,我们存在很多分歧和矛盾。

本书还是一本关于寻找自己精神导师的书,生活里有很多老师,但精神导师并不多。

当精神导师触碰到你的心灵,打开你的思想,你便可以进入另一个世界,以另一种思维方式和生活方式生活。活佛触碰了埃米的心灵,她就去做了比丘尼,法名丹增。巴克明斯特·富勒博士触碰了罗伯特的心灵,他便找到了一条通往理解、教育和答案的道路。

值得一提的是,我们都不是传统意义上的好学生,在学校里的表现都不突出。然而,一旦精神导师触碰了我们的心灵,打开了我们的思维,我们就会变成优秀学生,学习我们生而想学的知识。现在,我们是非常努力的学生,努力发挥我们的天赋,而这种天赋在传统的教育中往往难以发现。

失去父母的孩子们被称做孤儿。在今天的世界上,还有很多精神孤儿在寻找精神家园。对很多人来说,这将是一辈子的旅程。有些人已经找到了精神家园,知道自己的旅程已经结束,知道自己已经找到精神家园,能让自己非常满足地度过幸福的一生。

精神孤儿常常很积极地参加那些接受并尊重他们的组织。很多人参加教会组织、爱国组织,或者环保组织、动物保护组织之类的专门机构,这类组织能让他们的孤独找到安慰。还有些人成为各种运动项目的铁杆粉丝,为自己喜爱的运动员欢呼呐喊,以此填补自己内心的空虚。人类生来就有寻求归属与爱的基本需要,对于那些

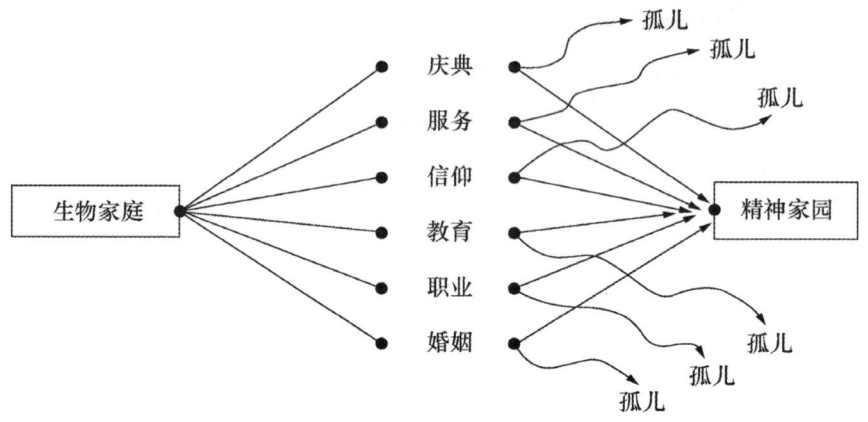

▲ 很多人都愿意以自己的毕生精力去寻找精神家园，但却始终没能找到。还有很多人感觉空虚和寂寞——在生活中游荡，就像精神孤儿，不断寻找属于自己的归宿。他们常常问自己："我的生活有意义吗？""生命的意义是什么呢？"

没有找到灵魂伴侣的人来说，他们非常想找到一个地方，一个他们称之为家的地方——精神家园。

很多人为了金钱和安全感去大机构工作。哪怕是在孤儿院这种机构工作的人都不是因爱而来。社会的雇佣关系已经发生了变化，以前的社会强调服务、忠诚和归属。而现在，一些人在周日晚上一想到下一周的工作就会有恶心的感觉。对于很多人来说，产生这种感觉的原因就是他们想逃避生活。他们没有发挥自己的天赋，他们在自己的工作中也没有感受到这种天赋。

他们所做的事情并不适合自己。

所以，这些人尽管平日里十分忙碌，而且身边也有很多朋友，他们还是会觉得很孤独。工作之余，他们会去教会寻求心灵上的满足，在某个组织里寻求精神家园，以期找到他们出生及生存的意义。今天，越来越多的教会成员就反映了人们寻求精神家园的需要。

芭芭拉·埃米·清崎从没想过有一天自己会成为比丘尼。不过，一旦她找到了自己的精神家园，她就会选择放弃物质财富，去过一种极其节俭的比丘尼生活，只为追求精神财富。

▲ 在拍摄这张高中毕业照的时候，埃米根本想不到她的未来是怎样的。

当治病所需的大额医疗费用和她的经济状况相冲突时，丹增这才发现自己所处的两个世界发生了碰撞，光靠意志力已经无法激励或是引导自己。她发现，极其节俭和让自己处境危险是有区别的。

不管你承认与否，当危及生命的疾病出现并由此产生了巨额的医疗费用时，金钱在我们生活中所起的重要作用就显现出来了。这个虔诚的女人，饮食清淡、精神高尚，生命却发生了危险。同时她还得考虑，一直在努力奋斗，但生活道路却与自己截然不同的哥哥怎样才能理解她的困难，向她伸出援助之手。

在解决修行生活、医疗债务,以及未来的医疗保险三者之间的冲突时,丹增不仅找到了可行的方法,还总结了几点有趣和清醒的结论。这些结论使她能更清楚地看清自己的优点和缺点,让她有勇气作出改变。

罗伯特·清崎也从没想过,有一天自己会像爸爸一样成为一名老师。在高中时,由于不会写作,他曾两次英语考试不及格。而今天,他的作品在全世界译成多种文字并被广泛阅读。《富爸爸穷爸爸》在《纽约时报》的畅销书排行榜上稳居了近7年时间,历史上只有2本书能上榜那么久。

罗伯特在参加海军时初遇自己的精神家园,他追随富爸爸——他的好朋友的爸爸,并在富爸爸的指导下学习财务和投资时再次找到了他的精神家园。

▲ 年轻时的罗伯特。

1981年，罗伯特遇见了巴克明斯特·富勒博士——我们这个时代最伟大的天才。从此罗伯特的人生道路发生了巨大的转变。富勒博士告诉罗伯特，慷慨能使人致富。在这种崭新的思维方式的引导下，罗伯特创立了富爸爸公司。海军陆战队和富爸爸公司都充斥着强烈的使命感，这种使命感对其成员具有巨大的感染力，从而帮助他们找到精神家园，完成他们天生的使命。

你找到你的灵魂伴侣了吗？你找到能带你通向精神家园的精神导师了吗？你找到你的精神职业了吗？换句话说，你的工作是否就是你的人生使命呢？

这就是这本书的主题。

这本书也写了两种旅程。写了一个哥哥、一个妹妹，两个生于同一个家庭却又是完全不同的人，支持彼此找到自己的精神家园，过他们本该过的生活。他们的生活证明了人类精神的潜力是多么强大，强大到超出了共同的原生家庭环境带给他们的影响，让他们能够独立地实现各自的生活追求。

这本书写了很多故事，从某种程度上来说，这些故事都是由核爆炸引发的，核爆炸让罗伯特·清崎和丹增改变了信仰。富哥哥富妹妹写下了各自不同的生活道路、不同的人生哲学，但寻求的却是同一个问题的答案。这本书写的就是追求生活的幸福和生命的价值。

富哥哥富妹妹的故事描写了两个对立的世界：物质与精神、战争与和平、问题与答案。这本书从不同的角度描写了生命如何在更高的精神力量下分离，然后又重新皈依在一起。

作者序（一）
罗伯特：关于爱和金钱

人们常说："不要谈论宗教、政治、金钱和性。"众所周知，这些是很有攻击性也很敏感的话题，而且几乎每个人对这类话题都有属于自己的、很感性的、很个人的观点。本书却背道而驰，讨论的却是两个相互对立的话题：金钱和宗教。

2006年夏天，我和妻子金从美国亚利桑那州的凤凰城坐飞机到加利福尼亚州的洛杉矶，去参加一次佛教聚会。我和妻子是受妹妹埃米·清崎之邀，她则以她的法号丹增·卡雀参加此次聚会。

我和妻子金都不是佛教徒，我妹妹埃米以前也不是，至少在我们年幼时她还不是。清崎家的四个孩子从小都是作为基督徒养大的。但埃米在三十多岁的时候皈依了佛门，取法号丹增。如果你认识童年时的埃米，你绝不会想到有一天她会成为比丘尼。

至少我从没想到会这样。

我们的司机把轿车停在吉布森剧场门口。一路上都是和我们一样来参加聚会的人，绵延了好几英里。我所说的"人群"包括的范围很广，如嬉皮士、雅皮士、技术工人、城市地痞及一些看起来很普通的人。人群里还有各种种族和肤色的人。我们还看见很多怪异、很多保守的发型，还有光头，和我妹妹一样。大家的衣服也很有趣，有些看起来就像是从教会廉价商店买来的，还有些又像是从附近极为奢侈的罗迪欧大道买来的。

司机刚把车停在剧场门口的时候，我开始觉得很不好意思，感觉自己不合时宜。司机为我们打开车门，让我和金下车，车外满是拥挤的人群。

豪华轿车开走了，我和金被人潮淹没。我们完全不知该往哪走。我妹妹正在后台忙着，没时间来接我们，我们只知道有人会拿票给我们。这时，有一个欧洲修道院的修女，剃着光头，身着勃艮第长袍，过来迎接我们。她带我们绕过人群，走到一个侧门，此门专供重要人士出入。没过多久就有人带我们入席，坐在前排的中间，和一些好莱坞名流坐在一起。金的旁边便坐着好莱坞女明星。

观众们纷纷入座，剧场里的灯光淡了下来，观众也静了下来。当幕布拉起的时候，我惊觉竟是我妹妹走上幕前，介绍此次活动。此时我才知道她是这次聚会的组织者之一。

聚会快结束时，另外一位比丘尼把我和金接到后台。在那儿我才看到妹妹，她站在两条很大的舞台幕布中间，神采奕奕、满面笑容，并示意我们过去。我们兄妹上一次见面还是几个月以前。我们朝她走去，虽然还有一定距离，却已经感觉到她的热情和关爱。

我们是第四代美籍日本人，家中有四个孩子。我们的先辈在19世纪80年代来到夏威夷，在糖场和菠萝种植园里劳作。尽管我们是在两种文化背景下长大，又是美籍日裔的第四代，我却认为我们更像美国人而不是日本人。我们的父母会说日语，几个孩子中却没一个会说日语。

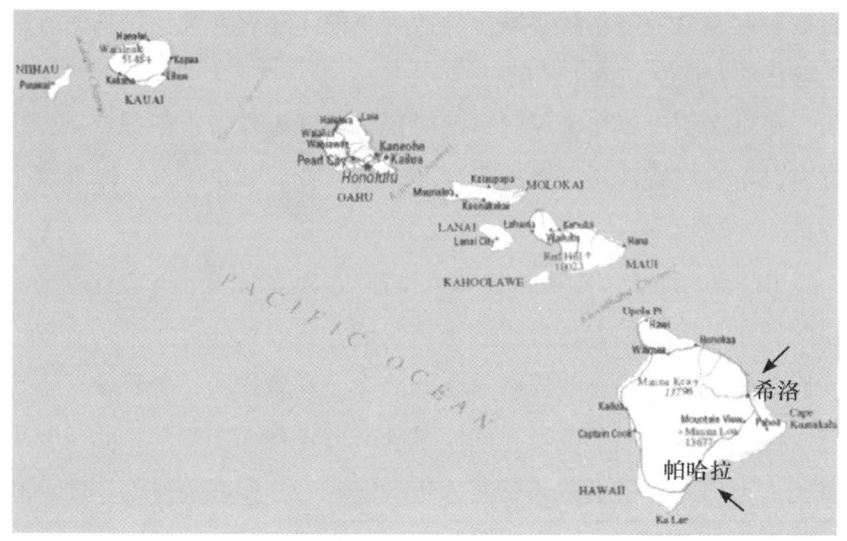

▲ 美国夏威夷岛的地图。图中标示的希洛就是清崎兄妹长大的地方。帕哈拉是其爸爸拉夫和妈妈乔丽相遇的地方，埃米是从那里开始她的佛教徒生活的，那儿也是罗伯特最后一次遇见富勒博士的地方。

大家都知道，生于同一个家庭的孩子往往也会有很大差别，即使是双胞胎也会在性格、气质和兴趣上有所不同。清崎家的四个孩子就很不一样，包括我的妹妹（芭芭拉·埃米·清崎）。埃米是她的本名，也是我们儿时用的名字。过去，她一直是个很善良、很开朗活泼的人。现在的她更是如此。事实上，我想说"她是我所认识的人里面最有爱心、最乐观的人"。

而我正好与她相反。我当然也有友善的一面，不过常常是假装出来的。埃米总是愿意妥协，避免冲突，我却喜欢与人争论。越南战争期间，我妹妹致力于和平，我却参加了越战。

下图是我们家四个孩子中的三个：埃米，弟弟乔恩——清崎家的老三和我。此图也预言了兄妹三人的未来道路。几年后，乔恩参

▲ 罗伯特、埃米和乔恩。

加了空军,我参加了海军。我们都参加了越南战争。两个妹妹,埃米和贝丝致力于和平工作,我父母加入了维和部队。

我早就知道妹妹当了比丘尼,但除此之外,对于她平时做些什么事情,是一个什么样的人,这些我完全没有概念。我只知道多年来她一直都在寻求自己的生活和道路。她是一位生长在西方社会的亚裔,被灌输了基督教观念,而且还是一位单身母亲,这一切对她来说并不容易。作为她的哥哥,我为妹妹终于找到了自己在这个世界的位置而高兴。通过爱的力量,妹妹发掘了她的潜能。她已经完成了自己最大的心愿:成长为天生就该成为的人。

成功不一定代表我们能成为天生就该成为的人。完成了大学学业也不一定代表我们成为了天生该成为的人。在事业上取得成功，比如当了律师或医生，也不代表他们正在从事他们本该做的事情。在金钱方面也一样，你富有不一定代表你成为了天生应该成为的人。

妹妹成为了比丘尼，这也并不代表她已经成为她天生应该成为的人。成为你天生就该成为的人，并不能用成功和成就来衡量。成为你天生应该成为的人，意味着你重新发现自己的道路，再皈依到那条路上。

这里强调的是生命的旅程，而非终点。

我曾参加过一位基督传教士主持的礼拜，他曾经说过："我们既然被授予人肉之躯，这就说明我们既有人性也有灵性，有些人的人性超过灵性。"他继续解释说，"人生来就是有缺陷的，而灵性却没有。人会变老，而灵性则会进步。"

他又说："人最终会死去，灵性则不会。人需要工作，灵性则有其使命。"听他这番宣讲的时候，正值我二十多岁，刚从越南回来。我在战场上经历过无数次的出生入死，所以他的一番话令我感慨万分。在越南，我见到了很多在日常生活中无法解释的事情。就像另一个也参加了越南战争的同学所说的："我能活下来是因为那些视死如归的人一刻也没停止战斗。"在越南战场上，我明白了躯体和精神的区别，就像那位传教士所定义的人性和灵性的区别。自从我被这种精神所震撼，我便不再是以前的那个自己了，我已经蜕变成为全新的自我。

显然，人性和灵性、躯体和精神之间的差别也给我的生活带来了很多麻烦。一旦你不再畏惧死亡，你便获得了新生。这些转变带来的问题就是，我很难再去容忍那些害怕超越的人、那些畏惧死亡的人、那些害怕犯错误的人、那些害怕被批评的人、那些活得保守的人、那些不去追求更丰富更完美生活的人。

1974年,我离开海军部队,重新回到文明世界。那时我在军事环境下几乎待了整整10年。那年,我在檀香山的施乐公司找到一份工作,开始接受销售培训。对我来说,学习销售是件恐怖的事情,不过我知道自己能学会克服恐惧,从而学习一门新技术。既然我能学会飞行,学会在战场上存活下来,我也能学会销售。

我也知道,终有一天我能学会当一名实业家。

1974年,我开始注意到:商界中的很多人人性多过灵性,他们更重视躯体而不是精神。我发现很多商人喜欢说:"这个我做不了。""这个任务太难了。""如果钱多一些我倒是可以这么做。""万一失败了怎么办呢?""万一犯错误了怎么办呢?""这个我可受不了。""你能不能再给我延长一些时间?"

这些鸡毛蒜皮的小事在海军部队是绝不能容忍的。在战斗中,如果我的长官下命令说:"搬出整套机关枪。"我们可不能说:"要是我因此受伤了怎么办?""我今天不太舒服,连一天假都没请过,换别人去吧。"我们只能说:"遵命,长官。"

即便我们服从了命令,而且活下来了,我们也不能自吹自擂,我们只能遵守纪律,简单地问一句:"接下来我们该完成什么任务?"

军事和宗教有很多相似之处。在纽约的军事学院,我们的第一项任务就是记住美国海军商学院的命令。在海军部队里,命令比生命更重要。

在宗教里面,虔诚的教徒被称为担负使命的传教士。可惜现实生活中的大部分人只是在完成工作,而非使命。大部分人工作只是为了获得金钱,传教士工作则是出于精神的感召。在2006年的这次聚会中，当我看到妹妹站在台上主持此次活动，身为她的兄长，此刻的我是骄傲而快乐的。因为我知道妹妹成为了她天生应该成为的人。她找到了自己的精神之路，也许这条路她以前就走过。她找到了她的精神家园——再一次的。

正如前文所说，我们家有四个孩子，而且这四个孩子都很不一样。我怀疑，我们之所以不一样是因为我们每个人都有不同的人生使命，我们这一生有不同的奋斗目标。我的弟弟乔恩是个机械方面的天才。小时候，他就常常带一些旧的收音机、钟和发动机回家，花上几个小时来修理。现在，他在檀香山一家大型房地产公司的物业管理处任职，他的工作职责就是保证财物得到妥善保管并能正常工作。我和乔恩就很不一样，如果你放一把螺丝刀在他手里，他会把它当做工具。如果你放一把螺丝刀在我手里，它则成了武器。他拿起锤子是把东西修好，我拿起锤子则是把东西锤坏。

我最小的妹妹贝丝天生就是个艺术家。还在读书时，她便显示出在艺术方面的天赋，不论是绘画、制陶，还是编织，她都做得很出色。她的天赋很早就被发现了，所以在大学时她选择了艺术专业，一直读到硕士毕业。现在，贝丝在新墨西哥州的圣菲从事艺术工作。她制造的都是独一无二的原创作品。她是一名真正的艺术家。我怀疑，她宁愿饿死也不会把自己的艺术作品拿到商业化的批发市场上批量售卖。

与贝丝相反，我则钟情于百分之百的商业化。我喜欢批发市场，希望我的商品能大量生产。我希望自己的书能在巴诺连锁书店、亚马逊、沃尔玛、博得斯、好市多均有销售。我希望看见这些书位居世界各地的畅销榜。我宁愿卖书，也不愿挨饿。

2007年之前，我都是自己过自己的，只关心自己的生活，和弟弟妹妹很少接触。我活在我的世界里，他们活在他们的世界里。我们很少碰面。2007年，我突然意识到我们都已长大成人了，我突然很想知道我的弟弟及两个妹妹过得好不好？经济状况如何？身体如何？随着年岁的增长，他们会不会需要我的照顾呢？尽管他们从没向我要求过经济上的帮助，但是我们都在一天天变老，如果运气好的话，我们还能健康长寿。

2007年，我发现妹妹丹增需要动心脏手术。她的动脉不畅，需要3个支架才能保持血管畅通。几年前，她得了癌症，花去了一笔钱，所以她的医疗保险不够用了。保险公司不愿再为她支付心脏手术的费用。

我之前并不知道她得过癌症的事情，她也从没对我提过。她在西雅图一些朋友的帮助下解决了这个问题。现在又面临心脏手术，她确实需要帮助。

妹妹的病情深刻地触动了我。在四个孩子中，这还是第一次有人面临危及生命的病症。我们的父母早些年便去世了，父亲在71岁时死于肺癌，他抽了大半辈子的烟。母亲则是在49岁时死于心脏病。作为家里的长子，也是经济上最宽裕的一个，我觉得自己对弟弟妹妹有一种义不容辞的责任，这种责任不仅仅在于我是一个有良心的哥哥。在主日学校，我学到了这样的话："难道我不是弟妹的守护神吗？"

丹增身患癌症，这让我对这句话有了更深刻的体会。

如果你是个富人，美国对你来说是一个很不错的国家。可如果你是个穷人，美国对你而言则是个很无情的地方。来看看我妹妹这辈子，她是四个孩子中唯一一个没有自己房产的人。尽管年近六十，她却一直都在租房子住。她是一位比丘尼，没有足够的钱买房子，何况她还住在洛杉矶地区。比丘尼只能得到很少的养老金，为此她又做了一份工，来维持日常开支。

金和我寄了些钱给丹增做心脏手术。我们还告诉她一些投资理财的信息，给她在亚利桑那州买了一套公寓。尽管丹增不住那儿，至少目前不住，但她能靠那套房子收到一些租金，知道自己也有了一套属于自己的房子。

丹增这次危及生命的病痛让我从忙碌的生活中停下来，思考了一些自己以前从没思考过的问题。如果她没有更多钱或者更多保险金来支付这些额外的医疗费，结果会怎样呢？如果她这次生病需要源源不断的钱来治疗，结果又会怎样呢？如果她生活不能自理了，结果又会怎样呢？我是不是难辞其咎？

很明显，我的答案是肯定的。

我的妹妹多年来一直坚持吃素，她尽了最大努力来过一种简单的、没有压力的生活。她以宗教为治疗手段，不抽烟、不喝酒。

而我恰恰相反，我吃肉，抽雪茄抽得很凶，我越有压力过得越精神。你去问大多数医生，他们都会告诉你我才是应该得癌症和心脏病的人。然而事实却不是这样。当然我也有健康问题，我有先天性的心脏衰弱，这是妈妈的风湿热遗传给我的，为此我差点不能参军。我也需要支付预防性的医疗保健费用，这部分是医疗保险体系之外的费用。

我尽可能地远离医生和医院。我宁愿去找按摩技师、自然理疗师、针灸师，或者跑到外国去找那些被禁止在美国行医的医生。我重视健康，却拒绝医药。如果你没钱，就很难拥有健康。维持良好的健康是昂贵的。

我在想这些关于爱、家庭和金钱的问题时突然意识到，我们家目前面临的问题其实是全世界的人们普遍面临的问题，即使是在美国也一样。2008年，7800万美国婴儿潮时期出生的人开始享受社会保险，很快，他们也要享受医疗福利。我在想，这个世界上最富有的国家如何能够承担7800万走向衰老的婴儿潮时期的美国人的各项支出。他们将在医疗和生活上越来越依赖政府。如果这7800万人中的每一个人每月需要政府支出1000美元，那么，政府每个月需要支付780亿美元。

谁来支付这笔钱呢？针对政府不负担的部分，如果家庭也负担不了，那人们该怎么办呢？在主日学校，我学到了一个道理——给人一条鱼只能养活他一天，即授人以鱼不如授人以渔。这点智慧我很赞赏，但我们的政府似乎更相信授人以鱼而不是授人以渔。

也许这就是我们的学校并不教太多财商知识的原因。

虽然我和妻子金的收入足以负担我妹妹长期的医疗费用，但我还是想帮助她学会自己"捕鱼"。毕竟，我是一个商人，很商业化。我处于一个大规模市场，我经营的富爸爸公司就是教人们如何"捕鱼"的。在金钱方面，我虽然也支持慈善事业，但我不赞同直接进行金钱援助。我认为，给穷人金钱只会让他们长时间地处于贫穷。就像我的富爸爸常说的："金钱并不能治愈贫穷。"

年轻的时候，我有两个爸爸，他们都会给我一些建议。我的穷爸爸就是我的生父。他受过高等教育，人很聪明，但是他在经济上很困难。我的富爸爸是我最好的朋友的爸爸。富爸爸8年级都没读完就迫不及待地想要实践他的想法。我的富爸爸曾经说过："我越实践，我的头脑就越好用；我的头脑越好用，我就能赚到更多的钱。"

所以，与其给妹妹更多钱，不如帮助她学会"捕鱼"。学会如何赚钱便是我决定写此书的原因之一。本书就是教你如何赚钱。这是我和妹妹分享我毕生研究成果的方式,研究如何成为商人。我有信心能指导她成为百万富翁,如果她自己想要赚那么多钱的话。她是一名比丘尼,她的信仰没有要求她一辈子清贫,其他很多宗教就有这个要求。

当我问她是否想成为百万富翁的时候,她只是笑了笑:"目前,我只希望有能力付清我的医药费。"

我写这本书的第二个原因是为了爱。我的生活中并不缺少爱。我拥有很多爱,感谢上帝眷顾,我和金的婚姻很幸福美满。

金是我的灵魂伴侣。就像妹妹对我的爱一样,金也很爱我。但是,我想要得到一种更深沉的爱,这种爱闪耀着欣喜和幸福的光芒,妹妹在她的生命中曾经拥有过这种欣喜和幸福的爱。作为一个商人,如果我能给予妹妹创造她所需要的金钱的能力,这对我而言将是一个莫大的成就。同时还能为我带来更深沉的爱,这份爱的礼物叫做生命。

以上就是我写这本书的两个原因:首先是出于爱,其次则是金钱。

多年前,战争的爆发让我和妹妹分离。当我们再次相遇时,似乎我们一直都是在追随上帝,但同时我们又都不清楚上帝是否真的存在。这本书更多的是在为我们指引人生路——寻找我们的信仰、我们的精神家园、灵魂伴侣和家庭。

这本书可能会与许多宗教信仰有冲突。我知道,鼓励妹妹"商业化"可能会冒犯很多人,特别是那些认为金钱是万恶之源的人。我个人并不认为金钱是邪恶的。金钱本身并没有好坏之分。赚钱的方式才是罪恶所在。比如,我为了钱去抢劫银行,或者为一家杀人公司工作，或者为污染型企业工作，这些赚钱方法才是罪恶的。不过对我来说，钱只是钱，如果让我选择，我宁愿要钱，也不愿挨穷。

我不认为上帝给穷人的爱比给富人的多。我不认为穷人死后上天堂，而富人死后都下地狱。我认为，我们的教育机构不教人们财商知识才是残酷的和罪恶的。每当看到人们在贫困线上挣扎我仍然会心痛，因为这让我想到我的爸爸和妈妈。假如给穷人金钱便能解决他们的问题，那我一定会给的。事实上，授人以鱼效果甚微，所以我选择金融培训作为我毕生的事业。这也是我创立富爸爸公司的原因。

在主日学校里，基督最后的留言告诉我们："原谅他们吧，主啊，因为他们不知道自己在做什么。"

遗憾的是，在现实世界里，在金钱世界里，没有人会原谅你的无知。在这个世界，如果你不知道自己正在做什么，世界便会给予你严厉的惩罚。妹妹的病情就是金钱世界给予她的巨大打击。我想给她帮助，教会她"捕鱼"。

当我开始思考给予而非收获的时候，我就变富有了。

我在主日学校学到的最重要的一课就是："先给予，然后你才会有收获。"我发现，那些在贫困线上挣扎的人往往都是因为专注于收获而不是给予。如果想要得到更多，你必须先做到给予更多。我妹妹想要成为百万富翁，所以我必须先教会她如何才能更好地发挥她的天赋。

妹妹的信仰并不宣扬对上帝的忠诚，但她教会了我很多事情。例如，如何过得更有爱心、更丰富。我信仰上帝——美国的印第安人称之为神灵。当我不再只为了自己赚钱而工作，而是为了让每个人都变得更富有而工作之后，我的生活从此发生了改变。

　　这也是本书的核心精神。这本书讲到了大部分人所面临的困境，讲到了做人与甘为行尸走肉之间的挣扎，讲到了我们的身体和精神之间的差距，还讲到了善良和心灵的力量，这本书的宗旨是带领我们寻找精神家园，去追求我们天生就该追求的生活。

作者序（二）
埃米：身体好，精神好

我生长在一个充满爱的家族。

我们的父母、我们的大家族、整个社会、整个国家，都在二战后振作精神，重新开始。尽管整个世界经历了这么多的战乱，人们充满了对战争的愤怒和仇恨，但是每个人对生活还是抱着很高的期望，期望能重建家园，开始新的事业，创造新的财富。

我们的父母当时还很年轻，他们头脑灵活，有良好的社会关系，迫不及待地想要开始新的家庭生活。罗伯特、乔恩、贝丝和我，就是在他们满怀希望和信心的情况下出生的。在父母的深爱中，我们来到了这个世界，并给他们带来了巨大的欢乐，就像任何一个孩子的出生给自己的家庭所带来的欢乐一样。我们的曾祖父母当时在美国也有了新家，他们对曾孙的出生特别骄傲和期待。罗伯特是父亲家族的第一个曾孙、孙子和儿子，他的出生令大家激动不已。

我在一年后出生，乔恩又比我晚一年，贝丝又比乔恩晚两年出生。生活从此变得忙碌……忙碌、杂乱，而且充满挑战性。我们几个在童年时经常生病，当时的家庭收入很少，父母总是睡眠不足，生活因此变得艰辛和劳累。

▲ 这张全家福是在祖父在毛伊岛开的照相馆里照的。从左到右依次为：埃米、玛乔丽、乔恩、拉夫、贝丝、罗伯特。埃米很喜欢这张照片，因为她觉得和妈妈还有贝丝穿亲子装很有意思。妈妈耳朵上还戴着爸爸用西印度轻木给她做的漂亮耳环，当时一家人特别亲密。

　　一开始，全家人对家庭生活抱着很大的希望，期待着实现梦想。渐渐地，这一切却面临着考验，生活的压力使我们喘不过气来，并摧毁了我们的梦想。我们经常在残酷的现实面前措手不及，我们在面对生活中出现的种种问题时的反应让我想起在收容所工作时遇到的一位主妇。她的丈夫正奄奄一息，即将丢下她及年幼的孩子，她对我说："当初可没有想到会是这样。"

　　我们出生、成长，最终面临死亡，这个过程是不可回避的。在生命的旅行中，我们还会遇到疾病和衰老。组建家庭、养育孩子，生活原本就会为我们带来各种痛苦的现实问题。每个人都希望得到幸福生活，都希望能实现自己的梦想。社会当然会支持这样的想法，所以我们才会满怀信心地开始。但是，现实生活总会时不时地跳出来拍拍我们的肩膀，提醒我们生活的本质。

我们的父母一边解决生活中的困难，一边努力工作，而我和罗伯特——就像每个年轻人一样——怀着我们的计划和梦想启程出发。

我走上了精神追求的道路，不过我的亲身经历告诉我不能忽视健康和财富。这本来是显而易见的道理，因为佛家强调的四谛中的第一谛就是苦谛，即人的一生到处都是苦。生命是短暂的，我们都要面临生、老、病、死，这是生命的真相，我们必须为此作好准备。然而，我并没有这么想，我以为只要认真地实践并听师父的话，生活应该就会很美好。所以，当我患上了癌症、心脏病之后，我听见自己内心默默的呻吟声："这是不公平的。"

这是我自己天真的想法，老师一直这么跟我说，罗伯特也这样告诉过我。我一天天变老，身体越来越差，医药费也越来越高，由于年轻时没有规划好医疗保险费用，我的经济状况越来越糟糕。我看到这个世界上的很多人，尤其是很多婴儿潮时期的人，今天也正面临着同样的问题。

罗伯特常劝我："管好自己的事情！"罗伯特这句话的意思就是：管好你自己的生活——好好活着，规划好自己的未来，这才是最重要的。即使在我自己的简单世界里，我也应该管好自己的事情，好好过日子。在咨询个人保险业务时，我常被别人拒绝。因为我以前腿部有过水肿，虽然问题并不严重；另外，我以前还摘除过淋巴结，现在想看看癌细胞是否已扩大到其他部位，其实没有。不过，我也没去找过我以前签约投保的保险公司，我也没有仔细研究过保单。在忙了这些年之后，我只想快点回去好好休息。我认为一切都会好起来的，我的病总会好的。

我没有为自己安排一个更好的健康保障计划，也没有一个好的退休计划。我过着比丘尼的修行生活，每天做些日常琐事，为他人提供服务。多年来我一直都是这么过的。我做了很多事情，也学到了很多，但是这个体系突然间崩溃了。

与罗伯特一起工作使我的眼界开阔了很多。"纠正航线"这个过程很重要，很愉快却也很艰难。当我们突然醒悟，意识到一些不健康的方式和生活的盲点时，我们可以固执己见怨声载道，也可以下定决心作出改变。我自己则是经历了这两种反应。由于我的某些习惯根深蒂固，改变的过程也是忽快忽慢，不过改变的决心驱使我不断前进。然而，也有很多次我晕晕睡去，想要回到老路，毕竟改变旧习惯是很艰难的。

我所面临的挑战不仅是要得到足够的医疗保险，同时还要改变僵化的头脑、改变思维和生活方式。生活这个游戏并不简单，也不公平，我们在这个游戏里面处于什么位置、扮演什么角色，我们需要的是什么，我们想要以什么样的方式来做这场游戏，一切都取决于我们自己。

在罗伯特主持的一次研讨会上，我们以合作小组的形式在持续几天的讨论会中合作。我们组有一个女人很聪明、很漂亮且很成功，她很清楚罗伯特所谈到的这些概念，而且她还让我们每一个人都意识到这点。星期六的时候，罗伯特邀约我们去一个他之前曾经告诉过我们的地方，还让我们穿上自己今后再也不愿意看见的衣服。我们都很好奇这到底是怎么一回事。

结果我们来到了一个游戏厅，在几个小时的时间内，这个地方只有我们几个人。在一场游戏中，每个组都需要防范其他组抢走本组的锦旗。游戏厅内有障碍物、沙坑，还有些我们可以躲起来射击或做掩护的地方。我们身着防弹服，戴着头盔，所以我看不太清楚周围的情况。头盔遮住了我的眼镜，周围看起来雾蒙蒙的。我们在黑暗中激战着，闪光灯不停地闪耀着，很是让人讨厌。罗伯特让我们火拼了。

那个很成功的女人在研讨会中一直都很骄傲、很自信。然而，在这个游戏里面，她背部受伤，独自在一边哭个不停，她啜泣着："他们不公平。"我们听见罗伯特在房间的那一边喊道："生活本来就不公平！"

我们组没有好好合作，每个人都只为自己着想。回想起来，我们本来可以相互掩护、相互帮助，但是每个人都想成为焦点——自己拿到锦旗，我们没有合作策略。

很多因素都会导致我们的生活产生微妙的差别，我们不曾关注的细节也会时不时地突显出它们的重要性，迫使我们不得不重新审视。我认真学习和工作，却忽略了我的健康和财务，每一次迟疑的时候，我头脑里就闪现出罗伯特的规劝——"管好自己的事情！"

每个人都有自己的生命之课要学。

做完心肝血管成形手术之后，我就不断在与保险公司、医院、医生进行交涉。最后我负债一万七千多美元。在写这本书的时候，我之前在匆忙之中选择的那家保险公司又来找我了，在我动完手术一年半以后又来翻查我当年的文件，重新检查那份我已经付过的账单。保险公司又要收我 8000 美元。我觉得要么是这家保险公司不清楚自己的保险条款，要么是他们想再从我身上多挤点钱出来。

罗伯特和金帮我付了第一次的账单，给了我 10000 美元，所以我不用担心还钱，也不用贷款。不过罗伯特并不想直接送钱给我，他常常说一句老话："授人以鱼，不如授人以渔。"这场病及随之带来的巨大债务给我上了沉重的一堂课，让我清醒，让我知道要"管好自己的事情"。

为了管好自己的事情，我努力做好自己的传道工作，并照顾好自己。我的世界一直是以佛为中心，好好修行和研习佛法，不过现在这个世界要扩大了。我开始着手为自己的21世纪打造出更有活力、更可行的修行之道。

前不久，罗伯特打电话给我，告诉我一个故事。有人询问他有关不景气的经济和股票市场的事情，想知道该怎么做才好。罗伯特告诉他们："还是储蓄靠得住。"

答案是："存款全用完了。"

"那就好好工作。"罗伯特回答说。

"我没有工作。"

"那你就惨了。"

尽管听起来很残酷，但罗伯特说的却是事实，未加粉饰的事实。他认为生活的底限是，你至少要能养活自己。

这也正是我的生活现状。我在60岁的时候不得不重新开始找工作，不得不"管好自己的事情"，想办法自己照顾自己。罗伯特说，婴儿潮的那代人里面确实也有很多富翁，但同时也有许多依靠福利生活的人，还有很多依靠打零工过日子并入不敷出的人。我们的生活处境首先是由我们的态度决定的，其次便是我们自己所作所为导致的结果。这种情况持续几年之后，你就会彻底明白什么叫现实。

做人的好处就是：我们还有改变的机会，我们不会总是陷入困境，我们的思想是有活力的，可以创造出变化。即使是和收容所里身患绝症的病人在一起，我也告诉他们："你的思想是强大的，充分利用你们的头脑吧。不要总是想到'要是我能活着看到……那该多好啊'，或者是'我真应该……'或'我真怀念……'。"

在生命的尽头，我们其实可以这么说：

"希望我的家人都幸福快乐！"

"希望我的孩子们都事业有成。"

"希望我们的领导都心怀天下！"

"希望世界和平！"

与读者共同分享我和罗伯特的经历，是因为生命不仅仅是一段身体的旅程，也是一段精神上的旅程。我们的生命不断地在寻求一种外在的生活，同时又与我们内心的旅程和心灵的需要相互编织缠绕。

本书的描述是在学习社会经验及探寻精神导师这两种方式的对照下进行的，两者均能给予我们安宁，为我们的生活指明方向。我们俩的求索在很大程度上也是每个人的求索。我们是在寻求有意义的、有归属感的、成功的和被人理解的生活，是在寻求满足与和平。通过与我合著这本书，罗伯特说他对善良——一种发自内心的善良——有了更深的了解。我们的内心保留着我们最珍贵的礼物，善良就是其中最重要的一个。

与此同时，我也学会了要更加勇敢。就像通往天国的旅行，写这个故事的过程也是我追求勇气的过程。在写下这本书与读者分享生活和旅程的过程中，我找到了勇气。罗伯特通过勇敢地涉足这一未知的全新领域（与他的妹妹合著这本书，分享他的精神旅程），开始在内心深处感受到了更多的善良。

第1章
出生的历史时代

每一代人都是他们出生的那个历史时代的产物。随着历史幕布被揭开，我们能看出人们身边所发生的历史事件和故事是如何影响并塑造了他们的家庭生活和重大决定。

生于第二次世界大战的那一代人深受战争和随后的大萧条的影响，这代人眼中的新科技就是收音机。二战中的广岛和长崎被炸毁了，世界进入了核时代。在政治上，经济大萧条为我们带来了社会保险和医疗福利，给国人灌输了政府应该终生照顾自己的国民这一概念。

如今的这一代人——伊拉克战争的一代，正好生活在2001年9月11日这一历史事件的影响下。他们面临互联网泛滥、亚洲大国崛起、石油危机、全球变暖和国际恐怖主义。今天这一代人还面临千年的圣战、政府的巨额负债，还要为从二战那代人起沿袭至今的社会保险和医疗福利买单。伊拉克战争的这一代人需要解决很多前人未能解决的问题。

婴儿潮的那代人——越南战争的一代，出生在冷战时期。在那个时期，原子弹的巨大威力能在几分钟之内将整个世界摧毁，并毁灭全人类。所以这一代人时刻生活在这种恐惧之中。苏联在古巴的岛上安置导弹，为自己发动袭击提供便利——这种便利可以用分钟计算。于是肯尼迪总统封锁了古巴。海面封锁把我们带到了战争的边缘，但是这样却阻止了一次可能的全球的核战争和整个人类的灭亡。

婴儿潮的那一代人眼中的新科技就是电视机。在20世纪60年代，这些人看《艾德苏利文秀》里披头士的表演，电视就像是他们钟爱的一道大餐。有时，他们也在起居室里面看他们深爱的肯尼迪总统被刺杀的情景，看民权领袖马丁·路德·金的演讲，看总统候选人罗伯特·肯尼迪的竞选活动等。随着越南战争的升级，婴儿潮这一代人不像他们的父母那样，顺从地走向前线参加战争，很多人烧了自己的征兵通知书，推崇嬉皮士的生活方式，在自己喜爱的酒馆里上台表演，他们不愿接受父辈们追求的信念。

婴儿潮的这代人也成了人类历史上最富有的一代，从大学时期戴海军花帽子、赶马车，一直到中年时拥有宝马车、穿宝姿时装、开私人直升机。婴儿潮时代的很多人都不满足于仅仅有一个栖身之地，他们往往会在阿斯本、毛利或法国南部再买上一套房子。

对于二战那代人，年龄是他们在职场上打拼的一种财富。而对于婴儿潮那一代人来说，他们拒绝接受父辈的生活方式和价值观，他们要让全世界知道：现在是年轻人统治整个世界。到现在的伊拉克战争这一代人，这一观念则体现得更加明确。在今天的这代人看来，30岁就算老人了，尤其是在职场上。今天，很多二十多岁的人就已经成了亿万富翁，忙着将自己的网络公司上市。而很多他们的父辈——就是越南战争的那一代——还在艰难地为退休多存几块钱，而他们的祖父辈则在依赖社会保险和医疗福利的同时眼睁睁看着自己的积蓄被上涨的物价冲销。

生于二战时期的那代人享有社会保险和医疗福利。可是，接下来的几代人是否还能享有同样的社会保险和医疗福利？这还是个问题。

从婴儿潮那代人开始，贫富之间的差距就越来越大。随着资本主义的扩张，美国的价值观也在全球范围内蔓延，并演变成国际梦。与此同时，许多美国人却发现自己已经落伍了，没能继续在经济和生活方式上起领导作用。婴儿潮时代的很多人及他们的孩子都得工作一辈子——不是为了过得更宽裕，只是出于维持生活的需要。再过50年，美国将从世界上最富有的国家变成世界上负债最多的国家。不再有美国梦，只有再见美国派。

对于成千上万的人来说，美国不再是人间天堂，而且很快将会是人间地狱。

失去了经济上的安全感，再加上不断升级的全球竞争和日益上涨的物价，特别是医疗费用的上涨，这些问题的存在引发了我们对精神和信仰的关注，促使我们去寻找生命的答案，这个答案在我们的学校、教会、商界及政界都不曾提供。各个历史时代相互碰撞，合成一体，老问题需要新答案。事实上，老答案，比如社会保险和医疗福利其实就是当下很多问题的根源。

就是不同的时代、历史、文化与科技之间的碰撞为今天的历史下了定义。如果我们不能改变我们的答案,我们则无法改变未来。

罗伯特:转折点

1962 年的夏天,美国在圣诞岛附近引爆了一颗原子弹。当时,我们家住在希洛——一个位于夏威夷岛上的小镇,在美国的最南端。

那天,爸爸妈妈和家里的四个小孩刚刚一起吃完晚饭,正在黑白电视机上看《奥兹和哈里特历险记》。我们家从来不为看什么电视发生争吵,因为只有一个台。我们没有其他选择,没有 VCR、没有 DVD,电视也没有颜色。由于制作的电视节目很少,电视台每晚十点半就结束放映了,要看节目的话只能等到第二天早上七点。

正当我们全神贯注地看着电视,一道锋利的刺眼白光突然照亮了天空,照亮了整个起居室。在短短的一秒钟,明亮刺眼的白光暗淡了房间里的一切,包括电视屏幕。

"那是什么?"有人叫道。

"是有人在拍照片吗?"

"刚刚那一闪是怎么回事?"

那个夏夜,一家人共同目睹了那一幕,那一幕令我至今难忘……就像 46 年前一样清楚鲜明。从此,埃米和我对于上帝、战争、和平、健康和金钱的看法有了很大变化。这一幕对于我们的抉择、行为和未来都有很大影响。

"天啊！看窗外！"

贝丝，我们的妹妹，也是最小的小孩，把我们的注意力转移到外面正在发生的事情。我们走到窗边，每个人都异口同声地说："天哪！"

接下来的几个小时里，大部分美国人还在看着电视，我们一家人却站在我们饭厅的窗边看着天空，先是火热的橘红色，然后由鲜亮鲜亮的红色变为深紫色，最后又回归一片黑暗。

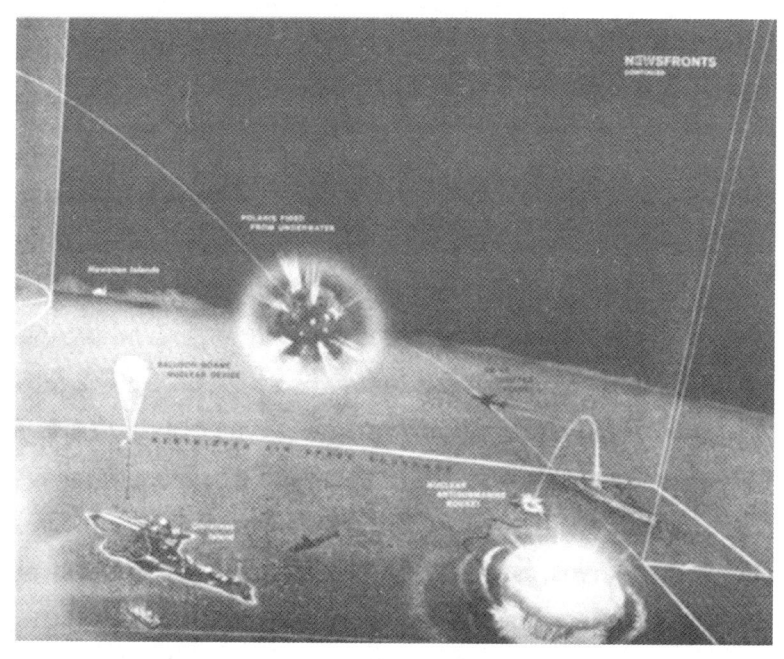

▲《生命》杂志描述的圣诞岛各处进行核试验的形式和地址。

1962年的夏天，我15岁，刚准备上高中。我们兄弟姐妹几个年龄相仿，都很清楚潜在的核威胁，以及和苏联随时都可能爆发的战争。对于窗外所发生的一切，我们也很清楚是怎么回事。尽管爆发核战争还是比较远的事情，至少是远离美国人的家门口，但我们还是在自家的前院围了一圈围墙。

学校里也有针对核袭击的演练。鸣警笛之后，我们就躲藏在桌下。还有一些家庭在自家的院子里建了庇护所，还举行聚会为新建的庇护所施洗。

我们清崎家倒没有建庇护所。

我爸爸拉夫·清崎在当地的民防系统担任领导，我妈妈玛乔丽是名护士，加入了美国红十字会。如果真的发生核战，他们都将积极参与战后恢复工作。

幸运的是，核战争没有爆发。不过夏威夷的希洛还是遭遇了一系列自然灾害，包括巨大的海啸。20世纪60年代的某个晚上，突然袭来的一阵巨浪席卷了整个城镇的低矮处，夺走了50余人的生命。

希洛发生的自然灾害中还包括火山爆发。在二战期间，部队还曾引爆了一次巨大的熔岩流，希望在其毁灭整个城市之前转移它的流向。当时，我们还担心熔岩流出时产生的光会给日本人指路，引他们来袭击我们。幸好，大部分的熔岩都没有喷出来，从远处看根本没有危险。不过，后来有些熔岩流还是产生了巨大的破坏作用，对整个城镇造成了威胁。20世纪60年代，喷发的熔岩摧毁了木瓜树和兰花地，还有很多本地人的家园。

作为领导，我爸爸妈妈常常不在家，他们的职责就是在行政和医疗方面为市民提供服务。他们的服务范围很广泛，包括公共教育、医疗、涨潮、熔岩流、核战争等各种方面，他们为我们树立了榜样。清崎家的四个孩子就是在这样的家庭环境下生活的，我们不只是谈论社会服务和公民责任，我们还在父母的言传身教下实践着公民责任。

▲ 我们在1959年搬到这个不太整齐的大房子里，当时爸爸担任了比格岛的学校督察。请看图左边那棵没有叶子的树，此树就是在火山喷发后掉光了所有的叶子，不过在第二年，它又变得枝繁叶茂。只用了一年时间便重新焕发生机，我们都认为应归功于火山灰。在这所房子里，我们度过了一段最美好的日子。每年我们都会把房子集中打扫一次，并邀请教育局的人参加我们举办的派对。

可以说，他们是很好的榜样。

1960年发生海潮袭击的时候，父母整日都在为灾后修复忙碌着。我们家在山上，没有受到影响，所以他们对家人的安全很放心。我还清楚地记得爸爸在某天半夜把我摇醒，他说："照顾弟妹们，镇上受灾了，很多人丧失了生命，我和妈妈这几天可能不回家了。"那时我刚13岁。

我们家一直积极地寻求问题的"解决方法"，提供帮助，为他人服务。爸爸妈妈常常为社区进行志愿服务。他们为我们构建了一个家、一个远离风暴的安全港湾，并尽他们最大的努力来保护我们。

即便如此，父母也无法将我们与世隔绝，世界从各个方向朝我们扑来。

▲ 图为爸爸指着被海潮冲到饭店屋顶的两把椅子，这家饭店是我们家最喜欢的饭店。

对于20世纪60年代的年轻人来说，这个世界让人兴奋、让人恐惧、让人困惑，同时又充满挑战。60年代在历史上被称为核时代，美国人也常以这个时代美国所取得的成就而自豪，特别是在太空计划方面。在这种爱国主义的影响下，人们都希望能尽快改变太空核战争这一现状。不过，在新闻里听到核战争威胁的消息与自己亲眼见到核爆炸还是有很大差别的。

躲在避难所里或蹲在桌子下并没有对我们起到多大的心理安慰作用。但是，对核战争的恐惧和疑惑却令我们对未来产生了很多疑问和怀疑。作为日裔，又是第四代美国人，我们还忐忑不忘发生在广岛和长崎的核袭击。

我总觉得什么都没意义，对生活抱着无所谓的态度。我知道有这种感觉的人不只是我一个。很多家长反映，孩子们半夜梦到核爆炸或者核冬季——这个词用来形容全球都被放射尘埃所覆盖。这个年代的很多人，即20世纪60年代到80年代，都感到自己遗失了童年，对将来也是一片茫然。当你不确定是否还有将来的时候，很难对明天怀有憧憬。

核爆炸的那一幕与我们在主日学校所学到的恰恰相反。在主日学校，我们学到的是人不可以杀戮。但我们亲眼见证的一幕却更像是《前进吧，基督战士们！》——一首有名的基督颂歌的歌名。

作为一个孩子，核爆炸这一幕令我觉得害怕和疑惑。妈妈常常说我很自私。随着时间的推移与人生历练的增加，令我慢慢理解了妈妈的那句话。15岁时，就是发生核爆炸的那一年，我花了81美元通过邮购的方式买了一把来复枪，是用自己的钱买的。爸爸很不喜欢我用枪，但我却喜欢开枪的感觉。

16岁时，一个小孩在电影院拿枪对准了我。我不知道那把枪是否上了膛，但那件事情却让我在心理和情感上有了很大感触。开始我感到恐惧，不过最后那种恐惧又变成了兴奋。这是一种很强烈的感觉，像是给我注入了肾上腺素。

我外表友善，可是内在的另一面却是我妈妈不愿让那些邻居所见到的，也正是主日学校想要压制的，同时却是美国政府所号召的。即使在当时，我也能感觉到这两面的种种冲突。什么是正确的？什么又是错误的？根本无法辨别。我开始怀疑"不可杀戮"这一戒律。我想这个戒律是否该改成"去杀人或者被杀"。

在教堂，我聆听牧师的教诲，知道这些戒律很重要，但我却很难相信与之相关的故事。

上帝创造万物、诺亚方舟、耶稣的圣洁出生、他在水面行走……我很难再相信这些神奇的传说。我妈妈和那些被我称为"教堂友好女士"的女人们的态度却和我不一样，她们没有这些疑问，她们对这些教条深信不疑。

▲ 正在接受训练的未来的海军。

"这就是信仰，"她们往往会说，"如果你想要升入天堂，你必须相信。"

我不能人云亦云并"喝下酷爱饮料"（drink the Kool-Aid）①。我不能未加质疑就相信这些故事。很多人都熟悉这句俚语，在一个名为吉姆·琼斯的传教士在1977年把他的信徒带到圭亚那之后，让他们喝下了有毒的"酷爱"饮料之后，这句俚语就广为人知了。这是一次以神的名义进行的大屠杀，世界各地都知道了这一可怕

---

① Kool-Aid 是美国的一种非常常见、家喻户晓的固体软饮料浓缩剂。1978年，人民圣殿教900人集体自杀时就是把氰化物添加在 Kool-Aid 水里喝，由此产生此句俚语。——编者注

的事情。

尽管我不想喝下这个有毒的"酷爱"、轻信这些教条，但我仍然是一个友好礼貌的年轻人，不去冒犯教堂女士。我坐在那儿，跷着二郎腿，只听我愿意接受的教条，不合情理的教条我都不理。我不知道这条路是我自己选择的还是时代为我选择的。不论是谁的选择，我都已经知道自己的前路在何方，知道自己需要做的事情是什么。我早有预感，我的时代一定会到来。

我们家的四个小孩在寻求关于神、战争、金钱、宗教、学校和前途的答案时各自选择了不同的道路。尽管父母不完全赞成我们的选择，但却给了我们充分的自由去作出选择。

核弹的爆炸给了我发掘自身黑暗面的入口。10年后，我的来复枪就变成了带有6个机枪和2个火箭发射架的海军直升机。《圣经》上说："你生而为此。"也许我们都是这样，我早知道自己的黑暗面会被揭露出来。

时间流逝，加上1962年的原子弹爆炸，双方面的原因导致清崎家作出了这些决定：行动和反行动。1964年，拉夫和玛乔丽辞了职，自愿加入了肯尼迪总统的和平部队，家庭收入锐减。我的两个妹妹加入了和平组织，在学校和街道抗议越南战争。而我们两兄弟则自愿参加了越南战争：乔恩参加了空军，我加入了海军。具有讽刺意味的是，我们都以自己的方式为和平作出了贡献。

本书之所以以战争开头，是因为战争决定了我们价值观的形成和每个人的个人追求。如果不是在越南战争的背景下、不是在害怕全球性核战争即将爆发的恐惧下，我和埃米是否会以现在的方式来寻求主的答案，寻求各自的宁静，还未可知。

埃米：睁大眼睛

血红的天空，以及60年代的小孩很难理解的那些冲突，让我们一直笼罩在"有今天没明天"的沉重感中。与苏联的核战争近在咫尺，用可怕的武器与敌人战斗，每晚都有死亡和损失的消息。现实就在我们眼前发生。

身为一个住在希洛镇的孩子，却不得不面临一些小孩本不该面临的现实，这种经历令我无法忘记核爆炸时的景象，记忆虽已模糊，却挥之不去。核爆炸产生的巨大毁坏力让我们印象深刻，这些毁灭不是主带来的，而是源于人与人之间的杀戮。这给我和哥哥罗伯特的内心都打上了深深的烙印。我们尽力想过好平稳的日子，可是我们根本没有想到核威胁又再次成为了现实。

公园本来是玩耍的地方，但是在希洛镇中心的一个公园里，政府却建了一个防空洞模型，像是要给每个人展示该怎么做。你不可能看不见这个可怕的建筑，而且它还对公众开放。我还清楚地记得自己的参观经历。那个狭小的、拥挤的空间非常潮湿、阴冷，还能闻到泥土味和发霉的水泥味。我无法想象在里面待10分钟是什么感觉，更不敢想象一家人几周甚至几个月都住在那里面。

那时候，我们在学校里也常常进行空袭演练。前一分钟我们还在苦苦思索一个数学问题，下一分钟就听见警报声，所有的孩子都必须马上躲在桌子底下。现在我们已明白当时的那些练习多么可笑和无用了，不过当时大人们告诉我们：只要躲在桌子下，抱着脑袋，我们就能活下来。

父母尽量不让我们受到外界的影响，他们尽力保护我们，不想让我们知道全球日益升级的紧张局势和潜在威胁。他们早知道——我们也早就感觉到了——战争和冲突无法避免，可能在任何地方爆发，也会影响到我们，即使我们住在遥远的夏威夷岛上的小镇。

父辈们似乎对此满怀崇敬的心情——"为正义、真理而战，以美国人的方式而战"，就像《超人》里的宣言一样。就好像在一场正邪之战中，我们是好人，代表正义。我们被号召拿起武器，包括学校的孩子们。

爸爸响应了号召，当上了本地民防部门的领导，妈妈用上了她的护士经验，参加了美国的红十字会。他们经常参加社区活动，孩子们也跟着他们参加各种活动。我还记得有天晚上，我们开车去另外一个小镇，3个家庭都带上了充足的工具，在小镇会合后一起挖地道。那是我们第一次在"庇护所"聚会。三家人都很为他们的大空间自豪——这个庇护所在紧急情况下能住下十多个人。

当其他人还在感叹庇护所有用的时候，我却在思考——我们为什么要这样做呢？难道我们家不需要这样的庇护所吗？在受到袭击时，我们还有时间开车去别家的庇护所吗？那些已经处于安全庇护所内的人又会不会让我们进去呢？

还有一个重要的现实问题：我仍然不敢想象自己像一个受困的动物那样蹲在寒冷、黑暗、潮湿的坑里。即便年纪再小，在看到那个夏夜发生在窗外的爆炸后，我也会怀疑这样的水泥坑是否能保护我。

另外，我是否愿意继续住在被核武器摧毁的这个世界上呢？

想象自己孤独地活在一个荒废的地球上的情景，这让我联想到在学校时学过的一篇戏剧——让·保罗·萨特写的《密室》。我发现高中英语老师选择这篇文学作品是相当有预见性的。故事描述了三个人被关在一间房子里,没有窗户,只有一扇紧锁的大门。这三个人一直等着关他们的人来折磨他们,结果发现折磨他们的人就是他们自己。

也许那时候我是过度敏感了,也许是老师想通过一位伟大作家来告诉我们一些道理。不管怎么说,萨特所要表达的意思,或者说老师想要表达的,我是明白了。不过我没想到的是,当这篇文学作品和1962年的核爆炸联系在一起之后,会把我带上我的命运之路。

在成长过程中,我们还要面对的另外一场战争就是与自然母亲的和谐相处。即便是在今天,夏威夷岛的火山喷发也从未见少过,同时还在缓慢地持续地下沉。地处世界上最大的海洋的中间,夏威夷岛很容易受海潮和全球变暖的影响。

希洛这个漂亮的城镇曾在1960年被海潮摧毁。灾难发生在凌晨一点零五分。我们在那次灾难中失去了一个儿时伙伴。三天后,人们在清理她家的垃圾时发现了她的尸体。她还在自己床上。朋友们回忆说,半夜醒来的他们,在慌乱中只能随手抓住任何能抓的东西。一个年纪大点的朋友说她抓住了某个灌木,当水退下去,她发现自己在一棵高高的树上,树上还有其他几个人,最后消防人员把他们救了下来。

商店、房屋、工厂、医院、学校全被摧毁了。一个巨浪夺走了50余人的生命。十多米高的巨浪席卷了沉睡中的小镇,所到之处全被摧毁。巨浪还把海底的巨石瓦砾全都留在了陆地。巨浪的威力很大,使得房屋车子相互堆积,就像顽皮的小孩丢弃的玩具。

爸爸妈妈半夜把我们摇醒,说他们得去参加救援工作,让我们自己待在家里。我们家离大海比较远,没受到巨浪的影响。妈妈是护士,爸爸得去学校为疏散中心开门。

巨浪袭击发生后，整个小镇几周都不对外开放。镇上所有的居民都在相互帮助。妈妈带我们去一个干洗店帮忙洗衣服。我还记得我们在一个公园的草地上把衣服铺开晒干，在阳光下各式各样五颜六色的衣服特别漂亮。

有时，爸爸得去那些火山运动活跃、一旦爆发将会毁灭整个城镇的地方去。我的一个同学就因此搬了家，因为那段时间他家周围的地面常冒出热气，他们家后面的田地则成了火山喷发地。另外一个朋友家失去了前院的财产，一股熔岩将一切卷入了海洋。所幸的是，夏威夷的火山一般不会出现大爆炸。

除了毁灭作用，我们同时还感受到了火山喷发的伟大。爸爸有时会开车带我们去附近的火山活跃区欣赏大自然的精彩表演。我和

▲ 夏威夷比格岛当时的场景。大自然的破坏力在我们头脑中至今挥之不去。像图中这样的火山熔岩喷发摧毁了朋友家的房屋，但人们却只能旁观，无能为力。

罗伯特，还有弟妹及一些朋友，在大自然这种真实有力的表达方式中成长。

　　战争、冲突、失去和改变等状况一直围绕着我们。除了家庭，没有什么可以依靠的，我们也经历了病痛、失去和改变。在那些年里，我们在芝加哥的奶奶去世了，然后是在毛伊岛的曾祖父母。生老病死给家庭成员带来了身份和位置的变化。

第 2 章
战争与和平

正如前文所提到的，本书以战争和战争图景开始，战争对于我们家庭的价值观和我们个人的追求产生了很大的决定性作用。

与很多人一样，我们努力想要理解父辈的价值观，想要找到自己的精神家园。作为日裔美国人，我们在成长过程中常常要面对战争及其衍生物，特别是二战。可笑的是，战争又能帮助我们找到答案、战胜恐惧，包括对死亡的恐惧。战争还让我们找到了值得为之献出生命的事情。

1962年，我们亲眼见到了核爆炸。当时，这件事情令我们既兴奋又恐惧。核爆炸还激发了我们对人生的质疑。见到天空从鲜红色变成深紫色，这给我们带来的问题远比答案多。我不禁思考：人类怎么会投入这么多精力研发高科技，目的却是想办法杀害人类自己。

结果又会是什么呢？

罗伯特：战争的教训

早在14岁时，我就知道自己要参战。我并不知道是什么原因，我只是知道，也许这就是直觉吧。那一年，我问爸妈，我能否自愿参加海军。爸爸问我为什么要参加海军，我说："因为他们是先锋，他们是战争中最先登陆的军种。"

爸爸摇了摇头，并建议我等到18岁时自己再作决定。

我们家族里有七个叔叔参加了战争。四个在二战中效力于欧洲战场，所在的正是美国军事史上获得荣誉最多的战斗小组——第442战斗团。这个团的军人大部分是日裔美国人，他们中有1.8万人因战功受到表彰，其中包括9486个紫星勋章、4000个铜星勋章，此外还有21块荣誉勋章。第442团在20天的莱茵兰战斗中5次获得了总统表彰，是唯一获此殊荣的军团。

他们的勇敢大大降低了因为日本袭击珍珠港而产生的美国人对日裔美国人的偏见。军团里的很多人都需要证明自己是忠诚的美国人，这也许是他们拼命战斗、伤亡惨重的原因。幸运的是，我们家的四个叔叔最后全都安全归来了。

另两个叔叔参加了对抗日本的战争。一个在菲律宾被日本人俘虏，参加了臭名昭著的巴丹死亡行军①。就像很多参加了巴丹死亡行

---

① 巴丹死亡行军是发生在第二次世界大战期间的一次恶劣事件。日本偷袭珍珠港之后，进军菲律宾。驻扎在菲律宾巴丹半岛上的美菲守军与日军激战四个月后投降，约78000人成为日军战俘，并在前往100公里外的战俘营的过程中受尽折磨，约15000名战俘死在途中。幸存者后来将其称为"巴丹死亡行军"。——编者注

军的人一样，他被抓住，受到残酷的折磨，还好最后幸存了下来。还有本书专门描写他被日本人抓住，饱受折磨，书名为《间谍》，作者是韦恩·清崎，我爸爸的弟弟。后来，那个叔叔一直都在美国空军的特别调查部工作，甚至还和以前关押过他的一些人共过事。叔叔原谅了他们，并说："战争已经过去了。战争期间我们都做过一些坏事。"

我的叔叔韦恩参加了朝鲜战争。他会中文，在战争期间，他翻译了很多中文消息。

虽然我有七个叔叔参加了战争，但这对我作出参加战争的决定却没有影响，因为他们很少谈论战争。我爸爸并没有参军，他申请过却被认为不适合，因为他的视力不好，个头又太高了，体重也不足。爸爸去了夏威夷一个特别偏僻的小镇当教师，并在那里遇到了我的妈妈，她当时是镇上糖料种植园的一位护士。如果他去了战场，也就不会遇到我妈妈了，更不会生下我们四个小孩，组建这个家庭。

1965年，我高中毕业时，对战争的考虑影响了我对学校的选择。我向两所学校提出了申请，并收到这两所学校的通知书，一个是马里兰州安纳波利斯的美国海军学院，一个是纽约州金斯波因特美国商船学院。

我接受了纽约金斯波因特美国商船学院的通知书。这么做是出于四个原因：一是不用求爸爸为我付学费，他认为我学习不好，为我交学费是在浪费他的钱。二是我发现美国商船学院毕业生的报酬在全世界是最高的，远远高于美国海军学院的学生。虽然当时我还很年轻，但很看重钱财。三是我知道自己需要有一个纪律严明的环境，如夏威夷大学（我很多同学都是上的这个学校）就不适合我，我去夏威夷大学很可能会被马上退学。四是我想乘船周游世界，跟随伟大的探险家的足迹去探险，比如哥伦布、科尔特斯、麦哲伦。

▲ 从左至右是罗伯特、妈妈玛乔丽、爸爸拉夫、妹妹贝丝。1969年6月4日，摄于罗伯特在美国商船学院的毕业典礼上。当时是一个值得骄傲和纪念的时刻。埃米后来回忆说："我多希望自己也能参加罗伯特的毕业典礼，不过那时我正在家里，为艾丽卡的诞生作准备。"

可以说，我实现了自己的愿望。一年后（1966年），19岁的我坐船到了越南的金兰湾。美国商船学院会派学生上商船——例如油轮、班轮、货船——实习一年，在那一年里，学生们可以周游世界。我本来特别希望被分到前往欧洲和南美的船上。但是，我的第一次航行却被分到运输炸弹到越南去的货船上，我正好亲历越南战争。

以亲身经历的方式体验战争，而不是通过电影电视，这对我的价值观产生了深远的影响。我很好奇，人类怎么能投入这么多的时间、金钱、精力和技术用来互相残杀。

1966年在越南的时候，我第一次看见佛教徒。他们穿着袈裟，端着自己的斋钵，在街上向人们化缘。你给他们食物，他们就会为你祈祷。如果斋钵是倒扣着的，表明他们不接受你的赠予，他们也不会念经保佑你。别人是这么告诉我的，但我觉得很奇怪。

在主日学校，我被教导："爱你的邻居，就像爱你自己一样。"这句话与邻居是否给你食物没有关系。所以我不太理解我在越南的所见，觉得那是种虚伪。我仍然记得童年时在教堂的所见，人们在教堂里很虔诚，出了教堂在停车场各自离开时对他人好像又形同陌路了。

从越南回来之后，我在旧金山第一次看见了嬉皮士。我同样也不理解他们。我更没想到，我的妹妹后来居然同时走上了这两条路——佛教及和平运动，而且还是以她自己的方式。

1968年，大概是越南发动春节攻势[①]的时候，当时的美国街头也有很多人游行示威。有趣的是，我们一家人每天同桌吃饭，立场却很不一样。爸爸妈妈参加了和平部队，致力于和平事业。妹妹坚决反对战争，我和弟弟却正准备参军。尽管我们尊重彼此的观点，意见还是难以统一。爸爸妈妈比较中立，允许孩子有自己的看法。

[①] 1968年1月底，北越发动了规模空前的春节攻势，对南越几乎所有的城市发起了进攻，但在美军压倒性军事力量的打击下，大部分攻势被击溃。北越此次军事上的失败却成了宣传和精神上的大捷，因此使春节攻势成为越战中的转折点。——编者注

我却没那么中立，我认为妹妹是空想家、是叛国者。她们的男朋友也是在逃避征兵，是懦夫，或者叫嬉皮士——显然不是"真正的男人"。

尽管我也很爱我的妹妹，可实际上有好几年时间我都没怎么和她们说话。战争把我从家里孤立出来。

1969年，我作为三级大副从美国商船学院毕业，并在加利福尼亚标准石油公司找到了一份高薪工作。这是一份很稳定的工作，也正是父母希望我找到的工作。

不过，这份工作我只做了六个月。

回到旧金山，我看见嬉皮士的"爱之夏"演变成吸毒和愤怒的抗议。我至今仍清楚地记得，就因为穿着军装，我被人吐了两次唾沫；还记得那些留着长乱发的男男女女走向我，向我献花，讽刺地说："兄弟，和平。"我认为他们全是懦夫和失败者。我认为他们都错了。我感到自己有义务表明态度，于是我放弃了在加利福尼亚标准石油公司的高薪工作，自愿为国家服务。

我开车从加利福尼亚到佛罗里达的彭萨科拉，进入飞行学院。1971年，我去了西海岸的彭德勒顿兵营（Camp Pedleton），接受驾驶武装直升机的高级训练，1972年，25岁的我再次回到了越南，这次我是以海军上尉的身份驾驶一架武装直升机回来的。

我自愿参军是有很多原因的。虽然我不用服军役，因为我的本行属于非国防重要行业，也就是石油，但我还是认为为国家而战是自己的义务。同时还因为弟弟乔恩也参军了。最后一个原因是：我想去打仗，我内心中黑暗的那一面渴望战斗，渴望体会那种"杀人或被别人杀掉"的感觉。我还想感受自己16岁那年在电影院感受到的那种冲动。我想知道自己会不会反击。这场战争是属于我这一代的。我不想错过。

也许，这还与父亲那边源自日本文化中的武士道精神有关。我觉得自己也许有这种传统的武士精神，我感觉自己只是继承了家庭的传统。

我不断在想，人类为何要投入如此多的时间、金钱、技术和精力来彼此残杀。但从内心深处我却知道，杀人现在是并且将来也是人类生活的一部分。战争从古至今一直存在，而且不幸的是，战争将来也一直都会存在。

古往今来，历史上的每一个社会都有武士精神。弱小的文化往往会被强势的文化所征服。武士的职责就是：时刻准备战斗，维护和平。

这便是我不反对战争的原因，我赞成和平也愿意为和平而战，此话很多人听起来会觉得不可思议，认为我是自相矛盾的。为了生存、为了和平和繁荣，一个文明世界也需要武士。每一个城市都需要警察、消防员、医生、护士、行政领导、工人、专家、教育家和商人，他们从本质上来说都是武士。有些人为了挽救他人的生命而战斗，有时甚至需要献出自己的生命。与此同时，也有些人为了私利而选择逃跑。

我开始相信，和平和繁荣不仅仅依赖于维和人员，更需要强大的武士。这种观点与父母和妹妹的信念完全不一样。

在电影《拯救大兵瑞恩》里面，导演史蒂芬·斯皮尔伯格描写了战争的恐怖和英雄的豪迈，这与约翰·韦恩演的好莱坞大片很不一样。与电影演的完全不同，我们在打仗时并不戴白色的帽子。如果知道要戴白帽子，我就不会参军了。

一位在二战时获得很多勋章的老兵在我离家参军的那天告诉

我，他当兵的时候，新兵参军后就得对着战俘一枪将他打死。这是战场上一条不成文的规则。"不要留活口"这句我们在商界和生活中经常随口说出的话，在战场上则意味着"杀掉战俘"。当然，这与我们学到的战争规则是相反的。但是，在战场上面对着生与死，你不得不去做所有一定要做的事情来挽救战友的生命和自己的生命。

幸运的是，我从来都不需要扣下扳机，但是我早已为扣下扳机准备好了。

在电影《拯救大兵瑞恩》里面，汤姆·汉克斯扮演的米勒上尉不忍杀死德国战俘，反过来德国战俘却杀死了他。类似的事情在商界和生活中每天都在发生。除了残酷的生存事实，战争还教会了我许多东西。当时我还没有意识到，很多年之后，我才慢慢地领悟出一些道理来。

战争期间，我通过血的教训明白了——语言是苍白的，事实胜于雄辩。我知道，这些道理我们早就明白，但仅仅是明白却从没体会过。我也是通过残酷的事实才体会了这个真理。很多年轻人死了，因为站在我们这边的人没有遵守诺言，他们要求我们去打一场我们没有理由去打的仗。今天，我仍支持我们的军队，但是我同样也感觉到我们的领导背叛了我们。这些领导和我年纪相仿，与我是同一时代的人。他们没有参加越南战争，不明白我们在越南战场上吸取的教训。在我看来，那些下令入侵伊拉克的人好像就是因为没有参加越南战争才会下如此命令。难道他们是旧金山的嬉皮士，或者是华盛顿的官僚分子？

我再一次申明：我不反对战争。战争应该要有合适的时间和地点。我反对的是在战争中一错再错，却从不吸取教训。为了这些教训，很多人在几十年前已经牺牲了，而人们却还是一再忽略这些。

剧作家萧伯纳曾写道:"如果历史重现,结局往往很意外,因为人们总是忘记吸取教训。"

我不反对战争的另一个重要原因是:战争最后能带来和平。在历史上的很多时候,英国是我们的敌人。今天,英国却是我们最亲密的盟国。法国、德国、意大利、墨西哥和日本也是这样。美国国内的南部和北部就曾发生过战争,今天却非常团结和平,还成为贸易伙伴。战争常常能促进贸易,贸易又带来和平。

作为商人,开枪射击自己的顾客总是不好的。

然而,战争如果不是为了结束、没有明确的胜利者的话,就不但不能带来和平,而且还会延续多年。所以我认为,尽管战争消耗很大,但如果能结束,却能更快地带来和平。

不幸的是,伊拉克战争不是两国之间的战争,而是多国之间的战争,并且还是与宗教相关的种族之争。这是一个千年的矛盾,是中世纪十字军东征的再次上演,不过这次用上了先进的武器,这种状况还会继续下去。

和平带来繁荣。尽管很多人在神的名义下被杀死,打着爱国主义精神的旗号而牺牲,但我们都知道,战争的根源是金钱。实际上,伊拉克战争的根源不是自由或民主,而是石油和利益。战争是有利润的。很多人和公司都在发战争财。

这也正是我1974年离开海军的原因。我厌倦了战争,也知道有比战争更好地通向和平的道路。在1974年之前,我一直都在学习如何成为武士。政府花了很多钱,想把我训练成为武士,还为我提供了战争所用的武器。不过和平的时间到了,我开始寻找和平。

就是在追求和平、追求精神答案的时候,我和妹妹在多年之后又走到了一起。

今天，我仍不后悔自己参加了战争，并仍然很感激战争教给我的一切。在海军里，我学会自律，变得成熟，这些是我之前从没学到的，即使在军事学院里也不曾学到。作为一名海军，我遇见了一生中所见过的最优秀的一些人，其中包括军官和士兵。因为我的战时经历，我对恐惧、勇气、责任、尊重和统一这些词语有了更深的理解。今天，我在从商时仍会在我的贸易伙伴上寻找这些品质。

战争还让我对人性和性格有了更多了解。当我们面临困难时（如在战争中或生活中）我们的本性就会展现，你会看见人们最好的或者最坏的一面。当人们遇到困境、压力或生死抉择时，我们就能看见他们的真实性格及他们的优点和弱点。

2007年，我和一小群朋友遇见了希蒙·佩雷斯（诺贝尔和平奖得主，以色列前总理，以色列现任总统）。在近一个小时的会见中，他说："战争使我们团结，和平的代价是涣散。"他又解释说："政府只能发起战争，我们无法发起和平。"他还谈论起和平的私有化，谈到商业最喜欢和平的环境。他希望在拥有强大军事实力的前提下，能够通过促进跨国间的贸易关系来加强和平进程。作为一位诺贝尔和平奖得主，他是想通过繁荣促进和平。

令我印象深刻的一点是，他认为政府和宗教方面的努力对和平的帮助很小。正如他所说："战争使我们团结。"不幸地是，我认为他的意思是：尽管人们不喜欢战争，他们却会团结起来战斗，为战争筹钱。

佩雷斯总统说："和平的代价是涣散。"我认为他是说维系和平是昂贵的。问题是没有人愿意为和平付钱，他们只想让别人来付钱。战争却能带来工作、带来繁荣。

我们都知道，伊拉克战争很昂贵。美国的每一个州至少都有一个或两个行业从伊拉克战争中获利。这些行业的任务包括武器制造、为军队提供工具等。对于哈利伯顿、波音、通用这些公司来说，他们最大的顾客就是政府，而政府则要求纳税人来埋单。

▲ 罗伯特和金与希蒙·佩雷斯（以色列总统，1994年诺贝尔和平奖得主）的合影。与佩雷斯同年获得诺贝尔和平奖的还有阿拉法特和拉宾，他们因致力于中东和平而得奖。

对我来说，这意味着为和平而战斗的商业还需要投入更多的资源。当谈到和平的私有化时，佩雷斯总统说，要拥有和平，就必须让和平与商业过程紧密联系起来。因为大部分公司想要的都是活生生的顾客，而不是死的。

速览2001年911事件

当时我和妻子正在空中，正飞往罗马的达·芬奇机场。与此同时，美国的飞机撞上了世贸大厦。

三天后，我们在土耳其的伊斯坦布尔对一群穆斯林商人发言，我的开头是这么说的：

"我是一个基督教徒，我不知道穆斯林的信仰是什么。我缺乏对你们文化和宗教的认识，对此我深表歉意。"

我演讲的题目几个月以前就选好了，早在911之前，标题是"通过贸易促进世界和平"。此刻，你可以说它是最好的标题，也可以说它是最差的标题。我开始谈论财商教育、合作、资本主义的重要性。我是想通过财商教育而非简单的经济施舍来帮助人们，是想通过繁荣带来和平而不是宗教和战争。

站在成百上千的穆斯林面前，我发现房间里的人们在衣着上分成了三部分：西式服装、现代中东的彩袍和传统的黑袍。我意识到自己整个人生所经历的一切就是为这一时刻所准备的。

我无法作为战争的武士发言，但是我可以作为和平的卫士发言。

埃米：武士阶层的秘密

也许，我对生命还抱着一种理想主义。我一直很敬畏我的父母、家人和老师，我希望他们每个人都很崇高，只为正义而战。

就像国与国之间总有战乱，我们人与人之间也总有战争。我相信这些内部斗争都是因为我们的错误和错觉——内心那些杂念阻止我们寻求平和美满的生活。

美好生活就是内心平和的简单生活，这也是我从青年时就一直追求的。我希望人们彼此珍重，尊重彼此的差异，关心身边的人，努力做好自己。不论我们的生活方式和文化背景有多大的差异，这些都是我们最值得追求的事。

在人生的大课堂中，我还有很多需要学习的地方，不过这正是我的信仰。

佛教说："冤冤相报何时了，要以德报怨。"这句话将复杂的战争因素单纯化了。不过，此话却是我们国与国、人与人之间彼此理解与和平共处的火种。

带着这种天真单纯的想法，我相信爸妈一定会保护我们。我自信我们国家是最好的，会为人类作出贡献。战争和战争的威胁会给我们心中带来恐惧和怀疑，这是一种不安的、极端的、强烈的情绪，好坏参半。也许这种情绪能赋予我们更深的意义，帮助我们意识到生命本来就是短暂的，可能像火花一样，转瞬即逝。

国家领袖制定战争策略，年轻人满腔热情地怀着对祖国的热爱来执行这些命令。也许对于我们每个人来说，连我们的祖先都在为我们作准备，有时候这就像是轮回的。

清崎家族是一个武士家族，与我奉行的非暴力主张正好相反，但我以己为荣。我骄傲是因为我觉得自己是正义的，是在扶贫济困、护卫和平。这同样也是清崎家族传统的一部分，对我来说，剑意味着权力，而不是贪婪和仇恨所带来的暴力。

我爸妈很少谈论二战，尽管在夏威夷时，我们身边处处都有二战的痕迹，还有军队。夏威夷的每个岛都建有军事基地。人们常说这些军队占据了夏威夷最好的地方。

对于父母那代的日本后裔来说，当时的处境一定很艰难。然而，我爸妈和他们的朋友当了市区领导及模范市民后，我们便免受这种耻辱。我们日本人有保守的传统，不过我们也有为他人服务的传统。与很多同龄人一样，我很害怕身边的人，但同时又为我的家人感到自豪。

▲ 清崎家最后一个武士。照片上的人是我的曾曾曾祖父,照片大约是在1860年拍的。当时是武士阶层时代的结束和枪炮时代的开始,但剑和武士礼仪却被每代的长子传了下来。我爸爸把剑传给了罗伯特,就像祖父那时传给他一样。我们一家都很尊重武士礼仪。

在我们成长的故乡(希洛)有很多日本人,这也许是我从没感觉到偏见和受歧视的原因。我成长在"太平洋的熔炉"上,生活在很多不同的民族和种族中。在这种经历的影响下,我永远都想不通为什么人们会为了消除差异而相互残杀。

偶尔,爸爸和哥哥们在周末会和其他男人一起去打猎,并在外宿营。在我们家的三个男人中,罗伯特最喜欢这个。有时候他会带着弓箭、渔具,和他的朋友一起去打猎。枪和矛最让我害怕,我很讨厌他们,更讨厌他们带回来的猎物。

有一天，我拿走了哥哥的一把空气枪，在旁边没有人时，我坐在车道上拿着枪玩。街对面有一块空的场子，于是我对着对面的灌木丛和树枝开了枪。接着，我又看见了一只小鸟停在电话线上，便对着它开了枪。小鸟跌落在地上的时候还扑打着翅膀。我吓坏了，我跑到小鸟跌入的灌木丛里，但是没能找到它。我多希望它没有受伤，只是躲起来了。

从那以后，我就再也不拿枪了。

我不能宽恕战争，不过我们却需要能干的和平卫士。

本书开篇引用了菲茨杰拉德的话："对一流头脑的检验是看它在同时装载两种对立的思想时运转的能力。"

这是我们每个人所面临的挑战，也是我们的国家和社会所面临的挑战。怎么才能平衡我们在世俗和精神上的需要和行为呢？难道事实真如雅各布·尼德曼在《金钱和生命的意义》中所说的："在这个对立且矛盾的世界，意志是我们生存的力量。"

我们能否在这些看似相互冲突的矛盾中，如战争与和平、财富与精神，活得完整而且自由呢？

我说过，作为武士的后代我感到很自豪。产生这种自豪的情感是因为，我认为这种传统在很大程度上也适合和平卫士。我们家一直有一把大大的、漂亮的武士剑。作为长子生下的长子，爸爸一定是在和我妈妈结婚时，从我祖父母那里把武士剑继承下来了。我还记得后来我们全家聚在一起，爸爸妈妈把剑传给罗伯特，因为他也是家里的长子。

作为武士后代，我们怀有一种隐隐的却坚定的力量和尊严。不过这也有两面性。作为剑客，我们该如何感到自豪呢？武士被看做是国家、人民、信仰和领袖的保卫者，但同时他们也是帮助军阀的掳掠者、强盗和寄生虫。本质上，他们呢是在保卫和平、保护地位。

祖父和他的堂弟离开九州岛，去了东京的医学院。他们到那儿却发现只有一个招生名额了。祖父就把名额让给了堂弟。后来，祖父和祖母的家人登上了前往夏威夷的船。罗伯特开玩笑说，剑客转做外科医生是很自然的转变，不过祖父的情况却不是这样。

从此，我们家族就扎根夏威夷了，从曾祖父开始，然后是祖父。当武士剑传到罗伯特手中的时候，同时也传了一个铜镜给他未来的妻子，那面铜镜可是在玻璃发明前的产物了。

我得到了什么呢？

什么也没有。我是一个女孩。在传统中，只有长子才能够继承家族的物品。女人的地位很低，作为生长在夏威夷的年轻日本女孩子，日本老年人早就教给我们这些道理。

我们这些女孩子在教堂和学校里得到的关注都不多。老师可能是了解到家长对我们期望不高，也不太管我们，所以我们的童年才得以享有很多自由和悠闲的时光。我们从生活中学会了很多道理，也不受明确的生活目标和方向的限制。

我一直对心理学和道德学很感兴趣，特别是心理学。我本科学的是心理学，主攻老年人心理。爸爸当时建议我选择另一个专业，他说："为什么学心理学这种伪科学呢？为什么不去学纯科学？纯科学才叫科学。"爸爸是数学家和科学家，他在担任行政职务之前就是教数学的。

我记得爸爸也一直这样问罗伯特，为什么要去参战呢？为什么不像爸爸那样做一份稳定的政府工作呢？我不太了解越南战争背后的政治原因，但是我反对利用暴力方式来解决问题。我的很多同学要么主动参军，要么被征募了。我也有很多朋友在想尽办法逃避征兵。那时,两极分化的情况极为严重。我哥哥的战场生活似乎也离我很远。

对我来说,战争与和平都是内心的挣扎,我相信每个人都会面临这种挣扎。

我并不是完全反对越南战争,因为战争让我困惑和不安。战争激起了我们的恐惧,驱使我们打着合理的借口却采取可怕的行为。太多人因为侵犯、仇恨和贪恋变得习惯承受可怕的暴行,战争的场面(死亡、毁灭、暴力抗议)通过电视涌向我们的生活。我赞成和平协议,也相信矛盾可以通过非暴力和协商来解决。还是那句老话:"冤冤相报何时了,要以德报怨。"

当一方被打败,并向另一方臣服或让步协商后,战争就结束了。不过在那之前,战争带来一片混乱,双方都采取了可怕的行动。我还记得罗伯特对越战的一句评论:"事实是很多年轻人死了,因为站在我们这边的人没有遵守诺言。"

用战地记者克里斯·赫奇斯的话来说:"战争揭露了人类本性的一面,这一面常常被隐形的社会约束所制约,没有显露。我们的传统和文明让我们以为自己很好。但是现代工业,随着每一次的技术进步,却在一步一步地带领我们走向毁灭。我们自己也在腰上绑着炸弹。难道我们定了一个自杀协议吗?"

克里斯在他的著作《战争给予我们的意义》中写道:"在20世纪,超过六千两百万的平民死于战争,四千三百万军人死在了战场上。"

我很震惊,居然会有这么多平民受害者,这还不包括因战争而残废者,也不包括因战争而导致的精神痛苦,如疾病、强奸、贫困。对他人的贪婪、恐惧、仇恨的代价竟如此之大,但每一方都认为自己更重要、更杰出、更正义。

妄想常常让我们摇摆不定。教育家兼作家威廉·詹姆斯·杜兰特说："在整个人类历史中，只有 29 年的时间是没有战争的。"对于人类来说，当我们想到人类的巨大成就及巨大潜力时，这种说法显得多么悲哀。难道我们一定要用战争那么可笑的方式来解决冲突吗？

前景不容乐观，人类可能会毁在自己的手中。侵略和仇恨、旧伤口，以及期望通过军事和政治力量来统治他人的幻想，这些都可能将人类毁于一旦。

第3章
老问题新答案

我们家遇到了战争和自然灾害，这对家里的每一个人都产生了重大的影响。亲眼看见核爆炸让我们更懂得生命的宝贵，开始变得不再自以为是。要不是我们这个时代有全球毁灭和越南战争的威胁，我们可能还没有开始求索有关生命和上帝的答案，如果真有上帝的话。

尽管生长在信仰基督教的家庭，我们在家却不太谈论上帝，我们只是在用餐前和特别节日（如感恩节、圣诞节、复活节）的时候保留祈祷的习惯。

妈妈总是很虔诚地去教堂，她这一生去过很多不同教派的教堂。不过她大部分时间都去希洛卫理公会派的教堂。每到圣诞节的时候，她总会被拥有最好的合唱团和合唱指挥的教堂所吸引。妈妈特别喜欢圣诞节，也特别喜欢唱乔治·亨德尔创作的《弥赛亚》。在圣诞节的前一个月，我们清崎家总是一直回响着"哈里路亚大合唱"。

爸爸很少去教堂。我印象最深刻的就是，每到假期妈妈和合唱团一起唱歌的时候，他要么就在收拾花园，要么就是在搞他的艺术和读书，爸爸只有在独处一室的时候才

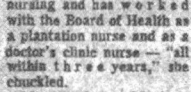

▲《檀香山星报》上关于玛乔丽·清崎的报道，妈妈在抚养我们成长的同时也有很多成就。

能找到宁静。

我们的父母既强调教育又强调宗教。就算我爸爸当了夏威夷州的教育厅厅长，他也不会在我们任何一个孩子身上实行强制教育。如果我们成绩不好，他也不会太责备我们。如果我们请求他的话，他还会帮助我们做家庭作业。

爸妈没有像普通的家长那样，逼我们上大学然后当医生或律师。我们的父母让我们按自己的兴趣寻求自己的答案。

这就是清崎家四个小孩的家庭环境。

罗伯特：失去和背叛

1970年，时任夏威夷州教育厅厅长的爸爸迈出了他人生中最大的一步——以一个共和党人的身份参与夏威夷州副州长的竞选。这几乎是自杀性的一步，因为几十年来夏威夷一直是民主党的地盘，身为共和党的他希望很小。

他在发表竞选宣言之前，把我们四个小孩叫到跟前，并向我们解释他为什么要迈出这一步。这其实是一个很艰难的决定，因为爸爸正在和他的老板——当时的夏威夷州长作对。如果他失败了，他就不可能再担任教育厅厅长了，而这个职位是他努力了大半辈子才得到的。不过，他向我们解释了理由："在每个人的一生中都会遇到这么一个时刻，我们要么挺身而出，做正确的事情；要么什么也不做。"他继续说，"我不能就这样为了保住自己的工作什么也不说。现在的这个政府很腐败，如果我胜利了，我就有改变它的机会；如果我失败了，至少问心无愧。"

他解释说，这就是他愿意放弃工作、愿意作出一切牺牲的原因。他告诫我们，选举的时候可能会有无耻或下流的事情发生，还有很多人会说谎，会无中生有。他估计他自己甚至整个家族都会受到污蔑。

尽管前途迷茫，道路艰险，他还是问我们："你们支持我吗？"

我们都一致表示：不论他成功还是失败，我们都支持他。

▲ 这是《檀香山星报》上关于拉夫·清崎辞去教育厅厅长职务，参加副州长竞选——一个几乎不可能成功的竞选——的报道。我爸爸一直想尽自己最大的努力回报社会，这次竞选失败改变了他自己和我们一家。

共和党人曾经向他保证：如果他这次输掉了竞选，他们会给他一份高薪的工作。但是，当他竞选失败后，这份工作根本就没有兑现。在51岁时，爸爸失业了。在这次竞选后不久，他的妻子玛乔丽——也就是我们的妈妈——去世了，时年49岁。好像这次政治竞选的失败对她的打击比对她的丈夫的打击还要大。

竞选失败，又痛失爱妻，我爸爸在情感上受到了极大的创伤。尽管他还年轻，才五十多一点，但他却再也没能重返他的职场。

在竞选前，爸爸的生活一直很成功。年轻时，他成绩很好，各科都是 A，又是班长，毕业时还作为优秀学生代表发表演讲，仅用两年多的时间就取得了学士学位。在进入教育系统工作后，他又在斯坦福大学、芝加哥大学、西北大学继续攻读硕士学位。他还进修了博士，差一点就取得了博士学位。

竞选失败是他人生中第一次真正意义上的挫折。在那之前，他

▲ 拉夫·清崎参加竞选的海报。

只尝过成功的滋味。弃政之后，他开始经商，但很快他便发现：学术上的成功并不意味着在商场上也能成功。没过几年，他就把以前的所有积蓄用光了。

1991年他去世了，死时72岁，当时他已经为自己的信念付出了极大的代价。在去世前不久，他被夏威夷大学授予荣誉博士学位，并被赞誉为夏威夷历史上最伟大的两个教育家之一。尽管他因为化疗身体很虚弱，但他还是坚持参加了颁奖典礼，并泪流满面地感谢曾经的同事还记得他。

爸爸竞选失败和妈妈去世都发生在1971年，当时我刚被送去越南战场。我多希望自己当时能在家给他们一些精神上的支持和安慰，但是佛罗里达的飞行学院不允许学员休太长的假期，我只请到了五天的假去参加妈妈的葬礼。

爸爸的竞选失败给整个家庭带来了很沉重的打击。这不仅仅是爸爸的竞选失败，更是那些手中没有权力却想要改变、想与当权者较量的人们的失败。我们都知道，政治是一个很腐败的体系。爸爸是一个好人，只是想要把事情做得更好。他对于幕后操纵已经厌倦了，他的失败却证实了一个残酷的事实：做一个好人，存一颗好心是不够的，特别是当你与有钱有势的阶层对立的时候。

1972年1月，学校的学习结束了，我被派往一艘航空母舰，开始了真正意义上的战争教育。一年后，也就是1973年的1月，我已经是一个完全不一样的人了。经过一年的战斗后，我心烦意乱地回到了美国。其实我在战争中根本没有受伤，在精神上也没有受到创伤。尽管我知道，有人因为我的行为死掉了，可我却从来没有直接杀死过任何人。作为一名直升机的驾驶员，我认为这场战争是没有一点意义的，甚至是荒诞的。我从来没有与我的敌人正面冲突过，也没有在战场看见过他们的尸体。每天晚上，我飞回航空母舰，洗一个热水澡，吃上一顿热气腾腾的晚餐，看一会电影，然后在安全的空调房间里、在很温暖的床上睡觉。

不过我还是觉得很不安，我突然领悟到父亲参加那次竞选的某些原因，同样的原因也让身在越南的我感到不安。就好像是旅途才进行了一半，却发现自己被骗了，感觉非常难受。我当时意识到美国并不是为了维护和平，我们也不是在替天行道，我们也不是无辜善良的。而且越南人民并没有敞开怀抱欢迎我们，我不是约翰·韦恩，我们不是英雄。

我觉得自己盲目的爱国主义情感被人利用了，我的天真被践踏了，我一直在想着下面这些问题：

我是在为美国而战，还是在为大公司及他们的投资者而战？

我是在为自由而战，还是在为钱而杀人？

我现在对越南人民所做的事情，是不是和以前的士兵对美国印第安人和夏威夷人所做的事情一样呢？

我们是否正如黑暗时代的十字军东征一样，以上帝之名相互残杀？

在我们的报纸上，政府大肆鼓吹我们是为了解放越南人民的思想而战，既不是为了上帝也不是为了钱财。作为战争的一方，我们尽力对越南人民表示友好。可问题是，我们从来不知道真正的敌人是谁。这不是二战，敌人并没有穿着统一的制服且按照战争规则打仗。我们在对小孩、女人友好的同时，又得随时随地作好杀掉他们的准备，这种自相矛盾的指令让我们很难受。

在与美军交火时，北越的战士同样也穿着美国的军服。很多次，我们与南越士兵一起执行飞行任务时，我们的长官都得对他们仔细辨别一番，因为我们完全不知道这些士兵到底是哪一边的。我开始思考一个问题："如果我们是好人的话，越南人为什么要恨我们呢？难道他们不知道我们是在为他们的自由而战吗？"

有一天，在结束了一场损失惨重的战斗之后，我问我的长官："为什么他们那边的越南人比我们这边的越南人打起仗来卖力得多？"房间里当时还有四十多个飞行员，因为这次战役是失败的，大家都已提不起精神，所以没有人回答我的问题。

几天后，在一个类似的情境下，我又问了同样的问题。有一个飞行员说："别担心，我们会打胜这一仗的，因为上帝在我们这边。"马上，另外一个飞行员就笑着说："那你最好快去告诉上帝，我们已经被打得很惨了。"一屋子的飞行员都不安地笑了起来。

除了被灌输爱国主义精神，是为民主、为自由而战，我们的任务还被赋予了宗教色彩。在我们出发前，我们就被告知是去打共产党的，因为共产党不相信上帝，很多飞行员都坚信自己是在为上帝而战，上帝在我们这一边。有一个飞行员甚至还带了一块袖章，上面写着"为了上帝，杀掉共产党"。后来，我们的小队长让他取下了这块袖章。

在越南，我亲身体会到大部分越南人都是虔诚的宗教信徒。他们也许与我们信的神不一样，但他们确实也相信宗教。大部分人家里的显著位置上都摆放着神像。大城市中也有宏伟的天主教堂。

不久之后，我又开始思考：到底是谁拉动了这次战争的导火线？谁又是被操纵的傀儡？谁又能让人们像发了疯一样彼此杀害？我想得越多，就越不恨我的敌人。我发现敌方的士兵像我们一样，也是为了爱国主义而战，他们也不了解事情的真相，大多数人打我只是因为我在那儿打他们。我认为我是正确的，他们认为他们是正确的。很明显的一点是：战争的爆发就是因为人们需要证明自己是正确的，别人是错误的。

夜晚，我一个人坐在航空母舰的甲板上，不断地思考着。我发现自己原来的很多想法其实是大错特错的。我不应该看不起那些逃避兵役的同学们，我不应该反对我父母参加和平组织，我不应该反对妹妹加入抗议战争的行列。过去的我是多么的可笑，总认为自己是多么正确、多么勇敢、多么爱国，并且准备用生命为我的祖国而战。

某天晚上我突然发现，交战双方的目标其实完全一样，都是为了和平。我意识到，我的敌人也是在为和平而战。那天晚上，独自坐着的我发现，人类为了得到和平投入这么多资源、展开这么多杀戮是多么荒唐。

我对战争的思考越深入，就越意识到战争永远都属于人类的一部分。人类社会只要还有正确和错误之分，就一直会有战争、战斗、争端、争议。即便不是国与国之间的战争，也会有政治上、宗教上、经济上的纷争。当然也还有丈夫和妻子、朋友之间和家庭之间的争端。

就在那个夜黑风高的晚上，坐在航空母舰的甲板上，我与越南人民之间的战争结束了，我对内心和平的追求却开始了。就在那天晚上，我知道如果要找到自己内心的和平，就需要控制住内心的斗争。

1974年，海军起诉了我，威胁说要将我送上军事法庭。那时的我已经不是一个只会乖乖听话的好孩子了。我穿军装穿了近10年，在军校里穿了4年，作为海军又穿了6年。我已经厌倦了服从命令。

我在战时驾驶了一年武装直升机，时刻面临着生命危险，曾有3次被撞击，还好我活了下来。我已经什么都不怕了。

我不在乎海军对我的起诉。我只喜欢参加聚会，只想要快活快活。我不再是1965年离开希洛时那个安静、有礼貌的小男孩。我身上暴露出很多人性的阴暗面。我最喜欢做的事就是，跑去怀基基海滩，在酒吧和漂亮小姐搭讪，问她们愿不愿意坐直升机去海滩。刚开始，她们都以为我在开玩笑，不过她们很快就明白我是认真的。特别是当时的年轻人都留长发，只有我剪着海军规定的板寸。

每到星期五晚上，我就会从队里开出飞机到附近的海滩，装上啤酒带上美女。再开上15分钟，我和我的机友就会降落，降落到世界上最美的无人海滩，那儿简直就是人间仙境。这就是当时年轻人的放荡生活方式。

我们会在周日的晚上返回。

军队教会我如何自愿为更崇高的理想放弃自己的生命，勇往直前。军队训练出我刚强的性格，但是在越南的勇敢却被国内视为不安分。我刚强的性格此刻却成了性格上的缺陷，我失去了克制和平和，完全无视他人和法律。

我的行为举措仅仅出自一点：我认为自己能够这么做。

人们常说性格决定命运，性格缺陷决定了悲哀的命运。

那一年，水门事件迫使尼克松总统辞职。美国众议院开始为弹劾尼克松作准备，起诉他妨碍司法公正、滥用职权、没有执行国会决议。1974年8月5日，尼克松总统承认，是他命令美国联邦调查局停止对水门事件的调查。8月9日，尼克松辞职，成为历史上首位辞职的总统。

副总统阿格纽在1973年就已经辞职，在政治腐败的证据被揭露后，他声称自己"没什么可以隐藏的"。在阿格纽1973年辞职后，众议院发言人福特继任了副总统。1974年尼克松辞职后，福特就当上了总统。当上总统之后，福特做的第一件事情就是赦免了尼克松，免除了对前总统的任何刑事问责。

随着水门丑闻的暴露，鼓动我爸爸参与政治竞选的丑闻也暴露了。我在越南见过的那些丑闻最终都暴露在光天化日之下了。

我在心里暗想："最后，我们的体系里又看到了正直。政府里还是有一些诚实人。"

但是，福特未经选举当上了总统，并赦免了前总统，还让他免于一切刑罚。此刻，我对政府和政治程序的信心也被摧毁了。

我终于觉醒了。

我开始为老问题寻求新答案。比如，作为一个人，我难道一点作用都没有吗？

在经历过这样一场毫无意义的战争之后，我在想：谁才有能力将和平带给世界呢？

为什么赢家总是那些说谎的人呢？

事情似乎就是这样。只要我有强大的力量，我就能超越法律，我就不需要遵守规则，我就能自己制定规则。

尼克松总统得到了赦免，肯尼迪总统被暗杀了。我想知道诚实是不是最好的方法。似乎犯罪确实需要付出代价。问题一个接一个，为什么好人却没有好报？

我能做点什么吗？

爸爸妈妈一直很努力地在为社会服务，这也是他们在全职工作之余自愿参加红十字会、民防部门、和平组织的原因。他们相信生活会因此不同，即使只体现在很小的方面。

到底有没有上帝？

我想问上帝为什么不是公平的？我想问为什么有些人富有而有些人贫穷？我想问为什么有些人生来就比别人身体更好？我想问为什么上帝对有些人很残忍，对另一些人又很仁慈？

为什么在上帝的名义下死的人越来越多？

为什么我如此碌碌无为？

在25岁的时候，我意识到自己没有任何过人之处。我是个极其平庸的人。我在学校的学习成绩并不好，运动成绩也不优秀。我这么平庸，怎么能成功呢？

我是否需要自己寻找答案？

直到1974年，我还在为满足父母和社会的需要而生活。我去上学，去教堂，参军，投票选举，找工作。但是，在这些地方我都没有找到我一直在找的答案。

从1972年1月到1973年1月，我一直在越南驾驶直升机。越南之行结束后，我被安排到夏威夷卡内奥赫湾的海军基地。

1974年6月，我光荣地从海军退伍了。

1975年，美国输掉了越南战争。尽管越南战争结束了，我自己的战争还在继续。那时候，我并没有意识到战争会那么深刻地影响到我。

埃米：剑伤

1965年，罗伯特离家前往纽约的美国商船学院后，原有的家庭结构发生了变化。曾在父母的保护伞下无忧无虑生活的一家人慢慢开始分散出去了。

1966年，我高中毕业了，是时候离开这个昏昏欲睡的希洛镇了。我的目标是去大城市檀香山，并就读夏威夷大学。就算去了另一个岛，对我来说也是一个大变化。我逐渐适应了新环境，并结交了新朋友。我和希洛的很多朋友都慢慢失去了联系。似乎在我搬家后，我们就没有太多共同语言了。

1967年，爸爸被提名为夏威夷州的教育厅厅长，所以我们一家人就搬到檀香山去了。这对妈妈来说是一个很艰难的决定，因为搬家意味着她要重新安排生活中的一切。我的祖母当时身体很不好，因此我们还常常飞到毛伊去看望她。我还清楚地记得，爸爸说他在教育厅厅长这个职位上只做三年。

在任职期间，我爸爸做了很多实事，如为学校引进新体系，尝试新思想，改革之前阻碍儿童教育的旧方法，因此他经常上报纸。在科纳，学校是12月开学，可那时正是秋天收获的季节，孩子们常被家人安排去捡咖啡豆。爸爸就劝说当地的农民允许孩子们继续上学，又将开学的日期提前到9月。他还自己坐船去尼豪岛，说服当地领导允许孩子们去檀香山的卡米哈米赫学校上学，给孩子们更好的教育机会。这么做有利于打破尼豪岛上岛民们家族内部通婚的传统，这一传统已经导致了很多新生儿的基因缺陷。

檀香山是一个充满机遇的城市。在那里上学的时候，我参与了一些电影和戏剧的拍摄，也读了很多名作家和戏剧家的作品。我的面前似乎展现着一个全新的世界。大学一年级时，我遇到了一个从长岛来的小伙子鲍勃，他住的镇离哥哥就读的商船学院不远。鲍勃是个漂亮的、带着爱尔兰血统的意大利人。他的眼睛很迷人，人很风趣，舞跳得也很好。我们成了朋友。后来他回到纽约，在大学一年级的暑假我们还通了很多信。

通过一些课外活动和周围的朋友圈子，而不是在大学的教室里，我发现了自己的兴趣所在。我的烂成绩也说明了这一点。在大学二年级快结束时，我被勒令休学了。我想，自己该暂时离开学校休息一阵了。

当然，在告诉爸妈休学的事情时，我还是很尴尬，毕竟当时我爸爸还是教育厅厅长。但是我不得不告诉他们，不出所料，他们很不高兴。但就像以前一样，他们还是让我自由地走自己的路。

这次休学让我有机会可以做自己真正想做的事情，而不是为满足别人的期望而活。新的反传统的嬉皮士正在各地兴起，旧金山也不例外。所以在1968年的夏天，我抓住了人生的第一次机会，离开了夏威夷出去旅行。到秋天和冬天时，我待在加利福尼亚，和寒冷的天气作斗争。

有一天，我意外地接到罗伯特的电话，他说自己坐的船正停在旧金山的一个港口，所以我就搭了巴士跑去看他。罗伯特要带我去吃午餐。当时我正是个穷嬉皮士，只想在我们经过的第一家餐厅能吃上一顿饭就很好了。但是，罗伯特一直都对食物很挑剔，他建议我们继续找，找一家好餐厅。他当时穿着白色的美国海军军校制服，最后我们决定去渔人码头吃午餐。

在路上的时候，我们遇见了三个长头发、留着胡须的、正无所事事的嬉皮士。他们从街角走向罗伯特，并和他说话。一个严肃的军人和几个反战分子在一起，这一幕也许很让人印象深刻。他们说完了，我们就继续往前走，罗伯特告诉我，他们中的两个人都是军校的学生，故意辍学来旧金山住。

当时的美国西海岸很热闹。披头士刚从印度回来，正在西方文化圈里推行东方音乐。新思潮不断涌现。我正想通过不同的人和不同的地方有所学习、有所收获。

反传统的思潮正在泛滥，新的精神思潮正在兴起。尽管我很推崇自由恋爱和吸大麻，但我意识到，让我摆脱害羞的、夏威夷小岛女孩的心理还是很困难。我想念自己在檀香山的朋友，想家，厌倦了内陆的寒冷和单调。在旧金山待了几个月后，我的钱用完了，也失去了对那儿的热情。我意识到，这个地方不再属于我。

所以，我又回到了夏威夷岛上。

回到夏威夷后，我常和大学朋友们聚在一起，但我没有再回学校念书。我又联系到了鲍勃，我们经常在一起。我们的友情渐渐发展成爱情。1968年的12月，我发现自己怀孕了。一想到要把这个炸药包扔给父母，我就觉得告诉他们休学的事情是多么容易啊。

"他打算娶你吗？"

这是爸爸的第一反应。在爸妈看来，这也是解决这件事的唯一办法。但是，我已经被要当妈妈的这个念头折磨得晕头转向，更别提还要应付晨呕和身体的变化了。逐一通知亲朋好友也是件难事。很难想象，我要和一个我在学校认识的交往才3周的人结婚。

但是，我似乎已经没有自己决定的自由了。我觉得自己不应该做让家庭蒙羞的事情。所以我和鲍勃在1969年2月结了婚，我们的女儿艾丽卡在下半年出生了。我很爱艾丽卡的爸爸，不过我不想结婚。但既然婚已经结了，我还是尽量想演好我的角色，就像我一直以来所做的。

当爸爸告诉我们他要竞选副州长时，我感觉自己很紧张。我对当时的政治一无所知。因此，虽然很爱爸爸，也尊重他的工作和热情，但我不觉得自己能出去支持他。而且我还有个幼小的女儿要照顾，自己又正在适应婚姻生活。

艾丽卡很漂亮，性格也温和，每个人都喜欢她。我承担了抚养她的全部责任。我希望我们母女之间的关系是充满爱和友谊的，而不是一种让人厌恶的负担。我必须仔细思考自己人生中想要完成的事情，以及作为一位年轻的母亲我如何才能完成自己想完成的这些事。一方面，未来的许多事情还有待决定；另一方面，我已经看清了其中的一件事。

那就是，我不能再继续自己的婚姻。尽管我对未来的很多事情都不太确定，但我知道婚姻绝对不在未来日程之列。我还在寻求自己的位置。两年来，我和丈夫都在努力维持这段关系。但是，艾丽卡的爸爸和我最终还是分居了，不久就离婚了。

回望这段短暂的婚姻时，我只记得这是一段很艰难、很痛苦的日子。因为我和鲍勃结婚的理由只是出于对艾丽卡的考虑，只是想做正确的事情，而不是出于爱和快乐。记得在那段时间，我爸爸也经历了几个月的困惑和迷茫。有时候似乎他要承担的比任何人都多。

1970年11月，爸爸在选举中失败。12月，爸爸妈妈给大家寄去圣诞卡片，感谢大家的支持，希望来年还有机会。接下来的几个月，家中的事情发生了戏剧性的突变，爸爸的生活也完全改变了。

1971年1月，我以单身妈妈的身份回到老家。

2月，和我们住在一起的祖父去世了。

3月，妈妈突然去世。

三个沉重的打击排山倒海而来，加上家里的两个儿子正在越南浴血奋战。爸爸再也撑不住了。

我还清楚地记得妈妈去世的那一天。那天，她在家给艾丽卡和我做金枪鱼三明治，突然觉得自己的心跳不规律，于是就去起居室的沙发上躺着。她叫我拿张湿纸巾给她擦手，让我打电话叫爸爸回来。

那时,爸爸正在教师工会工作。他接到电话便马上回了家。妈妈一直说她不想死,爸爸一直安慰她:"你不会死的,别担心。"他叫来医生,医生说让送去圣法兰西斯医院,他那天正在那儿上班。

妈妈最后死在了手术台上。爸爸叫我去了医院。我到之后,他抓住我带我去看妈妈。爸爸非常伤心,他的手搭在我的肩上,好像没有重量。妈妈穿着白色的手术服,躺在冰冷的手术台上,嘴角已经冒出白沫了。爸爸似乎已经知道这是死亡的前兆。一切都太突然了,让人来不及反应。

▲ 这张照片是在妈妈玛乔丽突然去世后的葬礼当天拍的。爸爸拍这张照片是为了让罗伯特和乔恩留作纪念,因为罗伯特和乔恩当时都还得坐飞机回越南战场。全家人压抑住内心的痛苦露出笑容,爸爸的脸上还能看见沉重。当时也是爸爸输掉副州长竞选后的第四个月。对他来说,这段时间一定很难受。后排从左至右是乔恩、拉夫和罗伯特。前排从左至右是埃米、她女儿艾丽卡和贝丝。

罗伯特和乔恩花了几天时间才分别从越南和泰国赶回来参加葬礼，贝丝则是从加州飞回来的。有一千多人来参加妈妈的葬礼。这都要归结于爸爸妈妈一直积极为他人服务，妈妈一直很友善地对待他人，还有爸爸最近的政治活动。几天后，罗伯特、乔恩和贝丝又得回到各自的岗位，而我只能想象自己的哥哥们在战场上所面临的生命危险。

他们很快又离开了，只剩下爸爸、我和艾丽卡。

当时我完全沉浸在自己经历的痛苦中，从没考虑到或者说害怕失去我的哥哥们。在安慰的人流和信件渐渐平息之后，我能深切地感受到周围充斥着失去了妈妈和祖父的悲伤。我能感觉到家庭责任又一次向我发出了召唤。

爸爸在如此短暂的时间内失去了这么多。突然间，再也没有妈妈为他煮饭、购物、付账，爸爸也失去了教育厅厅长的职位。

我带着艾丽卡和爸爸一起住在这栋满是回忆的屋子里，到处都是妈妈和祖父生前用过的东西。爸爸的面前摆着很多艰巨的任务，首当其冲地便是接手家庭财务，以前这都是妈妈的事，他从没留心过。他惊讶地发现，妈妈每月都将信用卡刷到最大金额，却只偿还最低偿还额度。

爸爸坐在厨房里，翻阅妈妈的菜谱，没过多久，他就能做一手好菜了。他在做菜时还尝试了很多新花样，就像对他的艺术作品一样。爸爸是一位很有创造性、很有天赋的艺术家，会素描、画画、木雕。

拉夫·清崎是他那个时代的产物——"生于历史"，就像罗伯特所说。他和我妈妈都属于二战那一代。在他们生活的时代，主流的社会道德推崇人们辛勤工作。员工往往一辈子都在同一家公司工作，退休后享受政府发放的养老金。我爸爸是一个很优秀的人,道德高尚、心系他人,在艺术、科学、自然、文学及他感兴趣的方面都很有才华,还为夏威夷人民做了很多实事。现在,爸爸的名字已经列入夏威夷的历史。

爸爸是未来主义者,他预见到了教育部改革的结果将会如何影响下一代。他自主启用新方案,并在海浪袭击后重新将希洛镇发展起来。我爸爸还是一个慷慨的人。

爸爸脾气不好,没耐心。如果他觉得需要作出改变,他就要立刻行动。

当那些鼓动爸爸辞去教育厅厅长职务并参加竞选的人抛弃了爸爸之后,这种伤害、背叛及政治机器极权化导致夏威夷形成了旧时的同盟和地盘。有时候,爸爸会说想要搬到内陆去,重新开始,不过他很爱夏威夷,也从来不曾离开。

那是一段最困难的日子,显然爸爸需要精神支持。很多人,包括亲戚朋友,都对我说:"现在你要好好照顾你爸爸。"

这是理所当然的,但是我却做不到。我不能只待在家里扮演合格的女儿角色。爸爸的确有他的痛苦,但是他已经51岁了,而且也很精神。我正在处理离婚,想为艾丽卡做一个最好的妈妈,而且一直没有放弃寻找自己内心问题的答案。

在短暂的婚姻和在家生活的这段时间里,我一直在问自己:生命的目的是什么?我的使命是什么?就在这几年,我经历了成长、上大学、结婚、妈妈去世和离婚。我的人生还剩下什么?衰老和死亡?住在爸爸的房子里,我就已经感受到了。

整个过程似乎就是残酷的事实,身处其中的我没有选择的权利。也许因为婚姻和单亲妈妈是我不曾计划好的,我觉得环境已经夺走了我的青春和自由。我需要摆脱家庭的义务，我知道自己和艾丽卡的健康对爸爸是种安慰。但是，爸爸在教师工会、教育部、政治选举、身份转变（从丈夫变成鳏夫）方面还有很多事情要处理。有些事情是我无法帮他的。

在我年轻时，我和爸爸聊得不多，也不太深入，我知道自己需要前进。在他年老后，我们变得更亲密了。我一直很爱我爸爸，即使是在最黑暗的那段日子。我们都知道这是我成长并探索内心新发现的时候。

从艾丽卡 2 岁开始，我便开始在每个月中选一天让我们像朋友而不是像母女那样相处。我们会一起去看电影、去海边，或坐在漂亮的小店里闲聊。在那些日子里，我刻意放下妈妈的角色，我们在太阳下什么都谈，享受彼此的陪伴。那些日子我很了解她。我决定创造一种关系，在这种关系下我们能谈论任何事情，我想给予她无条件的关心和支持。

亲历死亡对我的影响很大，从孩童时开始，到现在一直都是。我们内心需要理顺战争与和平，并需面对一个现实——我们所有人终将有一天要死去。既然知道这个事实，我不禁要问："我们该怎么生活呢？"

在 1971 年到 1973 年间，我和艾丽卡一起生活，我们在面对友谊和感情时都一起作决定。甚至什么时候逗留，什么时候启程，我都和她一起决定。我的很多决定当时在他人看来也许很愚蠢，不过我是在肩负当妈妈的责任和寻求生命的答案之间寻找平衡。

艾丽卡的爸爸也很努力地想来理解和支持我们，但是，我的迷茫耗尽了他的耐心。我把自己仅有的一点钱全都花在参加研讨会和听演讲上，很少有人能理解我。在参加沃纳·埃哈德（埃哈德培训研讨会的创立者）的演讲时，我简直不敢相信每个人看上去都那么开心、友好、优秀。我想知道他们的生活一直是这么开心还是他们在演戏。

两周的培训确实让我摆脱了害羞，还有助于我和艾丽卡更好地交流。

1973年，罗伯特正在遥远的沙滩降落，我们的国家正打算弹劾尼克松总统，艾丽卡和我搬到了景色宜人的夏威夷比格岛上。这是我一直都在寻求的理想居住地，在那里我找到了志同道合者。人们远离内陆，耕种，学习技术，修炼身心，只吃蔬菜，偶尔禁食，冥想，打太极。

我很向往在基拉韦厄火山附近居住的人们，他们住在巴克明斯特·富勒博士设计的圆顶房子里。住在这种房子里的感觉是很奇妙的。一般的夏威夷人住的圆顶房子，往往用透明的塑料片合订在多层的夹板上。想象一下，在满是蕨类植物的森林中，有这样一幢几乎透明的房子，而你正好居住其中。有时候，夜晚的天空还会呈现出深红色，因为几里外的基拉韦厄火山正在喷发，熔浆正在从地表裂缝喷出。

我们住的这个圆顶屋很小，有两层，屋顶是圆形，下面是个六边形的房间。我们在第二层的地板上放了大桶，用来接雨水，雨水还可以为楼下的水槽供水。我的朋友乔用透明的塑料做了一个可以旋转的伞顶，所以，只要天空一放晴我们便把屋顶打开，直接面对天空。

3岁的艾丽卡很喜欢住圆顶屋。她有个滑板，可以从二楼直接滑到一楼。在寒冷的阴雨天气，我们家里有个发热的大铁锅，可当壁炉用。

我们居住在夏威夷火山国家公园地区，此地海拔大约一千多米，寒冷、潮湿，还常常乌云笼罩。蕨类植物长得很高，植被长得茂盛，地表潮湿且很难行走。我们偶尔会开车去附近冒着气的沉睡的火山口，从大点的火山口爬下去，脱掉衣服，穿上拖鞋，去洗蒸气浴。

这种生活很好，我越来越偏向于禁欲主义，在生活中也处处遵从精神指导。

有一次，我们几个人约好去和一位佛教大师见面。在普纳火山区附近的森林的一个路口，我们见到大师的弟子阿难陀。那里的纬度低一点，天气更干燥、炎热，植物也很不一样。见到阿难陀后，他带我们在干燥且长满草的道路上走了几英里，不知道要带我们去哪儿。我们跟着他，一路上只听见车下草被碾过的声音，我们继续往前，这时突然有个人叫道："这是你们最后一次回头的机会了。要么返回，要么就只能往前走了。"

我们最后来到了一片空地上，那里有两栋南太平洋风格的建筑，木地板、斜屋顶、四根木柱子，但没有墙。佛教大师住在较大的一间房里，阿难陀和他的妻子住在不远处的第二栋房里。那天大师去了镇上，我们等了很久他才回来。阿难陀去传话，结果大师叫我们下周再来，因为大师已经醉了！

我们感觉自己正在经受考验，所以需要坚持。

最后我们还是见到了他，和我们谈话时他常常会说一些寓言。不过，最让人慌张的是，他喜欢叫猫来屋里吃食。他的声音穿透了干燥的草地，从灌木下、树丛下，从各个方向，很多猫跳进他的屋子，占满了所有的地方。

不论在哪里遇见猫，大师都会救它们。有的猫病了，有的受伤了,有的正在流血,有的得了癌,有的猫瞎,有的肥,有的老,有的骨瘦如柴,有的脏兮兮,等等,各式各样的猫都有。屋子很脏,坐在任何一把椅子上都让人恶心。因为猫坐过,到处都有它们掉的毛及吃剩的东西。

不过,我们还是不愿放弃聆听佛教大师教诲的机会。一次,我们和大师在山区的一个公园相遇了,那天很冷又下着雨,我们就找了个地方生起了火。大师谈起他在日本寺院里接受的严格训练,以及努力成为千挑万选的有志者所接受的艰难和最后的考验。每天早上,他们要先弄破洗澡桶里的冰,在寒冷的天气里洗漱,然后开始几个小时纹丝不动的静思。

我们正听得入神,他却从一堆肉中拿出一条厚厚的、滴着血的、大概5厘米长的肉,扔进炉火里。这个举动让乔完全不能接受,因为他是严格的素食者,以至于他再也不愿听这位大师说话了。

就这样,我们不断深入,不停地寻求心灵的导师,为心灵寻找归宿。我读了很多书,其中一些书介绍了各行各业的人的修行生活,如瑜伽修行者、医生、律师、老师等。我想在书中找到可供自己思考并且具有精神指导作用的一些修行方法。

一次去檀香山看望爸爸时,我遇见了瓦德。这个年轻人在印度、尼泊尔和锡金待了4年,刚回家。他父母送他环球旅行作为高中毕业的礼物,然后他就在印度定居了。他和他的老师——十六世大宝法王,以及一位在喜马拉雅山区流浪的藏学大师一起研究讨论时吸引了我,我很想了解他们讨论的一切,但那时在美国却很难了解到。

我离开圆顶屋后,就搬到帕哈拉林区的一座庙里去住了。帕哈拉也是位于夏威夷比格岛上的一个小镇,距希洛镇50英里。我爸妈二战后第一次见面就在那里,那时爸爸是教师督导,妈妈是个护士。我记得爸爸妈妈在我还是小女孩时就带我去过庙里，当时我很害怕，因为那里很大，据说还闹鬼。

几年之后，我才发现自己住的地方正是儿时去过的那座庙，会闹鬼的庙。我刚搬进去，朋友有事就暂时离开了，我在恐怖的、孤独的森林寺庙里独自住了大概两周。那里没有电，只有昏暗的煤油灯，很难照亮黑暗。

情况越来越糟。

由于喝了不干净的水，我们生病了，我们一直在想尽办法摆脱这种困境。当时正是70年代中期能源危机的时候，汽油定量供应。而从寺庙到镇上要走过5英里的甘蔗地，所以离开寺庙对我们来说是不可能的，因此我们要尽量减少庙里卡车的汽油消耗，尽量不开车。

其他人都回来后，我们又恢复了往常的日子，情况也好转了一些。在汽油短缺偶尔能加上油的日子，我们凌晨4点就得出发，排大半天的队等待加油。正是在这段环境和经济双重危机的日子里，让我坚定了想要过简单生活的信念，与自然和谐相处。

我们会定期修检寺庙，为寺庙上漆。我一天上两次课。庙里的人不多，我认为那是我一生中最好的时光。在听禅课时，我似乎找到了寻觅已久的答案。佛教是一种很理性的宗教，讲因果报应，自觉、觉他、轮回，这些都很适合我。在这片远离都市的偏远山谷里，我感觉自己毫无挂碍，聚精会神，能够过上不受大都市牵绊的简单生活。

艾丽卡那时4岁，不需要参加听禅。庙里还住着一对夫妻，他们有两个孩子，所以艾丽卡整天有伴玩，我们也会在一起读很多书。我们与地球和谐相处，日出而作，日落而息。

由于从小接触日本文化，我在很小的时候就知道佛教了，佛教生活对我来说也很熟悉，而且我哥哥罗伯特碰巧就和佛祖同一天生日。

小时候参加一个日本佛教仪式时，我问爸爸大师们在说什么。爸爸说他们说的不是日语，所以他也不懂。后来我才知道他们说的是梵语，这在大乘佛教的传统里很常见。几年后，在我居住的这个山谷里，经文被翻译成英文，因此变得很易懂。这是多么难得的一件事啊！

我正在探索我的精神家园、我的家和我的道路。

1974年，在山谷寺庙里住了1年后，我们听说第十六世大宝法王——西藏佛教的首领有史以来第一次到美国访问。很多人都跑到旧金山去看他，我和艾丽卡也在其中。在夏威夷与世隔绝的山谷里和朋友们住了这么久之后，再跟成千上万的人一起参加"黑冠仪式"（Black Crown Ceremony）让我觉得很不自在。仪式很华丽、漂亮，有点超凡脱俗。

我们跟着法王，坐着车一路往北，直到加拿大的温哥华，一路举办聚会。我第一次受戒就是在那儿，还发誓不杀生、不偷盗、不妄语、不邪淫、不饮酒。

我很认真地对待这些誓言，并且发自内心地遵守。受戒的人很多，我们分组进行，一次一组，每组大概75人。我受戒的时候委托朋友帮我照看艾丽卡。当我出来时，却找不到她了。

我急死了。不过，当下组受戒结束后，小艾丽卡走出来了，她刚刚和那组人一起受戒完！我们在同一天受戒了。

在加拿大，我和艾丽卡离开了我们组的朋友，我计划去科罗拉多的博尔德，去和我在旧金山认识的秋扬创巴仁波切一道研习。他建议我搬去博尔德的马尔巴之屋，就在科罗拉多大学旁边。

我们一安顿下来，我马上就去约秋扬创巴仁波切见面，想向他寻求指导，讨论我的方向和修行，请求他为我将来的方向作出指导。我参加了镇上的佛教中心——噶玛宗的讨论会，也参与了马尔巴之屋的日常冥想。

我想在博尔德定居下来，打算安排艾丽卡去附近的幼儿园读书，我去找工作。结果发现实现这个愿望很难，因为博尔德有大学，人才很多，我又没什么技术。另外，我的时间又有限，还要照顾艾丽卡，又没有车，过冬的衣服也很少。

总而言之，我待在博尔德很困惑。我刚加入佛教并受了戒，但之前一直住在偏远森林的庙里，现在突然一下子被带到常常有聚会的热闹环境，还有很多人饮酒作乐，这种修行方式让我很不适应。照顾艾丽卡反倒让我省了很多麻烦，另外我也发誓不饮酒。总之，这不是我想象中的精神历程。

除此以外，藏传佛教里很重视导师的引导。后来，我终于有机会见到真正的导师。我和一个住在马尔巴之屋的西藏男人一起参加了秋扬创巴仁波切的禅修课，4个月后，我终于有十分钟的时间单独与秋扬创巴仁波切见面，那天我和艾丽卡是踩着积雪去的。

我将自己的疑惑告诉他：我是应该继续在博尔德学习，还是应该跟随朋友们去印度学习，或者是去阿拉斯加的石油管道输送公司赚点钱？他建议我进行10天的冥想，静静坐着，只专注自己的呼吸。冥想能够帮我作出决定。

我决定去落基山的一个隐修中心冥想。走之前，我把艾丽卡留给马尔巴之屋的朋友照顾。当时是1975年的1月，到处都是雪。虽然当时没多少钱，不过我还是买了点糙米、胡萝卜和几袋零食，借了朋友的车，去了修隐中心。

隐修中心只有2个护院者，他们带我去了一座小屋。那个小屋很小，一个木炉子占据了屋子的大部分。床就在一个角落里，由木板垫高而成，两边都是窗户，看得见下面的山谷。景色很美，视野开阔，周围很安静。

在这10天内我没看见一个人，只有护院者来看过我一次。期间暴风雪持续了整整3天，去往山下浴室的路也被封堵了，后来我用雪洗了个澡。

在这里，我能够抛去一切杂念，专注我的思想。显然，我擅长听从教导。集中精力每天静坐八个小时，只读一本书，过这种修隐的生活对我来说是不难的。我一天可以坐很长时间，我那没有经过训练和修行的大脑里也可以只想着这个地方。我要作出的决定非常重要，因为它会影响我和艾丽卡的未来。

罗伯特曾提起过他内心的矛盾，以及他如何磨炼自己的性格、改正不足之处。而我则是需要战胜自己内心的谎话，继续处理内心的敏感和外在的仇恨、不宽容、不耐心。我还得学会更爱自己，更真诚地爱别人。尽管我能够隐藏在甜美耐心的面具之下，但我知道，过去我没有做好，现在也是。

我读的这本书是冈波巴所著的《解脱庄严宝论》，书中解释了佛教徒在修行过程中的不同阶段，他帮助我分析我在修行道路上所经历的层次，让我记住自己的原则，记住要好好照顾艾丽卡的诺言，记住跟随比自己修行更高的导师学习、获得真理的愿望。

在这间小房子里面，我展望未来，并意识到自己得改变现状。我要兑现对自己和身边人的诺言。这种认识帮我看清了一点：自己在博尔德的生活会很艰难，因为我在那儿找不到工作，还要抚养艾丽卡。权衡之后，我决定去阿拉斯加赚钱，在那里赚到的钱能让我在未来的日子里和朋友一起去印度学习。

这是我在信仰上的飞跃，而且我已经为此作好了准备，我很清楚自己的决定。

第 4 章
人间天堂

1973 年，诸事不顺，我们似乎看不到积极的一面。爸爸被背叛，失去了选举，战争理想破灭，华盛顿腐败成风。

阿格纽被迫辞职，副总统位置由众议院发言人福特替代。1974 年，美国众议院提出弹劾尼克松总统。水门事件整天出现在媒体的头版头条上。

共和党那些人明明知道爸爸当选副州长是极其困难的事情，他们还轻易向他承诺，让爸爸相信了他们。但是，选举一结束，他们的诺言就蒸发了。这种背叛是爸爸从来没遇到过的，他又在信任和荣誉问题上好好学了一课。

越南战争给很多战士带来了身体上的伤口和精神上的创伤，但是对另一些人来说，效果却正好相反。战争让他们壮大了胆子。在战场上与死亡面对面交过手之后，有些人变得固执，自认为是超人，对自己的能力过于自信，以为自己什么都能做到。在战斗中，规则往往被抛于脑后。战争的核心就是，完成任务并且活下来。

这种自大固执的态度让一些人失去自控，让他们以为自己是防弹的。就像尼克松总统那样，他们以为自己高于法律。然而，当事实摆在眼前时，他们不得不另寻他路，以获解脱。后来，有些人就投奔教堂了。

问题是，在所有的教堂里都找不到上帝。尽管我们明白要做一个好人，但教堂里讨论的还是有关教条、有关对和错、有关谁上天堂谁下地狱等问题。

让人特别困扰的是，当一个教派宣布另一个教派或另一种宗教是错的时候，他们会说对方的会员正在接受错的神的教导，对方的会员都要下地狱。当一位主日学校的老师在被问到天主教和卫理公会的区别时，说："卫理公会派教徒死后上天堂，而天主教教徒不是。"

问他为什么。他的回答很简单："因为我们的十字架上没有绞死过耶稣，天主教派的十字架上还绞着耶稣。这说明他们不相信耶稣复活，也就意味着他们上不了天堂。"

罗伯特：找到天堂

教堂和宗教并不是清崎家的重要组成部分，不过我们一家人还是经常聚在一起。周末，我们就会带着午餐去岛上游玩。我们会在一些无人的沙滩上待上一整天。还有覆雪的山脉，我们一家人会在雪地里徒步走上一天。我最喜欢的地方之一就是火山国家公园，离家只有一小时路程。在那儿，我们会去找熔岩洞，盯着各个火山口看，或者看留在火山泥里面的几百年前的夏威夷人的脚印。火山喷发时，我们一家人也会开车去，在那里坐几个小时，欣赏大自然的力量。

在很多方面，奇妙的自然就像是家庭的教会，给予我们无限启发。

钱一直是生活中的问题，但我们一直都不缺生活必需品。很多东西，比如自行车，往往是买二手的，需要不停地修理。衣服能穿多久就穿多久，常常打上了很多补丁，尽量大的穿完留给小的。我们吃的也很简单，只有基本的食物，不过都够饱。

我们家常和另外三家人在一起，四个家庭的孩子年龄相仿。1967年，爸爸被提升为夏威夷州的教育厅厅长，这意味着我们要从夏威夷的希洛镇搬家到檀香山——夏威夷州首府，位于瓦胡岛。与此同时，我们家的这些孩子也正要离家或者已经离家。我们家与希洛这个安静的小镇、这种简单的生活、原来的亲密朋友和大自然力量的联系就这样断了。

家人从此各处一方，后来便再也没有真正地重聚到一起。

离开偏远的希洛去纽约上学改变了我的一生。1965年，我到了纽约，当时的我是一个十足的乡巴佬。我还记得初到纽约时穿的衣服：在我们教会的二手商店里买的黑色运动服，一件白衬衣，红领带，卡其裤，黑皮鞋。我多希望自己到纽约的时候就像个本地人，我多希望自己在人群里不要那么与众不同。

可惜我没做到，我看起来很怪。

如果没有住在曼哈顿的舅舅和舅妈，我可能还在领取行李的地方找路。我舅舅，其实是我爸爸的舅舅、奶奶的弟弟，是一位商业艺术家。我舅妈在木刻、石刻、金属雕刻方面很有成就。在成为有名的雕刻家之前，她在二战期间曾是巴黎一个舞团的首席芭蕾舞演员。他们战后在纽约相遇，以艺术家的方式过着很有激情的生活。

舅妈是罗马尼亚人，能流利地说七国语言。她很漂亮、幽默、活泼、可爱、友善。她是我心目中的模范女性。

帮我找到行李后,他们的司机把行李拿到大轿车上,开车送我到上东区的公寓。希洛离我们很远了。

我花了两年时间适应纽约。很多次我都想休学回夏威夷,我想念在那儿的朋友和生活。然后突然地,大概在20岁时,纽约成了我的新家。

我适应了,我习惯了这个城市的步伐。

同时,作为商船学院的学生,学校还让我登上商船环游世界。这样一来,我不仅在纽约成长起来,还在全球几个大城市成长起来。不久,我就不适应夏威夷的希洛了,我不能再回去了。

时至今日,我继续在周游世界。我喜欢地球,喜欢她的美丽和她的人们。这个世界就是我的家。今天,我在世界几大城市都有生意,因为做生意让我有机会在地球这个美丽的家园到处游玩。

不论我在哪儿,我都带着一个小男孩看火山喷发或看海浪打到荒凉纯洁的白色沙滩时的敬畏心情。从覆雪的山顶向下眺望,或者独自待在森林中时,我都有一种人间天堂的感觉。我相信,与大自然的共同成长深深地影响了我对上帝和人间天堂的想法。

即使在纽约的出租车里面,都有一种自然的精神伴随着我。

偶尔,我在一些教堂里能感到上帝的精神。每到圣诞节,我妈妈所在的合唱团唱着亨德尔的《弥赛亚》时,我就能感到上帝的精神充满了整个屋子。在日后的岁月中,在环游世界时,我从伟大的天主教建筑,比如巴黎圣母院,以及古代东方的一些庙宇里,也能感到对上帝的敬畏之情。在参观梵蒂冈和耶路撒冷时,我就被上帝的精神深深打动了。在这两个地方,我很明显地感到,多年前,人们便被这种超越地球的力量所感召,才建造出如此宏伟的纪念碑。

然而，在妈妈的教会里我不但没找到上帝，还常常被错的教条所引导，想要捐出更多钱。这些教会没有把我们引向上帝的精神，反而将我们引向对上帝的畏惧。如果说战争教会了我有关害怕的一点，那就是：对死亡的害怕让生命成了空洞的旅行。那些害怕死亡者还没有找到他们可以为之牺牲的事情，所以他们害怕死亡。

我怎么能把这种"对上帝的畏惧"和盲目的信仰结合在一起，并相信有很多方法可以用来为这个世界作贡献呢？

妈妈的很多朋友都是很好的人，只要她们不在教堂、不谈论上帝、地狱、报应。只要她们像妈妈那样做，她们就很好。她们友好，富有爱心，常常给我好东西吃。但是一旦提到耶稣，她们就变了。每当这些女士开始谈论耶稣时，我就想办法离开屋子。

在《周六夜现场》节目里，喜剧演员达纳·卡威扮演教会女士的角色。每次看他表演，我都笑死了。卡威看起来、做起来、听起来都特别像我妈妈的一个朋友，他的表演就是我在教会里找不到上帝的原因。

妈妈常和一群教会女士待在一起。

教会女士们做的有些事情让我很困惑。比如，她们总是劝我相信关于耶稣的故事。当我长大了，明白关于鸟、蜜蜂和婴儿是如何出生的事情后，我对处女生出了耶稣感到疑惑，而教会女士会谴责我的这种怀疑。

显然，教会中讲的其他一些故事我也很怀疑，比如在水上行走、死人复活等。不过，与寻找这些问题的答案相比，我因提问而受到谴责这一点让我更困惑。

关于教会，我和爸爸有个协议：我同意在13岁之前定期去教堂。他希望我接受一些宗教教育，但是他不要求我去某个特定的教堂。我有选择去不同教堂、了解不同教派的自由。年轻时，我去了解过新教、路德教、天主教、卫理公会教、佛教、五旬节。我其实还想去犹太会堂或者穆斯林清真寺，但是在 20 世纪 60 年代，我们小镇上没有这些教派，至少我所知道的是没有。

从不同的教派和宗教里，我发现了对生命有意义的一些信息。我对佛教有一些困惑，因为祈祷者几乎全用日语，我又不懂日语。在天主教里面，我又不懂拉丁语。我最喜欢的教派是五旬节教派，因为他们举行的仪式很生动，拍手唱歌，带着音调说话。就是在这个教派里，我感觉到上帝在屋子里走动，听了很多有关《圣经》和耶稣的故事，明白了宗教在人生中的重要性。

但是一到 13 岁时，我就告诉爸爸，我已经接受了够多的宗教教育，我周日要去冲浪。

我和妈妈的朋友之间的问题就是：当我拒绝坚定信仰时，她们就变了。只要我拒绝相信那些故事，她们立即变成教会女士了。她们原本是甜美的、和善的母亲，但是我一旦对《圣经》的故事提出疑问，她们就会变成摇手指的教会女士，坚持要我绝对地相信《圣经》。

现在，我并不反对坚定的信仰者。在生活中，人人都有各自的坚定信念。比如我参加海军后，我就必须充分信任海军。如果我成为共和党人，我就必须充分信任共和党。如果我想被环保主义者接受，我就必须充分相信环保主义者。所以，信仰是生活的一部分。我只是想自己作选择，不想被人强迫。

在 17 岁时，我有一次和教会女士发生了冲突。当时是一个周日，她儿子那天没去教堂，而是和我去冲浪了。那时是冬天，冲浪很爽。不过我一回到家，教会女士就打电话来叫我等着她。她很生气,在电话中都差点气爆了。不到10分钟,她就到了我家,朝我摇手,像疯了一样叫我以后不要把他儿子带坏了。

"你是没机会进天堂了,可你不要毁了我儿子的机会。他周日要去做礼拜,你听好啦!"

"我没叫他,是他叫的我。"我回答。

"我不管,我希望他周日和上帝在一起。"她咆哮着。

"我们是和上帝在一起啊。"我平静地回答。

现在,我和这位教会女士的关系还算融洽。我时不时地和她儿子碰面。现在她是一个很和蔼的祖母和曾祖母。我们关系不错。我们只是不讨论上帝。她在教堂见上帝,我在任何地方——海浪上、丛林中、教堂里、全国各地,甚至纽约,都能感受到上帝。

在我看来,"酷爱"(Kool-Aid)是种教条、规定、仪式、信仰,是某个群体的心理结构,是宗教、学校、部队和各种组织的象征,

▲ 罗伯特(左)和高中时代的冲浪伙伴逃课去他们最喜欢的冲浪地。埃米觉得男孩子似乎总是更贪玩。

是将群内的人黏合在一起的心理胶水,是将群外的人隔绝出去的绝缘体。

比如说,很多素食主义者认为吃动物蛋白对他们的健康有害,甚至是一种罪恶,而喜欢吃牛排的人觉得一块厚厚的、多汁的牛排是上帝的礼物。很多宗教人士认为喝酒是罪恶,但是在《圣经》里提到过把水变成酒。我喜欢在吃牛排和青菜时配着好酒。对我来说,他们都是上帝的礼物,是人间天堂的一部分。至少食物和酒是我的教条,我的"酷爱"。我的心脏医生认为我应该减少红肉和酒的摄入,但是他也在喝另一种"酷爱"。

另外一种我不愿接受的"酷爱"是人死后要去天堂的想法。教会女士常常威胁我说,我如果不去教堂我就进不了天堂。有一天,我经过起居室时,她正在和我妈妈谈去天堂,坐在上帝旁边。

我打断她们并问道:"你为什么不现在就去坐在上帝旁边呢?"

她过了一会才恢复镇定:"因为在我死后,我会去天堂,而很多人不会。我去了天堂后,我就和耶稣和上帝一起回来。"

"那人间的天堂呢?你为什么一定要死后再去天堂?伊甸园不就在地球上吗?"我问道。

妈妈站起来叫我去做作业。把我从起居室里推出去,她说:"等你爸爸回来,我们得好好谈谈。"

1974年,我光荣地从海军退伍了。我需要找到自己的答案——旧问题的新答案。就像我之前说过的,我在传统的学校、教会、公司,甚至部队里都没找到我寻求的答案。1974年,我相信我们的很多学校、教会、公司、政治组织、银行和军队都不自觉地成为正在控制整个世界的军工业背后隐形的实力强大的跨国集团的一部分。我对自己学到的和听到的都很怀疑。

我觉醒了。

去打仗的一点好处就是,我开始接触到人性的力量。很多次,我以为朋友快要死了,可是奇迹般地,他们又活过来了。我的两个战友发誓他们看见子弹穿过一个士兵的身体,可是却没有伤到他。他们相信,他们的朋友已经超越了害怕,所以子弹直接穿过了。我从没见过奇迹,但是我对他们的话深信不疑。

我常常想为什么自己活下来了,那两个来自夏威夷,同样也是海军飞行员的同学却死了。我有3次死里逃生,他们只一次就死掉了。在我死里逃生后,我对生的意愿想了很多。我想知道人类意愿在我们的生活里到底起多大作用。

在越南,我见证了一个第三世界国家打败了地球上最富有最强大的美国。经过多次战役后,我能很明显地看出哪一方的生存意志和胜利意志更强。有一天,我的飞机被安排运送一个受伤的士兵。我看见他的身体被抬到飞机上,我坚信他没有幸存的可能了。他的身体都成碎片了,我觉得自己都能看到他的五脏六腑。尽管我认为他没救了,但我还是迅速飞回母舰上,医疗队马上把他推进了手术室。3周后,他恢复了很多,被送回国。他的生存意志远大于我对信仰的认知。

1974年,我的信仰一直在经受考验,在想是否有上帝,在想上帝怎么能让这样的残忍和腐败在地球上存在。同时,我又亲眼见到了上帝和精神的力量……在我们需要用到的时候。

我见过太多了。我上过学、打过仗。我不想再以上帝的名义打这种"神圣"的仗。我不想"为了基督徒杀害共产党"。我不想再为了石油、银行、跨国集团、政客、贪婪或权力打仗。我也绝对不想再相信为了上天堂我要死掉或杀掉异教徒。

相反,我决定开始寻找人间的天堂,我自己的伊甸园。对我来说,这比喝下有组织的"酷爱"、活在对上帝的恐惧中、活着等死更明智。

所以,我慢慢地中断了我和传统学校、宗教和政治的联系。今天,我仍会去教堂,也会参与投票,但目的已大不一样。我进教堂不是因为这么做是主流,而是想去听某位我尊敬的牧师讲道,我认为他说得很有道理。我投票时也不针对某个党派,我不投民主党或共和党,我只为我欣赏的候选人投票。

我也不再听我爸爸的劝告:"回学校,读完你的硕士、博士,在政府或大公司找份工作。"相反,我去找我的富爸爸,让他知道我想跟随他的脚步,成为企业家。在我心里,富爸爸的道路为我提供了不用受制于大公司或政府的自由,更为我提供了一个找到自己的伊甸园、自己的人间天堂的机会。

那时我27岁。在离开海军前,我意识到我需要定义自己的人间天堂,需要知道自己的伊甸园是什么样子。这就是我在传统机构和传统体制之外寻求新答案的开始。在定义自己的伊甸园、自己的人间天堂时,我意识到我需要创造属于自己的"酷爱",创造一种自己最喜欢的口味。在自己的"酷爱"中,我想添加的第一种成分就是金钱。我拒绝金钱是万恶之源的说法。

在纽约上学时,我接触过赚钱的游戏。在金钱游戏和大都市里,我精神十足。今天,纽约是我的圣城。我告诉身边的宗教朋友自己在纽约找到了上帝之灵时,很多人都低头为我祈祷。对于很多宗教朋友来说,纽约是罪恶的中心,是罪恶之地。

在想到人间天堂时,我也知道自己想找到梦中的女人——我的灵魂伴侣。我爸妈一直都很恩爱,我在纽约的舅舅和舅妈也是。我也想要这样。在看过很多朋友不幸的婚姻之后，我意识到找错结婚对象就像是身处人间地狱。我意识到，如果我要找到人间天堂，就需要找到和我志同道合的灵魂伴侣。

十年来，我和数不清的女人有过很多次有趣的约会。我遇到过一些绝对不适合我的女人。不是她们不好，只是我们合不来，配合不好。能遇见她们是我的荣幸，她们让我知道我在婚姻里面所不能接受的。至少在婚前，我知道坏关系是怎样的。

总的来说，我很高兴世界上有这么多好女人。很多女人帮助我成长，上帝知道我需要成长。有一两个我本来可以结婚的，但我们没结。直到现在我都珍惜和她们之间的关系。不过，当我遇到金的时候，我知道自己遇到了我的梦中女郎、我的生活伴侣、我的灵魂伴侣。

1984年，在坚持不懈地约了6个月后，她被打动了，我们有了第一次约会。之后，我们几乎每天都在一起。在二十多年来，我们不在一起的日子不超过50天。她是我最好的朋友、我的生意伙伴、我的妻子。

描写未来的一本好书

也许，我读过的关于未来经济的最好的书是詹姆斯·戴维森和罗德·里斯·莫格写的《个人主权》，多年来我一直在学习他们。他们准确地预见了1987年股市的崩溃，苏联的解体，还有本·拉登的袭击。他们说的很多东西都和富勒博士说的一样，特别是关于国家概念的消失。在谈到每一个时代的结束时，他们有个很有意思的观点：随着一个时代的结束，腐败往往会迅速滋生。

他们举例说，就在农业时代结束工业时代开始之际，教会和很多宗教团体里面都是腐败成风。他们指出，随着工业时代的结束，政府也会腐败成风。我们已经见证了这点。

他们指出，世界每过500年就会大变样。例如：

公元前500年	希腊民主出现
0	耶稣诞生
公元500年	黑暗时代
公元1000年	封建时代
公元1500年	文艺复兴和工业时代
公元2000年	信息时代

和富勒博士一样，他们也认为科技带来的财富不再受到少数人的控制。科技能强大到让我们所有人，无论贫富，都享受便利。这会带来好消息也会带来坏消息。

好消息就是，信息时代能让个人得到前所未有的解放，人们能够自我教育。他们说："那些能够自我教育的人可以进行完全自由地创作，充分享受自己的劳动成果。他们的天赋能够得到充分发挥，不再受到政府的压制和种族主义的歧视。在信息社会，真正有能力的人不会受到他人偏见的影响。"

在信息时代，政客也不能再统治、压迫、控制大多数的商业发展。换句话说，无论是共和党还是民主党执政都没太大影响了。在信息时代，权力属于个人，属于你。

富勒博士预言：我们正在进入统一时代。所以，我们个人对未来的看法和观点是很重要的。

我在工作中也找到了人间天堂。我知道自己想成为环游世界的有钱人,想成为物质财富与精神财富并重的企业家。最重要的是,我相信自己的工作能让这个世界变得更好。

我准备离开海军部队,想重新获得力量——一些在传统的学校、教堂和公司里被摧毁的力量。我不想重回学校又变蠢。我不想回到教堂被告知自己是个罪人,在没开始生之前就会死掉。我不想成为公司雇员,让生意告诉我:我的价值有多大,我和谁工作,我为谁工作,我是否得到提升。

我想重新获得我的力量,开创自己的生活,找到自己的人间天堂。

教会的主日学校告诉我,诺亚在暴风雨中忍受了40个日日夜夜;摩西在被送往乐土之前,在沙漠里流浪了40年。1974年,我盼望自己在40天里也能找到人间天堂,不过我也愿意花40年流浪。

埃米:考验水流

在学校时,我对于总在周五吃鱼、早早离校去教义问答班的同学很是好奇。我很想加入他们,想知道他们在研究些什么。

有时候,在卫理公会教堂或是其他一些教堂,会有一些教育年轻人的好老师。我很喜欢他们的课,总是期待着夏天的教会夏令营。在夏令营里,我发现自己很害羞,缺乏社交技巧。不过我喜欢交流、讨论、篝火和歌唱,这能让我认识新朋友。我欣赏那些外向、热情、积极参与并领导活动的小男孩和小女孩。

我在夏威夷长大,就像罗伯特一样,我和朋友、同学一起参加过很多教会组织的活动。欣赏所有不同的宗教传统是夏威夷的一种生活方式。作为一个孩子，我也从不对上帝或宗教传统产生质疑。我接受并尊重这些。我没有像罗伯特那样的质疑和挑战权威的头脑，至少在童年时没有。

但是成年后，我开始认真地质疑和学习。阿拉斯加是一个很好赚钱的地方。我打两份工，其中一份工作是在一家服务公司，该公司为阿拉斯加石油线路上的工人提供物资。另一份工作是做服务生。我的目标是挣够我去印度的路费。

去阿拉斯加的旅途很艰难。我和朋友从科罗拉多的博尔德出发，开着一辆1953年的通用卡车去费尔班克斯。那辆车的门常会无缘无故地自动打开，车上没有安全带，也没有安全提示。车上那扇"自动门"常让我们身处险境，一不留神就会掉下车。卡车里没有暖气，1月的寒风很刺骨。有一次，我们陷进一个雪坑，又没有雪铲，不得不想尽各种办法把车挖出来。最后是靠一个平底锅才把它挖出来。

在阿拉斯加当服务生就意味着要在夏天接待大量的游客。不过在冬天，这儿只有石油工人和一些不怕寒冷的本地人。这是个流动性很强的地方，所有想要在20世纪的石油淘金热中发财的人都可以来。但很多人给小费都很小气。

尽管同时做着两份工作，我还是有很多自由。我之前就和艾丽卡的爸爸商量好了，我在阿拉斯加和印度的这段时间里，他在夏威夷照顾好艾丽卡，我则专注于实现去印度的目标。我与夏威夷和科罗拉多来的朋友在一起，我们在现代的西方社会过着简单的生活。每个人都想去石油线上工作，或者加入工会，因为这意味着能赚更多钱，加班就会得到双倍或者更多的报酬。我的一个朋友在木匠工会里工作，她的工资及加班报酬很快就付清了她读硕士的费用。

我则想尽快来尽快走，这样我在秋天时就能去印度了。我也没加入工会。很多人都认为阿拉斯加是牛奶和蜂蜜之地，因为赚钱很容易。不过我的目标是去印度，向真正的佛教大师学习。我将阿拉斯加看成达到目的的途径。

我知道罗伯特 1969 年在阿拉斯加的瓦尔迪兹待过一段时间，当商船上的官员。他一年工作 7 个月，收入 48000 美元，他没什么开销，存的钱比我多很多。好像一直以来我们俩的经济状况都是这样。

相比之下，我在阿拉斯加待了 9 个月，节衣缩食，存了 4000 美元。这笔钱足够我回夏威夷看艾丽卡和去印度的路费了，还够我在印度勉强生活 6 个月。

1975 年 9 月，我和朋友出发去了印度。

我们去了四个佛教圣地朝圣：佛陀诞生之地尼泊尔的兰毗尼，佛陀首次说法的地方鹿野苑，佛陀圆寂之地拘尸那罗，佛陀悟道之地菩提伽耶。我们还去了王舍城——佛陀修行的地方。

旅行是艰难的。烧煤的火车烟很大，车厢内人又很挤。我们去兰毗尼时坐的是人力三轮车，因为没有巴士坐。不过，在加尔各答能坐上人力三轮车已经是很不错的了，这些瘦得皮包骨的车夫在崎岖不平的道路上把我们这些肥肥的美国人一路送到目的地。

正是在菩提伽耶的几周里，我第一次认真考虑了出家修行的问题。

当然，我也有挣扎和彷徨的时候。不过总的来说，当比丘尼，跟随佛祖修行的生活还是很有意义的。我去听课的目的就是想要停下，想要找到答案。我觉得自己还有很多未完成的事情，妈妈和祖父母在我还没能体会他们、没能理解他们的传统和历史时，就已经离我而去。

有人过世，家庭成员不再一成不变。我知道他们不会一直陪着我。就连我脚下的土地也不是永远固定的，特别是夏威夷岛。据说夏威夷最终会因为水面上涨和地表下陷而消失。

死亡促使我去寻找生和死的意义。既然我们都会死去，我就要学会如何生活，如何处理好自己的问题。为什么我们深爱的人在他们的生命中要承受这样的痛苦？我们为什么会死去？我们死了都去哪儿？

我们一定要死吗？

为什么人们要对他人那么残忍，欺骗他人，但是在他们失去朋友、爱人、名声和地位时又变得悔恨，自怨自艾？

▲ 埃米（中间）和她两个优秀的翻译朋友于1983年摄于夏威夷。

为什么人们认为自己可以不用为说谎、毁灭他人的生活、偷盗和欺骗付出代价呢？

为什么爸爸——那么好的一个人——会在生活中被人欺骗呢？

我们的行为难道不会带来后果吗，包括隐形的后果和显形的后果两种？只要我们不被逮住就不用承担后果吗？难道就没有后来的结果吗？如果还有后来的话？

　　学习佛教知识为我的这些问题提供了答案。我找到了正确的道路和美好的精神家园——我的精神家园。对佛教的学习和实践也满足了我的精神需要。我发现我的很多佛教朋友还在为自己的承诺而奋斗，就像信仰其他宗教的人们一样，我自己也是。

　　学佛，有十项基本恶习要避免：杀戮、偷盗、邪淫、撒谎、造谣、诽谤、用恶语、贪婪、嗔恨和愚痴。这些要求看似简单，但实践起来却很难。当喜爱、愤怒、忌妒、竞争感出现时，人们很难遵守自己的诺言。

　　我欣赏的朋友，不论工作好坏，看起来都是勤奋、聪明的信佛者，但他们有时候也会走错方向。我自己也很努力地去修行，但有时候我还是会让他人感到失望和愤怒。而且我发现自己仍然喜欢闲言碎语地议论别人。

　　即使有时自我感觉良好，觉得自己为了人类的幸福已经成为了一个更好的人，但有时也还是有矛盾出现——我女儿想要我多陪陪她，我前夫觉得我很脆弱，我需要找一份工作来生活，我的朋友都事业有成，而我赚的钱只够付房租和吃饭。

　　然而，这种生活方式一直都很适合我。我一直在继续学习，还去印度生活过一段时间，拿到了两个学位。不过，有两个原因阻碍了我的修行。一是我特别想得到在乎的人的支持，我的生活常常围绕着这个原因在转。以前我希望爸爸支持我，后来又想从老师那儿得到支持。

　　第二就是我的害羞，总是躲在人后面不敢发言。这样做是为了避免把自己暴露或显露出我自认为的缺点——缺乏知识、愤怒、困惑、忌妒和恐惧，尽管这些缺点也在别的方面表现了出来。

在修行时，一个人可能时常会表现出勤奋、平静、专注、博学。不过实际上，寻求支持的习惯在这些外在特点的掩盖下给我的生活带来了巨大的痛苦。自我隐藏阻碍了我的学习和成长。我在寻求个人宁静的同时，自身还显示出向往权力的错误倾向。

佛陀在成道后第一次讲道时，说了四句真理。

苦谛：即人生多苦的真理。

集谛：即人生痛苦从何而来的真理。

灭谛：涅槃才是多苦人生的理想归宿。

道谛：人要修道才能获得涅槃。

修行者要摒除杂念、扫清障碍，才能明白空即是真。由于我们错误地理解真实，从而对世界万物都产生了错误的观念。我们明白友好、服从道德原则、不伤害他人的重要性，也学会将这些观点传递给我们的朋友和爱人。但是，当出现爱和恨的感情时，我们在身体、语言和思想上就会出现不健康、不友好的反应。

我总想寻求支持，特别是从老师那里，所以我发现自己常去讨好他人，并做一些不利于自己的事情，从而导致错误行为的发生。这便是让我失去平衡的错误。这是我的苦。

也许这种苦是不可避免的，因为我的观点和行为很极端，就像钟摆的两端，我朝另一端摆去，想要、需要，然后不得不停下。我的身体状况就是内在不平衡的外在表现。从那时开始，我就得注意我一直是怎么给自己鼓气的。由于从小被教育要乐于助人，每当有情况发生时，我总是自告奋勇积极地参加新工作，处理新事情或临时发生的事情。我们清崎家"救星"的传统此刻体现出来了，我总是俯冲着去挽救这个时代。

如此一来，我很容易就过度劳累。冥想——修炼自己的行为和语言，管住自己的舌头——能帮我停下，想想正在发生的，看看以前发生的，小心作出选择，这样才不会又陷入另一种紧急状况。为了我的身体和我的修行，我必须创造身体和心灵的平静，为寻求支持的习惯找到平衡。改掉以前的坏习惯是一个去掉错误观点的过程，这让我在前进的道路上方向更加明确。

用专注、爱、正确的行为和智慧替代这个旧的、根深蒂固的习惯，为自己的生命和行为带来正确的平衡，这成了我个人的内在要求。这是一次有益的战争。

佛说过：

"成为自己的明灯。"

"我灭度后，佛经就是你们的老师。"

"冤冤相报何时了。"

这些是对每个人的挑战。与罗伯特的故事相比，我把这称做战争。但是事实上，赢得这场"战争"需要爱和专注，而不是用残忍的、不宽容的方式和自己对抗。有技巧的关注和兴趣能缓解我们的痛苦。困惑、妄念和坏习惯之所以会出现，是因为我们没有体会到爱、智慧，没有得到适度的关注和指导，进而就会陷入不平衡之中。

任何人对爱都会有回应。当阻力出现时，我们会补偿或隐藏爱。作为人，我们是需要爱的，回应爱的感觉也是很美妙的。但是，我们却常常卷入那么多的"战争"，我们在办公室和同事发生冲突，在家和亲人争吵，欺骗彼此，恶性竞争，忌妒，贪心，保守，拒绝帮助他人。

罗伯特的说法是："尽管我们都想要和平，战争却是人类社会永恒的一部分。"显然，就像威廉·詹姆斯·杜兰特所说，在整个人类历史中，只有 29 年的时间是没有战争的。我们通向何处？战争是唯一的出路和可能吗？

佛教中说有"三毒"：

贪——对喜好的过分偏执；

嗔——对不喜欢的过分偏执；

痴——心性迷暗，愚昧无知。

除非我们无欲、无恨、洞悉万事，否则我们逃不开这"三毒"。佛经上说抛去这些妄念还是有可能获得自由的，但是我们一定要为此付出。在我们身边没有这样一个可以帮我们洗去妄念的人。尽管我是一个好比丘尼，但事实上我还是愚笨的。我必须改变。为了回答旧问题，我发现自己在寻求新答案。

我作为一个人，是无力的吗？作为比丘尼呢？

做了比丘尼之后，我加入了以前所不敢想象的大家庭。我和佛教大师一起学习。世界上的很多国家都有佛教团体，如印度、斯里兰卡、泰国、中国、缅甸、柬埔寨、日本、蒙古、新加坡、马来西亚、韩国，以及印度尼西亚、希腊、阿富汗等其他国家。今天，很多国家都有佛教僧人在修行，努力寻求内心的宁静。

在面对战争和矛盾——包括全球的和地区性的战争和矛盾时，我感到很无力。这是我所关心的，但却是让我伤心的一件事，我想知道为什么不采取行动解决这些问题，让人们和平共处。不过我相信文字和语言的力量是强大的，可以影响无数人，只要我坚持传道写作，就会为帮助人们清除"三毒"作出一些贡献，更多的人就能停止外在和内在的矛盾。

我能改变这些吗？

我以前曾经强烈祈祷：祈祷自己不断进步，祈祷自己做个好人，祈祷自己对社会有帮助。就像狄兰·托马斯的诗："不要温顺地进入那个良宵……要咆哮，对着光明的消泯咆哮。"我不把它理解为愤怒或滥用，我把它理解为用心地生活，努力地生活，从生活里学习，不要留遗憾。

不需要强烈祈祷和道德，就能过有道德、有能力、有助益的生活，并帮助自己和他人，这可能吗？我们可以战胜压迫、仇恨、不安的心理，并享受生活吗？

这便是生活的挑战。

我们可以有不同的生活吗？

几年来，通过潜心学习，和大师及其他修行者一起工作，我已经学会欣赏他人的信仰及他们所作出的努力。我们对待其他信仰者，还需要更多的宽容和爱心。当我们看不起他人时，这只说明我们不够大度，内心狭隘。

很多城市和社区都有各自不同的文化和信仰。我们应该像享受异国的美食、饮料、服饰和歌曲那样，学习彼此的信仰。能够欣赏不同的甚至是相反的观点，这难道不是一种聪明甚至是智慧吗？

像我这样平凡的人能成功吗？

对此我有更多的问题和答案。如果我很平庸，我怎么能成功呢？如果我是精神斗士呢？我没有任何天赋，我能做什么呢？答案是：我们能成功。这就是智慧的意义和力量所在。

我需要找到自己的答案吗？

结婚并成立一个家庭不是我的答案。看到那些几十年来一直幸福生活的夫妻我常常很惊讶。今天，幸福的老夫老妻已经是特例而不是常态了。作为个体，随着时间的流逝将会经历很多变化，两个人能和谐地成长和进步、分享观点真是很难得的，很奇妙。但我还是得独自去寻找。

佛陀为我们指明了修行的道路，我们得沿着道路找到自己的路线。每个人的答案和理解都不一样。

别人可以费尽唇舌地告诉我们真理，但是最后我们还是得自己去发现、自己去体会。有时候我得一遍一遍反复地学习，有时候我一下就明白了。不管怎样，我们只管做自己想做的，有时候由于自己的疏忽，答案会不经意地溜走。但我们的努力终将会有结果。

第5章
开始旅程

有时候,你能从生活中得到你想得到的。

问题是,你也许不喜欢答案出现的方式,也许不喜欢它的外表,也许甚至都认不出你正得到你想得到的。

罗伯特:改变了的生活

当我妹妹在夏威夷岛上寻求精神家园时,我正在怀基基海滩上寻求性爱。现在我的直升机被没收了,要赶上岛上的聚会生活就没以前那么简单了。

然而,1974年初期,我在酒吧遇见了一个漂亮的年轻女子,她叫金,是个嬉皮士,我不知道是否是我这个海军平头吓跑了她,还是我太普通了,反正我每次约她,她都能找到拒绝我的理由。

最后,我的坚持终于有了效果,她说:"好的,不过有一个条件。"

她让我作为嘉宾和她去参加一个免费讲座,因为太想和她在一起了,所以我同意了。

这个免费讲座是埃哈德训练讲座,类似于我妹妹埃米几年前参加的那种。讲座在怀基基一个大宾馆的豪华舞厅里举行，来了大概 500 个人。我没听说过埃哈德，不过在场的漂亮女人之多让我印象深刻。我从没有经历过一个地方有那么多美女朝我笑。之前，我被锁在一个全是男生的军校，高中毕业后就一直在部队里卖命。

我觉得我在怀基基找到了天堂。

我坐在金身边不久，灯光暗了，一个漂亮女人穿着纯白的裙子走上舞台，她说完几句话就开始介绍埃哈德。房间里的人们从椅子上站起来，同时爆发出阵阵掌声。

埃哈德穿着白衣服，很精神、很帅，特别自信。他很会讲演，不过他说的越多我明白的越少。我只听到他谈的是让生活更好。

没多久我就觉得无聊想要离开了。我本来就不打算参加这样的训练讲座，尤其是还要占据两个完整的周末。中间休息时，我转向金，问她要不要去喝一点东西。她摇摇头，还问了我一个猝不及防的问题："你打算报名参加这个培训了吗？"

"不！"我回答，"我不需要这些。这些只有输家才要。走吧，我们去酒吧喝点东西吧。"

金只是沉默地摇摇头，恶心地看着我。

"怎么了？"我问，"你认为我需要这样的垃圾吗？"

她笑了笑。"这房间里这么多人，你是最需要这个训练的。"

"我？"我气愤地问，感觉像被人用语言扇了一巴掌，"为什么是我？"

"你知道我为什么不和你约会？"她反驳道。

"我不知道，告诉我。"我回答。我猜这样回答就像是邀请她打我。

"我不和你约会的原因就是你太饥渴了。你对女人缺乏自信。

你被拒绝后很难堪，很害怕。除此之外，你太想要了。我能感觉到你只有一个想法，就是上床。那我为什么要和这样饥渴的一个男人睡觉呢？"

"什么？"我像只被人踢了一脚的狗一样叫起来。

"除此之外，你还假装很有男子气，不过我能看穿你。你不过就是一个高大的、粗鲁的海军飞行员的搞法。你开着直升机的样子就像是'高中生哈里'。"

"好吧，如果那是你的想法，我先走了。"我说，感觉有些受伤。

"看，"她声音软了一些，"听我说，我也不想告诉你这些。我喜欢你，你素质不错。谁让你那么问我。"

房间的空处挤满了人，有的在交谈，有的在报名，还有些人焦虑地坐在休息桌旁。好处之一就是人群的吵闹让大家听不见金的评价，即使他们听见了，他们也不在乎。

碰着我的肩，她微笑着说，这次很温柔："这就是我邀请你来参加的原因。我参加了这个训练，发现我的人生变得更好了。"

说完她带着我去登记处。但我还在为她之前的话而感到痛苦。我肠子搅着，脑袋不停地转，我不知道该怎么做，我慢慢地拿起笔，开始填表。我还处在犹豫的边缘。真不知道我是该跑掉还是该留下来。我不知道我要做什么。

最后我交了35美元订金，离开了大厅，去了酒店的酒吧。

金留下来听完下半场演讲。

1974年3月，我走进埃哈德培训机构，两周后，正如她所说的，我的生活改变了。

大量的培训内容是关于承诺的。也就是说，你有没有言行一致？请再次注意言行这个词。一致就是说行为要和语言保持一致。当有人说"这个人说话算数",这是极高的评价了。

参加培训后,有些事情就很清楚了。我们大部分的个人问题就是始于我们言行不一致,不履行自己的诺言,说一套做一套。在整整上了一天的关于言行一致的课后,我感到难受又感到非常有启发。很明显人类的很多痛苦是因为破碎的诺言——自己没有遵守诺言,或者别人没有遵守诺言。而我的痛苦就是因为缺乏前后的一致性。我又在埃哈德机构接受了两年的培训,对自己了解更多了。后来我就没再去听课,后来那个组织被起诉了。今天改名叫兰德马克。我倒不一定要推荐那个培训,我只是在这里回顾,它改变了我的一生。

培训结束后的一天,我鼓起勇气,请求我的长官给我处分。带着恐惧,我僵硬地走进他的办公室,敬礼,他让我坐下。我开口说:"长官,在我离开部队前,我想告诉你一件我做错了的事情。"

上校坐在那儿,听我告诉他有个周五,我开着直升机在基地附近的一个地方降落,带上一些女人、一些啤酒,飞到一个很远的岛上的一个海滩,我们在那儿过周末。我还承认超载,这是严格禁止的,因为高度可能会让压力过大的机舱爆炸,还有醉酒驾驶。

他安静地坐着,摇了摇头,最后他说:"谢谢你告诉我这些。其他飞行员是不是也这么做过?"

"我还是不说的好,"我回答,"我来这儿是告诉你我做的坏事。"

"我明白。"上校接着说,"我会自己调查的,你准备好了吗,如果对你起诉的话?"

"是的。"我回答。

"你有没有意识到这些控告有多严重,你可能会坐牢。"

"我知道。"

"好吧，军方会和你再联系的。"

大概两周后，一位军事律师——一位海军上尉——叫我去他基地的办公室。一进他办公室，他就告诉我所拥有的权利，以及问我是否要请一位律师。

"不用了。我来这儿是想坦白一切，担当我自己行为的一切后果，即使是去坐牢。"我说。

上尉就叫来一位记录员，我们开始了3个小时的关于违反规定的汇报。在汇报结束后，我累坏了，没有一点儿力气了。我告诉了他所有的事情，包括每一个小细节，我有多少次欺骗了军队。我没有任何隐瞒。

静静地坐着，我看着上尉让法庭记录员先离开，收拾他的笔记。

"我要去坐牢吗？"我问，想着被手铐铐着带走。

上尉在他的公文包里面摸了很久，最后抬起头来说："不用，你可以走了。你在一个月之内离开部队。我会让你光荣退伍的。谢谢你为祖国做的一切。"

这个结果让我感到很意外，几周来的压力让我再也受不了了。我哭着说："我不明白。"

"中尉，收下这个礼物吧。"上尉说："谢谢你说实话。现在离开吧，在我改变主意前。"

我站在那儿，没明白，我没有动，我也动不了。最后上尉笑了，说："我们知道你和那些飞行员的事情。我听说过你们抓的大龙虾，还有那些裸体晚会。×××，我也想去啊，听起来很好玩。"

"你听说过那些？"我问。

"当然，这些好消息总是有人传的。你们很多飞行员都那么做。我曾经收到一个邀请，但我没去。我知道你们这些人迟早会被逮住。"

所以我很高兴我没去。"

"还有谁这么做？"我问。

"很多飞行员都滥用国家财产。有些人比你和我更过分。我很高兴你有勇气站出来说实话，承认错误，我不是要整你，我是要整那些没有勇气说出来的人。一边飞行一边把女人带去荒野的沙滩喝酒是很糟的，但是没有勇气站出来承认错误是更糟糕的。这说明缺乏个性，是一种悲剧的性格缺陷。"

"我们都会犯错。"他继续说，"我们都违反过规定。我们都做过傻事，以为我们不用付出代价。所以犯错和犯傻不是一种罪，傻不是罪，撒谎才是。"

听完，我离开了。

他遵守了他的承诺，1974年6月，我离开了基地，我自由了。

自由对我来说不仅仅是避免了军事法庭的审判，我"改变后的生活"比以前在埃哈德培训时的生活更好。我意识到我拥有了为自己的生命创造最好的生活或者最坏的生活的自由，前途全在自己。

我得停下来思考我一直都做对了的事情。我得暴露自己的黑暗面，把它带到阳光下。敌人就在我体内，不是外面某处。在发展我的好的性格时，我意识到我也要磨炼坏的那一面。

这一刻，我决定我一生的事业就是把重点放在自己身上，发展一个更好、更有道德感、法律感的性格。那些崇高的词语，比如"戒律"，礼拜日的导师和我妈妈的教会女士朋友们常常念叨的词语，都又汇集到我这来了，成为我能理解的语言，成为我自己的原则。我知道这是一生的使命。我知道对自己还有很多工作要做。

我在教会学到的很多生活知识是珍贵的。它们很简单，但却很有道理。正因为它们是那么简单，我开始想为什么人们在遵守时却是那么难呢？如果不能把这些道理融入生命，那你又为什么去教堂呢？

对此，我很挑剔，不是对教堂，而是对那些去教堂的人们。我常想为什么一个常去教堂的、看起来对上帝那么虔诚又遵守宗教仪式的人不把这些道理用于实践呢？

我的父母尽他们的最大努力不让我们看到这个现实世界的残酷事实，他们虽然很努力，但生命的黑暗面还是常常被我们看见。比如，当我们都还不到6岁时，却听说爸爸的一个同事要离婚。孩子们不懂离婚是什么，为什么爸爸和妈妈要分开。爸妈的解释尽可能地避开奸情的说明，但我们不久还是知道了。

几年后，一个同学的爸爸因为贪污而坐牢。这也费了爸妈一番工夫来给我们解释。另一个朋友，一个成了家的人，是个酒鬼。他花很多力气来隐瞒他的秘密。一天，他醉得不省人事，撞上了人行道上的行人，结果被送去了监狱。家庭破裂了，妻子改嫁了。

父母向我们解释时，比较麻烦的一个方面是这些家庭都是信教的。这让我们孩子们很困惑——"如果你不打算遵守上帝的规定，那去教堂做什么呢？"

这不是说我没有犯过罪或错误。我可以保证地说我在教堂里被告诉不能做的事情，我几乎都是尽力去做了。我的解释是我从没有假装成遵守规矩的好教徒。让我烦恼的是那些装作上帝的追随者，去教堂、谈上帝的慈爱、宣传他们遵守规矩的人，私底下并不是他们假装的那样。

随着时间的推移，我开始想为什么那么多人假装自己是圣人，其实又是罪人。如果过上好日子的规矩那么容易遵守的话，为什么那么多人不去遵守呢？一个让我困扰的例子是：我们都知道我们不应该说谎。我们都知道我们应该说实话。所以我的问题是：为什么那么多人说谎呢？当尼克松总统——全球最有力的领导——被发现说谎时，我特别困惑。他也去教堂，而且是一位虔诚的基督徒。

他为什么要说谎？

我们都知道我们不应该有奸情。

是的。那为什么还有那么多人欺骗配偶？我喜欢的一张图片是克林顿总统在离开教堂时手里拿着《圣经》摆出姿势照相。后来我们才知道他正走在与莫妮卡幽会的路上。

我们都知道我们不应该杀戮。

但是政府花了大量时间、技术、金钱去购买武器用来杀人。为什么美国——一个公认的热爱上帝的国家——会花那么多国民生产总值在武器上面？为什么圣地（耶路撒冷）是地球上暴力最多的国家之一？

我们都知道我们应该爱我们的邻居。

我们都明白，我们应该对其他人友好，但是为什么那么多人在他们的邻居背后说三道四，在背后用语言来刺伤别人？为什么那么多人花大量的时间、创造性和力气在网上诽谤他人？

我在生命里再一次地发现我在为旧问题寻求新答案。对我来说，如果我们仅仅跟随简单的法则：己所不欲，勿施于人，生活会好得多。所以这些规则看起来简单，但要遵守是很难的。我想不明白为什么会这样？

我还注意到人们内心有很多矛盾。似乎很多人去教堂是真心祈祷更好的生活，但是却未能如愿。比如很多人想要富有，但是很多精神富足的人物质却很匮乏；很多人想要更瘦、更健康，但是很多人祈祷变瘦却变得越来越胖；很多人祈祷夫妻更恩爱、更幸福，但是你最爱的人有时候却是对你伤害最多的人；很多家庭去教堂为小孩树立道德榜样，但是有些信教家庭的小孩却变成最坏的。

我就是想知道为什么？

埃米：试试合不合身

我们家所有的小孩都出生在夏威夷檀香山的圣弗兰西斯医院。我小时候，妈妈是那儿的护士，我们偶尔去她工作的地方，我们会看见修女们进进出出、忙忙碌碌地护理着病人们。

我是个很有信仰的人。我对老师及各种传统的圣人都怀着爱意，当我因为工作或家庭原因去不同地方时，一定会去参观当地各种传统的名人圣地。

也许因为我出生在圣弗兰西斯医院的关系，我常常被圣弗兰西斯的生活和工作所吸引。1999年，当我参加意大利坡麦芽的一个佛教教师的培训会时，找机会去参观了阿西西——圣弗兰西斯曾经居住的地方。我去了他和圣克莱尔曾经去过的他们修道院传教开始的地方。阿西西是一个很奇妙的地方，尽管有些人称之为"旅游地"，但它还是能深深打动几千年来所有虔诚的信徒。当我意识到圣弗兰西斯的遗体就躺在教堂里面时，简直激动得都要哭了。他们显示着几千年来，保护圣地和他遗体安全、完整的决心，这种决心历经了灾难、现代化、饥荒、战争及反复的热衷和冷漠。

我参观的另外一个地方就是法国的洛德斯，在我女儿和她丈夫的第二个孩子出生的时候，我去图卢兹帮助他们。离开法国的前一天，我抽个空坐了两个小时的火车去洛德斯，大概午餐的时候到达，在咖啡店我注意到一个天主教神父也在那儿吃饭。午餐后，去大教堂和洞室，我又碰到了他。他很认真，指着圣地问我："你在这儿做什么？"

我说我喜欢圣人的故事，我一有机会就要参观这些圣地。

"那你为什么来法国南部？"

我解释说是因为我女儿刚生了小孩。他很惊讶："你是说你们比丘尼也可以结婚？"

▲ 埃米和她成年的女儿艾丽卡在洛杉矶国际机场，摄于1994年12月。当时埃米正准备再次回印度。

"不，那是很多年以前。"

"那你丈夫呢？"他问。

"我们多年前就分开了。"

"什么！你是说你们佛教可以离婚？"

"那时我还没入佛门。"

"哦，你知道你在这里除非受洗，否则是得不到祝福的。"

"但是我童年时就受洗了。"

"什么？你是说你后来又放弃了？"他不可置信地问。

"不是我放弃了，而是我在佛教找到了归宿。"我说。同时对他解释我一个人在选择信仰时，没有必要必须放弃以前的。

之后，他友善地带我去人们装泉水的地方，我们坐在洞室外面，神父看见了露德圣母，祈祷了一阵，然后让我去了妇女们待的帐篷，在那儿人们通过泉水得到祝福。我不会说法语，直到最后才明白我们需要完全脱光浸在水里面。

信仰不同的人相互沟通是很重要的，因为可以增进友谊和和谐。我们不再住在狭窄的世界里，可以不被不同的文化和观点所影响。几千年前，我们因为技术和交通的限制而相互隔离，现在我们需要对话，对其他信仰的人们给予更多宽容和理解。这会带来更多的友谊、和平和和谐。

1998年，我接受了在科罗拉多做一小群和尚的驻地老师的工作。在我到达科罗拉多1年后，美国空军学院的一位专职教士请我去见军校里对佛教感兴趣的学生，结果我在那儿做了6年的专职教士。那些年里，我也靠奖学金完成了我的硕士学位，并自愿在收容所服务，参加信仰交流组织。

在培训时，我很惊讶地发现，有些专职教士比我在科罗拉多那里所知道的还要更保守。

有培训时，我们需要分享我们的个人任务，比如我们想从培训中得到什么及其原因。我陈述时是用这句话开头的："怀着平凡的精神，我希望和其他专职教士一起工作、学习。"

一个教士很直接地问我："你为什么用了平凡这个词？只有基督徒这么用。你为什么要用精神这个词？这象征着基督的圣灵。"

另一个教士为了缓解紧张气氛,说:"精神有很多意思,比如我们说'友爱的精神'、'快乐的精神'。"我那晚回家在字典里查平凡这个词,发现我们两个都是对的。一个解释就是各种基督教的传统聚会,但是另一个解释就如韦伯斯特列出的,是"广泛的或者一般程度的影响或应用"。

我因此注意到,佛教在西方研究和实践时,我们需要注意我们用的词语,记住英语是以犹太教、基督教为基础的。所以在文化上我们会遇到偏见和传统认知,需要容忍和友爱才能找到共同点。

我发现,当人们从一种信仰皈依到另一种信仰时,有一个支撑点。有时候他们更坚持、更严格,在态度上比那些几代人都信仰的家庭还更原则。他们对持其他信仰的人很少能够宽容以待。不过当某人皈依了非传统的信仰后的一个好处就是他们更认真、更努力地去学习、实践,对新信仰也有着更多的热爱。

在佛教传统里,一个人为他自己的行为负责,死后发生的事情则有赖于他们平时的积德。这是个很大又很敏感的问题,很少有信徒去检验。实际上,很多佛教徒倾向于把佛教圣人神化,祈祷能依靠他们的力量脱离苦海,认为他们的意志能让他们得到自由。我们当然需要教师引导,但我们必须通过自己的努力和领悟来得道,积善行德,去除恶念。

因为我的佛教信仰,我有很多机会参加相关的活动和聚会。有时候我也参加组织美国的年度西方佛教大会。因为西方的佛教徒人数比较少,分散在各州,更多的是单独修行或者与佛教中心一起修行,所以我们为他们提供聚会的机会。

在这个物质时代,修道生活很少见了,也很少有人喜欢。修士们常常在操作、管理或教学方面工作很长时间。我们的聚会遂成了一种期待，能让我们在工作之外休息一下，探讨我们的实践、传统和所关心的问题。在我们早期举行的一次会议中，我们展示了"世界佛袍"，让我们能够了解不同佛袍的历史和意义。

就在西方人实践佛教传统和文化时，还有一些需要适应的问题，我们会问到哪种修行最有效，文化表达是什么，最基本的是什么，什么又可以放在一边。尽管箴言都差不多，但我们修行的方式却随着不同的文化而有所不同。当我们在西方聚在一起时，文化和传统更是差异甚大。我们从彼此身上学到很多，同时我们也需要以更容忍、更开放的思想接受差异。在我接受培训的西藏佛教传统里，和尚一般一天吃三顿，吃肉，自己做饭，洗皮鞋，不杀苍蝇或蚊子。我们寺庙还有很多色彩鲜艳的大雕像。

日本僧人与中国、韩国、越南僧人的传统不一样，他们只吃素，有时候一天吃一顿，不穿皮制品。日本禅寺很安静，色调单一，空旷。小乘佛教里，和尚不能碰钱，不能开车，不做饭，只吃别人的施舍，可以吃肉。还有些传统要求只有少量物产，而在西方，很多僧侣自己种地，自己赚钱生活，有车，有房，可以有很多财产。

想一想，很多西藏寺庙建在海拔很高的地方，比如说我老师的寺院就建在一座偏远独立的小山上，高于海平面14000英尺，几乎没可能种青菜，但还要养活几千个和尚。在那里，和尚吃烤馕，喝酥油茶，有时候吃一点干肉。（在印度重建的很多寺庙里现在都提供素菜。）寺庙里，修行者能看到色彩丰富的佛像。

在海拔较低、土地肥沃的国家，寺院的信徒和友人会带新鲜蔬菜和其他食物给和尚们。他们能吃到很多种蔬菜，禅寺则提供了一个安静的不受外界干扰的环境。

这些只是外在的区别，还有很多哲学的和理解的差别，就像其

富爸爸

读书人俱乐部
助力您的财务自由与心灵自由之路

读书人淘宝店　　　　读书人微店

扫码关注

读书人俱乐部淘宝店或微店

即可获赠读书人 **10元**购书现金券

和 **500元**人工智能股票软件抵扣券。

还可：

接收富爸爸**每日财商播报**，
第一时间获得俱乐部顾问提供的
投资机会和**理财知识**，
早日实现财务自由。

读书人服务天下爱书人

他信仰一样。

在有些传统里，女性地位很高，能担任较高的职务，在另一些地方，则基本没机会。

很多区别都是文化造成的。各国几千年来的气候、植被、经济政治的变化也在施加影响。所以，即使同属佛教传统，我们也将一边深化自己的智慧、信仰，一边学习了解其他的传统。

在科罗拉多时，我有幸听到约翰·司鹏大主教的讲话，他很直率地谈论到基督教传统里的一些观点。他的批评立场太激进了，不过他做得没错，他是带着对自己信仰的深爱做了一些分析和质疑。在学佛经时，佛祖自己都说我们不应该盲目去接受，而应该像试金石一样去测试，去烧、擦、敲，在接受之前鉴定真实的质量。

司鹏大主教讲话很幽默，带着友爱，他曾说如果天堂就在天边的某处，那耶稣站在天空里上了天堂，现在应该进入了轨道。根据第一世纪的科学和基督教，玛丽圣洁地怀了耶稣，她的子宫被借来孕育上帝的孩子，但是司鹏大主教说："我理解的是，根据我们现在的基因和繁殖的科学，一个女人生育小孩要贡献一个卵子，所以不可能玛丽只是借了子宫生育耶稣，这是不是意味着耶稣是半人半神呢？"

基督徒大卫也问我们，如何在精神实践里获得快乐，如何去掉教条，因为徒有外表的、烦闷的仪式没有意义。他写到当人特别高兴时，可以通过写作和道德来体会，并用仪式来庆祝。但是随着时间的流逝，写作成了教条，与快乐无关；道德要求成为了不可改变的原则；庆祝仪式变得程式化，空洞而贫乏。要想重新触动快乐，常常需要"神秘之火"刺穿形式的外壳，使人们能够把对生命的忠诚和对生命过去创造的能够获得的特权的形式的忠诚区分开来。

他说对形式的背叛实际上是重回忠诚，这是一个勇敢的旅途，敢于如此做的英雄能够在心灵上得到更多快乐。

但是我一直隐藏着自己的需求，寻求赞同，做别人要求的，而不是探求自己能够做的、愿意做的，我失去了自我。即使作为佛教徒，我都是尽量完成他人的愿望和建议。我失去了生命的活力和力量。

在印度女修道院住的时候，我试着做一个"好比丘尼"，乐于助人，努力教学，为年轻的比丘尼做好榜样。很多年这样做都让我觉得很满足。我尽量避免冲突，这样可以让我节省精力，但也让我更善于隐藏。在大多数情况下，这是有益的，但是我也要学会站出来，面对挑战，重获力量，为自己的生活负责。

我们必须打倒自己心中的魔鬼，有时候他们很狡猾，隐藏得很深。解决起来还要更有技巧才行。我把自己藏在布衣下裹起来，不惜代价地寻求别人的赞同，这其实是不道德的。

在我的人生道路上，一些错误的想法悄悄地欺骗了我，让我得不到真理。我外表微笑、内心痛苦。只要寻求赞同的意识占了开口说话的上风，我内心的一部分就会被迫在心里流放。结果是我的工作和生活看起来很值得、很好，但其实我让我很受伤。有时候，我们就是这样被自己的错觉所俘虏的。外在的宗教组织、纪律、工作道德为我们提供了指导，意在增强我们的关系及与他人和谐相处的能力，但我们在遵守这些指导的同时，也必须考察自己内心的动机和方向。

但是当我们偏离正路时，我们需要警惕，这条路也许是对的，但我们的理解和行为也许错了。我们需要优秀的老师和友好的精神朋友。

我做比丘尼的生活是一个充满惊喜的冒险，我不会称为"人间天堂"，但它确实比我在平常生活里能得到的多很多。我曾花了一年时间和同修的人一起游历了美国和南美。那是一次善意的旅行，我们有机会遇见许多热情的人们，他们对佛教徒的生活很有兴趣。

我们住过很多地方，有普通的家，还有豪宅。我们还在萨尔瓦多的太平间住过，在很多空棺材中间进行康复仪式，还有个大十字架朝向我们。萨尔瓦多的人们刚刚结束了 12 年的内战，国家刚刚重建，我们简直不敢相信加拉加斯那么多人都是来看佛教徒的。

在智利的圣地亚哥，我们住在漂亮、崭新的大房子里，建房子的砖就是用的地上的泥土，甚至玻璃都是当场做的。这是一处古战场的遗址，主人想要建成纪念地。在布宜诺斯艾利斯，我们住在一间砖房里，那里是城市网球俱乐部，球场就建在房子的顶上。我们被邀请去会见州长和哥伦比亚的麦德林的市长，同时可以从高楼上欣赏窗外美丽的城市和山谷的景色。我们的一个西班牙语翻译说，就在 1 年前，这条街还是毒贩和警察斗争的血腥之地。他们还邀请我们为和平祈祷。

在心的层次，在信任、热情和友好的氛围里和人们相见，就是人间天堂。

第 6 章
破碎的承诺

在参加埃哈德培训和佛教学习时，我们的很多朋友和家人，尤其是我们的基督教朋友，不能理解我们所走的道路。他们认为埃哈德培训是一个新时代的邪教组织。不过在很多方面，这是一个古老而颇具历史性的培训，它融合了古代东方和西方的教学，有很多宝贵的永恒的真理。

这也是一种超越了传统的新的教育形式。这个培训把我们两个人都改变了，为我们提供了一个前所未有的世界。它讨论对与错、传统与现代，什么可以接受，什么不可以接受。还证明了以更广的视角和更多的角度看问题，是很值得推广的方式。

佛教也提供了新想法，促使人们打开大脑接受新概念。不过，人们能学到多少东西，很大程度上取决于他们在多大程度上想要变成更好的人。

不是每个人对这二者都有兴趣。

罗伯特：开发心灵的力量

我邀请爸爸去客座埃哈德培训，他一见到那间房，就跑出来去了酒吧。

有其父必有其子。

我一谈这个培训他就发火。这成了我们不能碰的事情了。我的两个妹妹都参加了这个培训，这让我们的情谊更深。虽然我们还有很大差别，但这至少让我们更加理解彼此。在被战争吓坏的多年后，我们变得更亲密。

很多年来，在我追寻非传统的其他教育的道路上，我发现在家里、教堂、学校还有海军部队里都听到了很多智慧之言。在家里，如果我撒谎或偷东西就会受到严厉惩罚。在教堂、学校和军队我也听到很多类似的话。问题是我听到这些话，但我却没能理解。

1974年3月，我在埃哈德培训的第一项内容就是关于言行一致的课题。

培训老师会带我们浏览10～12个主题，慢慢的，有意的，然后他会问房间的每一个人："你们同意吗？你们愿意遵守承诺吗？"

就在我认为满房间的三百多个人都同意某点的时候，有人就会举手提问，或者想要成为规则的例外，或者关于某种协议想得到更多细节。一个小时后，整个房间还在争论同一个问题，本来这个讨论似乎早已了结了。

我从没见过人们在关于遵守诺言方面有这样的心理变化。在11个小时后，我们终于有了第一次休息，可以上洗手间，我都快憋死了。那时我们才谈到第5点，这是第一天，我们还有整整3

天要讨论。

我想逃跑了，但首先我得去男洗手间。

就像我之前说的，以前听过这些话，但我从没明白。我早知道遵守诺言的重要性。我早知道我不应该撒谎，不应该欺骗，我应该遵守规定，遵守承诺。我知道这些话。在海军部队我就听过，但在那里我只用屁股或膝盖听。

在埃哈德培训时，我体会到了这些话的真谛。坐在几百人的房间里一起讨论，我不能说我完全明白了这些道理，也不能说我今天的生活是完美的。但我能说的是我一次次听到这些道理，听得越多，理解越深，每次又使我更进一步加深了解，生活也因此变得更好。

经过4天的培训，我充分认识到我是个骗子、一个欺骗者、一个虚伪的人、一个喜欢做梦的人、一个喜欢责怪的人、一个懒人、一个有惰性的人、一个小偷，还有所有我不想成为的人。最糟的是，我还假装我不是上面这些种类的人，我只是在欺骗自己。

金，还有其他很多人，把我看穿了。

当我从越南战场回国时，对于政府一些领导的素质很失望。现在我意识到，我并不比他们好。我在越南面临过死亡，不止一次地又活着回来了。在经历这些后，还有什么能吓倒我呢？

我的战争经历帮我利用了我黑暗的一面，还带来了利用的许可证——以勇敢和爱国的名义。我的黑暗面也是有价值的，它让我活着。但是离开战场，这些特点就没有位置了，然而去掉它们又是不可能的。我一直随心所欲地利用我的黑暗面，通常是为了我自己的利益，而不是为了控制和管理它。

海军给予我有力量的性格，但是在越南被看做的勇敢注定在国内被认为是不安全的。正如之前所说，这成了我的性格缺陷。我的个人控制和平衡都没有了，我过的生活完全不考虑他人和法律。

我再一次强调，他们说性格决定命运，性格缺陷也决定命运。

当时我并没有看到太多联系，但是今天我看见很多政治领导，从尼克松到克林顿，都是死在自以为是的欺骗的剑下，他们，就像我，当将生命献给了更高的目的时，他们的世界就变了。他们，就像我，发展了很强的性格，但是他们的性格特点同时也伴生着性格缺陷。这是同一个硬币的两面，他们让黑暗面跑到了表面，因为他们有这个能力。

事实上，记者采访克林顿，问他，为什么和莱温斯基有不良关系时，他说："因为我有这个能力。"

他继续说这不是借口。

我过着这样不安全的生活，因为我认为我有这个能力。

今天，我更好地理解了为什么爸爸的朋友，为了一个年轻女人而放弃了大家庭，以及另一个朋友如何会因为贪污而被捕。他们很可能也听过不能那样干的道理，但是直到一个人失去了家庭、另一个人被抓去蹲了监狱，他们也许才真正明白这个道理，如果他们能明白的话。

还有那个假装的酒鬼，他的失败就是欺骗自己，不向他人寻求帮助。他也许还没明白这个道理，他可能还在对自己撒谎。

我能更好地理解为什么尼克松要对国民撒谎、克林顿认为他和莱温斯基的隐情不会被发现。两个很聪明的人，他们对这些道理非常清楚，知道规则和未来，可最终却付出了被弹劾的代价。

"我没有说谎。"尼克松的这句话臭名昭著。克林顿的一句："我和她没有发生性关系"，也同样很有名。后来他试着为自己辩护，通过谈论性的定义，想要解释他和莱温斯基所发生的不是性。我怀疑他是否明白了这个道理——有罪的不是性的定义，而是他作为一位已婚人士，没能遵守承诺，打破了他的结婚誓言，然后又对世界说谎。打破一个承诺——特别是在上帝面前的誓言，又对此说谎，反映了一个人在性格中悲剧性的缺陷。

在埃哈德培训4天后，我意识到：我也有这样的缺陷。我更好地理解了小偷和骗子。他们其实也知道这些道理。我同情那些谴责别人后来又被发现有奸情的宗教首领，还有那些政客和部长们猛烈抨击同性恋者，后来又被迫承认他们在国会里面寻找年轻的实习生作为同性恋伴侣。

他们知道这些，但还是没能理解这些道理。

我也更好地理解了，为什么很多人想富有却很贫穷。他们也知道这些道理，他们说他们想要变富，但是你看看他们的财务报表，就知道他们没能理解这些道理。

那些体重超重的人、生病的人和想要健康的人也是一样。他们知道这些道理，如医生的健康警告及各项医疗，浴室的体重秤或医疗检查，都告诉了他们这些道理，但是，他们却常常无法理解。

这个世界有很多寻求爱的人，我们都知道"我爱你"这句话，但是孤独、受伤或愤怒也是一种表达。在我们寻求精神家园时，就是这些道理和行动让我们走在一起，而不仅仅是语言。

1974年，我们经过夏威夷卡内奥赫海湾的海军空军站时，我进入了新的生活。我更能欣赏在家里、教堂、学校及海军部队里学到的道理。话还是一样，但我最后明白了那些道理。

我离开海军的时候，对道德、品德、合法、爱、勇气和正直有了更好的理解，并意识到我还有很多需要学习的地方。我知道我还需要不断地成长，在我的生活中还需要有更高的个人道德、品德、合法、爱、勇气和正直。我知道如果我更努力地实践这些价值观——而不只是在口头上——就能朝和上帝更接近的方向前进，从而开发我们每个人都拥有的精神力量，如果我们想的话。

但是，我还有一些事情要考虑。这就是为什么在1974年完成埃哈德培训后，我决定最好是先解决自己没有遵守的承诺。我决定先从大事开始，然后再一个个解决小事。

最惊人的事情就是作为海军飞行员我违反过很多规定。尽管我快要退伍了，我知道，我不能就这样不解决之前的错误就离开。

结果是我离开海军时，才更好地理解了"真相能让你自由"这句话。我以前听过这句话，但是这次我才真正明白了它的意思。我承认了我做的每件事，一个月后，我收到了光荣退伍通知书，离开了海军。上尉遵守了他的承诺。

我穷其一生追求个人发展的道路，是因为我在大多数时候总是听见这些相同的道理。

"你有很多潜力，但是你没有用出来。"

我花了很多时间寻求教育、寻求思想，帮助自己找到天赋，用最好的方式来使用它。我想开发潜力，我知道我有。不过我还不知道最重要的往往就是最简单的，后来我才明白了这点。

在我的一生里，语言形成了我。我不断说谎，逃避惩罚，是语言反映了我这个人。我说真话时，我的语言就反映出我的个人性格。在埃哈德，我明白了遵守承诺的价值。

在我寻求真相的过程中，我开始开发更多的渠道进入精神领域，不经意间就更接近了上帝。

埃米：投石问路

一个周日，那时我六七岁，我记得我们住在罗街镇上，那天早上我醒来，四处看了看，大家都还在沉睡。有趣的是，桌子已经摆好了，早餐也准备好了。那是妈妈的工作，而她却还在睡觉。

然后我发现罗伯特不在那儿，这天他起得很早，做了韭黄煎蛋，韭黄就种在屋子后面的小花园里，烤了面包，为我们摆了很漂亮的一桌。然后，他就坐上那个摇摇晃晃的小巴士去教堂了。

我觉得他成熟了很多，很有勇气。当时他大概8岁，可我还得等几年才能自己去煎鸡蛋，更不要说自己一个人乘巴士去教堂了。

爸爸妈妈俩人很努力地工作，尽可能不让我们看见生活中黑暗和悲伤的一面。这导致了我的天真及对人们和生活的坡莲娜式的态度。爸爸做教育厅厅长，妈妈做护士，他们一定经历过各种各样的痛苦和快乐，但是我们孩子们不曾见过我们父母及其他日裔美国人所经历的生活苦难。

随着我们的长大，理解力逐渐增强，很多消息都被过滤后传递给我们，家庭暴力，酗酒，老师因为调戏学生被开除，几个怀孕的女学生在学校消失了，对这些我们都不可以谈论。

我认为性教育是很有必要的，在学校和在家庭都是。在这个问题上，爸爸妈妈没和我谈论过，可能和我们家的任何小孩都没谈论过。

世界上的各种宗教有强有力的道德标准来指导我们和谐相处，但是当我们跟随错觉或者受到负面的人或想法的影响，我们就会做出错误的或者是有害的行为。

在佛教里，有十种恶习要根除、十种美德要培养。作为修士，我还有更多的誓言要遵循，但是有些基本内容是每个人都需要遵守的。其中，关于身体有3种恶习：杀戮，偷盗，通奸；关于语言有4种恶习：说谎，诽谤，恶语，流言蜚语；关于思想有3种恶习：贪婪，仇恨，错误观点。

对比恶习，还有十种美德。其中，关于身体有3种美德：保护生命，尊重他人财产，理智友好地运用性（作为比丘尼，我的誓言包括完全禁欲）；关于语言有4种美德：不打诳语，顺从他人，用语柔和，不说废话；关于思想有3种美德：知足，利人，放弃错误观点。

这些看起来似乎是不言自明的，但我们仔细研究、观察生活中的现状，发现我们在怒火中烧时，或者在忌妒、仇恨、贪婪时，我们的表现就不是这样了。那些错觉超越了我们的判断，置我们于烈火之中。我们理性的头脑也许能够推论，放弃恶习，但是当我们的头脑迷惑时，我们就该用上各种我们能用的方法去使它清醒。

我在美国空军学院做佛教专职教士时，有个学生问了一些关于道德，尤其是欺骗的问题。我很欣赏他的问题，因为这些问题能帮助我们每个人更深地挖掘自己的内心。

他加入我们组的活动一段时间后，我才发现军校因为他作弊而开除了他！

另外一个学生也是被军校开除的，她是因为性生活不检点。她认为婚外情没什么，只要别被人知道。她确定，她约会的警察的妻子不知道，所以她认为她的行为不会伤害任何人。

当我们热切地渴望某种事情时，我们会为自己的行为找很多理由和借口。但是这种不安的、有害的行为就像是藏在一个黑屋子里面喝毒药，虽然没有人看见，但最终还是会被其所害。

尽管对道德行为我们有过不断地讨论和反思，但很多时候错觉的力量还是会占据上风。尽管我们想要好的东西，想做好人，但我们对禁果的渴望还是会挑战我们。当我们沉沦时，会感到兴奋、超越和活着的快感。我们在生活里不断地寻找这种快感，我们希望这种蜜月能永远度下去。就像罗伯特一样。我也常常受到异性的吸引，但是我很害羞，到高中结束也没有约会过或亲吻过。我害怕单独和一个男生在一起，即使是去喝一杯苏打水。

实际上，我有次和足球队的一个男生去学校吃过一顿晚饭，当时我太害羞、太紧张了，没有和他谈一句话。另外一个男性朋友邀请我去学校跳舞，我思前想后没有答应，最后我独自去了。我不是想要拒绝他，我喜欢跳舞，但我喜欢自己一个人去，同朋友一起跳，而不愿固定和某一个人跳。

不过，天生的异性相吸还是在我身上存在的。就像罗伯特说的："有时候你在生活中会得到你想要的。"在1968年的夏天，我刚满20岁，正准备开始性的探索。我远离夏威夷，远离我的根，和男朋友在一起了。我沉沦了。一个女孩给了我她没用完的避孕药。我没接受过这方面的教育，不明白在吃过这些药后，没有防范的性生活会让我更容易怀孕。我马上受到了生活的教训，3个月后，我怀孕了。

我放纵自己给我的生活带来了巨大的改变。现在反思过去，我会成熟很多。我对这个问题的答案就是为自己的行为负责，抚养艾丽卡。如我所说，这条路很艰难：怀孕是突然的，我对婚姻和做母亲没有任何思想准备，我还在寻求内心的答案。

妈妈葬礼那天，爸爸告诉我们妈妈曾经流产过。我没问他发生了什么，但我记得，作为小孩，我们曾看到她在我们面前掩盖的情感和痛楚。有时候，我们对有些事生气，对有些事总是不能理解，我们只是听见她说："你们知道吗，医生说过我不应该生你们这些孩子的？"她会朝我们叫骂发泄痛苦，而我们却不知用何种方式回答。

我们知道她患有风湿性心脏病，但我们也没特别照顾她。我们不知道怎么去关心她，也不会处理她因为生病而带来的忧郁。

爸爸在她葬礼那天提到流产，让我意识到，这一定是在他们的生活中举足轻重的一件事情。这也是深爱的人们分享的秘密。我也想不明白如果那件事很重要，为什么他们不跟我们谈论性知识，我在怀了艾丽卡时，他们为什么不给我其他选择。

我不敢想，如果那时我作出另外的选择会怎么样，因为现在艾丽卡是我生命中最重要的人。要对她负责！在我困惑和矛盾时，这个想法最终给了我勇气和方向。有了她，我作出了生活和方向的选择，就像对于朋友和关系的决定那样，就像我自己面对挑战绝望般地寻找关于生活的答案那样，我作出了决定。那些决定，可能在当时别人看来很难理解，甚至有些愚蠢。

和罗伯特一样，我也受邀参加了埃哈德的客座研讨。说实话，我不敢相信那些志愿者的快乐、自信、友好和能干。我想知道：是他们的生活一直是那样，还是他们在伪装。

1972年，我参加了培训，第一个周末是埃哈德主讲，第二个周末是麦克纳马拉主讲，我有几年一直参加这个培训。在这之前，我很害羞，这个培训激活了我的活力，让我理清了思路。我发现我也能开口表达，能更清楚地明白各种状况。这个培训帮我打破了我的外壳，摆脱了我褊狭的个人世界，学会了更有效的思考，更清楚地透过现象看本质，这一切对我帮助很大。后来艾丽卡也参加了埃哈德的儿童培训，我们彼此间因此能更好地交流。

埃哈德培训很强调遵守承诺的重要性，我发现在很多方面自己很容易做到这一点。我总是很准时,不缺席会议,打我答应要打的电话。

但是我还是喜欢隐藏自己。我会遵守承诺,准时出现,但是我有时仍然会消失,更多的时候是失去自我,因为从外表看一切都正常。我可以坐在那儿听人们抱怨难以做到那些承诺,我会很耐心地去听。我努力让自己表现得平静,这样我就是一个模范的合格生了。我并不是特别出色,就是很乖。我遵纪守法,我不会惹是生非,是一个"好"学生。

不过有时真是很闷,而且总让我常常想把自己隐藏起来。

我还是知道我需要改变,我也正在努力。我开始明白,随着人们作出改变,身边那些熟悉他的人,也会因为他突然的新做法和新想法而觉得不习惯。

埃哈德培训的核心就是遵守承诺。

不遵守承诺,不兑现自己的诺言,让我想到的是违背诺言。我不禁想起,我爸爸竞选副州长时那些不曾兑现的诺言。他所信任的人向他保证如果他输了,也会一直支持他,会提供一份高薪的工作岗位,可惜结果却没有。

像我爸爸这样的人,往往会深信他人的话,所以这件事给他在信任、荣誉和违背诺言这方面深深地上了一课。看到他所承受的这一切,我和我们清崎家的任何一个小孩都不会忘了这一课。

第 7 章
展望未来

高中时，我们都是辛苦的学生，我们根本没想象过我们的未来会怎样——我们其中一个会成为作家，另外一个会成为比丘尼。

我们的风格，部分要感谢我们的父母，他们都是很天真甚至很理想化的，带点反叛。生活让这些变淡了，我们却更自由了。

我们在生活中出现了很多意想不到的事情，不管是进入佛教还是进入商界。我们似乎沿着完全不同的道路在走，不过我们展望未来时却发现我们的共同点要远比我们预想的多。

罗伯特：幻想还是现实

很讽刺的是，我离开卡内奥赫海湾的海军空军基地时的状态远比我在部队正式服役时更像一名合格的海军。我离开的时候，对海军部队和海军的荣誉了解得更深了。我更好地理解了如责任、勇气这样的词语。我更能体会"真话能让你自由"这句格言，还有"为什么谎言是懦夫的专利"。

我最后明白讲真话是需要勇气的。

我很清楚地知道为什么很多人都觉得不自由,尽管他们住在"自由的国度"。还有为什么很多人缺乏勇气,尽管他们住在"勇敢的国度"。

我还记得我行最后一个军礼的样子,那是在向年轻的海军保卫回礼时,我想起我的一生,回想有多少时间花在接受和回军礼这个姿势上。从我的后视镜里看到海军基地越来越小,突然一股巨大的失落感席卷了我,那时我正驶向山区,进入檀香山的全新世界。

那个新世界就是商界。

我很思念军队,我也意识到离开给了我重新设计生活的机会。我更成熟,也有更多的经验,我能够为自己的未来作出更明智的选择。我记得我还是孩子时大人老是问我:"你长大了想做什么?"现在,27岁,我觉得是时候问自己这个问题了。

我对未来有什么看法呢?

因为更有经验,我觉得我有了不同于以往的答案。随着年龄的增长,我也觉得自己更了解自己了。我开车进入穿越山体的隧道,这一隧道将军队基地和檀香山隔开。我的思绪回到我10岁的时候,那时候我就想去海上做一位船员。我也想起在21岁时,我决定去飞行学校做一名海军飞行员。

在27岁时我不再想做船员或飞行员了。27岁时,我认为航船和飞机都只属于小男孩的梦想。

我走出隧道,檀香山这个城市渐渐呈现在我面前,我很感激能有这次机会重新选择我的道路。

我一回到怀基基的公寓就脱下了军服,换上了便服。我意识到我穿军服已有9年多了。我将这些军服全部打包，再也不打算穿了。我将生命投入了这么多到部队，我的生活，还有我的现在都能通过这些军装所体现，现在，我要和它们说再见了。

大概一周后，我开车去檀香山的施乐公司求职，穿一身蓝色西装，白衬衫，打领带。我要看看新世界，穿这身新衣以后，我要成长为一个新人。直到现在，这身衣服我仍然在穿。

从1965年到1974年，我并不太了解我妹妹的情况。那段时间我们很少交谈，因为她在寻求和平，而我在参战。

接下来的10年，我对她的生活也不太了解。我听说她和女儿住在长岛的山区。我爸爸经常对我抱怨她的生活方式，觉得他需要保护他的外孙女。不过我不太在意他的这些抱怨，我自己也有很多变化。我妹妹和我爸爸的世界都和我的不一样。

1974年到1985年之间我们都有很多变化。

关于女人

这段期间我的生活中没有多少女人。在部队里机会很少，因为那里男人远远多于女人。至少那是我的借口。那时我生活中的女人主要是部队里的妓女，我也很喜欢这种关系。

1974年，我想要弥补这一切。我在公司、教堂、酒吧，还有研讨会上遇见了很多好女人。

关于教育

我可怜的爸爸建议我回学校拿到硕士或法律学位。我去了夏威夷大学的法律学院，我很快意识到我没有天赋也缺乏做律师的兴趣。我又申请了工商管理硕士，但被告知我需要多修一个商业课程才能被接受。

我想修这种课程的想法持续了大概2个月，很快我就发现我不想再接受这种传统的教育了。

参加埃哈德培训后，我发现我对这种个人发展的培训课比传统教育更感兴趣。我喜欢参加这种课程来扩展我的思维和精神，而不是和我的同学比分数。我的大部分周末时间都花在不同主题的讨论会上了，我还参加过关于全脑学习、密教性教育、重生、神经语言学及生活回归等讨论会。我甚至还参加了一个与死人交流的课程。

没有人回应我，甚至连我妈妈也没有。

在这些课程里面，我常常遇到这样一个概念，我们的灵魂是有目的的，这个目的不仅仅停留在做一名员工，或者做政府的卫士。就是这个关于生命有更高目的的概念激起了我的兴趣。

在财务方面，我参加了投资和商业技巧课程，不是为了分数，而是想要成为更好的投资者和企业家。

与钱共舞

在富勒博士进行的一项调查中，他写到："政府就是在与钱共舞。"

我对他谈论的是科学与数学的合作不是很感兴趣。不过他解释了富人如何通过政府官员操纵金钱系统，实际上就是从辛苦挣钱的诚实人手里偷钱的，对此我很感兴趣。

这句话并不是他第一个说的。我的富爸爸曾经生气地谈论过富人如何通过财政欺骗从劳动人民手里骗钱。肯尼迪总统也常说人们如何利用参众议员通过法律来让富人变得更富。肯尼迪强调了总统的角色应该是代表人民而不是富人。现在富勒博士也说着同样的话，说贪婪已经占据了整个世界。

我还听他说："富人通过政府，通过选举政客，让他们的律师和会计合法地把他们的手伸进你的口袋，将你的钱放进他们的口袋。"我的耳朵都竖起来了。

有时候我们对一些事情要到听到不止一遍，不止一个人说时才会相信。富勒博士说了我的穷爸爸和富爸爸及艾森豪威尔和肯尼迪总统都说过的话，所以这些话就更有分量了。

富勒谈到我们每个人在这个地球上都是有使命的，那就是我们的工作。他谈到我们每个人都有上帝赐予我们的特殊的礼物，就是用我们的工作帮助我们来发展自己的天赋，这是我们在这个世界上的使命。他很确定我们来到这个世界并不仅仅是为了赚钱。他还很确定人类生活在地球上是为了创造出一个让每个人都受益，而不是专为富人和西方人服务的世界。

他认为把我们的经济系统都建立在一个名叫托马斯·马尔萨斯人所建立的经济理论之上，是非常荒谬的，因为这个人宣扬的是稀缺经济而不是富有经济。富勒在他的谈话里经常提醒我们，上帝和圣灵是富足的，对我们也是慷慨的。一些人声称上帝只对他们慷慨，又将上帝给我们的礼物卖回给我们，就像石油公司正在干的那样，这让他很困扰。

关于生活方式

我早知道在我灵魂里我想要变富，我知道我想要一种富有的生活方式，不是我父母那样的中产阶级的生活方式。我并不确定怎么才能变得有钱，但是我就知道在我灵魂深处我想要富有。

在精神上，我并不崇拜金钱，也不想成为金钱的奴隶。我很清楚这一点，主要是因为我父母有一些很节省的朋友。他们很有钱，但是他们很节俭，他们说金钱是万恶之源。对我来说，这种态度只是把金钱当做他们的信仰或者害怕的上帝。

我只是希望自己富有，包括心理上、物质上、情感上和精神上。我希望变成迈达斯国王，凡是我碰过的东西都变成富有的。我愿意勤奋学习、努力工作、发展我的精神，这样有一天我能真正成为一个富人，而不是中产阶级的一员。

爸爸的晚年生活让我对未来有了一种看法。他受过高等教育，工作勤奋，有社会责任感，而晚年却在打临工赚钱，名下的储蓄和投资都很少。他完全依靠政府的财政和医疗帮助而生活。

我从不曾料想会目睹爸爸的困境，正是这个原因促使我开始了致力一生的工作。今天，我想可能是我爸爸的困境让我更接近我的人生使命，也许这也是我写下《富爸爸穷爸爸》，创造现金流游戏，还有我努力对全世界进行财务教育的原因。正是这种对未来的看法最终带给我关于未来的使命。

关于欲望和爱情

这些年我遇见过很多好女人，我也对其中一些动心过。在1974年到1984年间，我深刻地明白了对于爱情我还没有准备好或者不够成熟。我没有哪段关系成功过。我遇见过好女人，不过我还不是一个值得好女人爱的好男人。

现在我和金结婚了，我很感激，我明白了欲望和爱情之间的差别。如果我还没有明白这个差别的话，我今天就不会有这么好的婚姻了。

关于金钱

在我去过的一些教会里，我知道一些人向上帝祈祷解决他们的财务问题。很多人似乎都认为上帝应该帮助他们，就像很多人认为政府应该帮助他们一样。在我参加过的一些提倡自我发展的培训课上，很多人认为积极的思维能够带来成功，或者将你的目标写在纸上每天看一看也会有所帮助。

我不太相信这种意愿就能带来金钱。感谢我的富爸爸，我相信财务学习、经验、技巧、工作和专注可以解决金钱问题。但似乎很多人，不管他们去不去教堂，都相信上帝会帮助我们，而且很自然地就忘了那句话的后半句，"给予然后你才能收获"。

在一个教堂，我听见教士说："我们应该相信上帝能够帮助我们，但是你也必须做一些工作。信仰脱离了实际也是空想。"很多教会强调纳税的重要性，这意味着对上帝的回报。这再一次地说明虽然很多人想要金钱，不过一谈到给予时，他们就宁愿站在收获的那方。

我的富爸爸常说："先给予你想要的。如果你想得到微笑，那你就先微笑吧。如果你想在嘴上挨一拳，那就先打别人一拳。如果你想要金钱，那就先付出金钱。"他还说："穷人穷往往是他们给予的不够。他们常说，我有钱的时候我才能给啊。这就是他们钱不够多的原因。如果你想富有，那就先付出，你想要钱更多，就付出更多。"

关于找到生活目标，发挥天赋

在这些年里我参加过的一些教会和研讨会上，我发现上帝给予了我们每个人一份天赋。我们人类的工作就是发现并且利用我们的天赋为人类造福。尽管那时我并不知道我是否有天赋，我还是相信我拥有给予的能力，并且更多的是想给予而不是去祈祷上帝的帮助。我重视慷慨和服务，认为它们能带我实现梦想。

今天我发现很多人不愿拿出他们的天赋有两个原因：一个是他们没意识到；二是即使他们意识到，他们也不会想努力给予出来。很多人认为天赋来的是很简单。比如说，泰格·伍兹就是天生的高尔夫高手。尽管他有天赋，但他还是通过努力训练才把他的天赋向世界呈现的。很多高尔夫球手也许同样有天赋，但他们没有泰格·伍兹那么努力来挖掘他们的天赋。

关于性格和性格缺陷

在教堂和研讨会上，我也发现人的性格对于发挥天赋很重要。天赋虽然是上帝赐予的，但也需要人充分发挥性格优势才能表现出来。这些年，当我让自己的性格缺陷掩盖了性格优点时，我的天赋就减少了。我发现如果我想要有更好的结果，我就得磨炼自己的性格，不让缺点压倒优点。

正如我之前所说的，性格的优点和缺点是一个硬币的两面。

在一次研讨会上，我突然意识到很多人没能充分发挥他们的性格优点，是因为他们意识到自己的性格缺点和黑暗面很强大。在那次研讨会上，演讲者很有技巧地展示了在压力之下我们的缺点是如何表现出来的。比如说，一个一直很诚实的人在压力之下突然变成了小偷，或者一个性格和善的人显露出背后凶残的一面。

压力和挑战能展现出人们最好的或者最坏的一面。在那次讨论会上，我意识到如果我要挖掘我的潜能，我就得想办法把自己的黑暗面改掉。我相信自己今天能更加正直，是因为我能接受年轻时那个害羞的好男孩和年轻时那个冷漠直率的海军这两个自己，并且融合两者的优点。

关于生命的使命

在教堂和讨论会上，我也学到了我们生命的目的或者说生命的使命是挖掘我们的天赋，发展并且使用它。

我去施乐公司工作的原因就是要克服我的害羞和害怕拒绝，还有学习销售技巧。富爸爸说过销售是企业最基本的技巧。在公司待了4年后，我最终达到了自己的目标，成为了最优秀的销售人员之一，收到了很高的经济回报。

问题是我发现自己很难一直保有动力。在参加了这么多不同的讨论会后，我知道我生命的使命不是提升职位、赚更多的钱、往管理层上爬。销售静电影印机的最新款式并不能让我兴奋，即使我可以赚很多钱。

尽管我天性喜欢竞争，但我并没有打败IBM的打算，当时他是我们最大的竞争对手。我发现另一种使命越来越强烈地吸引我，我需要的是更加勇敢，而不是向上爬梯子。

关于奉献、决心和自律

从富爸爸那里我学到了商界里有四种人，他们通过以下的四种现金流来区别：

我们的学校体系在为人们提供职业训练，在培养E和S方面做了很多工作，但问题是地球上最富有的人们是 B 和 I。

▲ E 代表职员，S 代表自主创业的人、小公司老板或者专家，B 代表大公司老板，I 代表投资者

从富爸爸和自我发展的讨论会上及教堂那里，我发现在以上四个方面成功都需要付出。

1974 年，我决定不去遵循我穷爸爸的脚印，就是做一个 E，有一份稳定的政府职位，或者听我妈妈的话做一个医生，最多是个 S。我决定长大后要做一个 B 或者 I，一家大公司老板或投资者。带着这个目标，我开始构想我的未来。

我告诉我富爸爸我想做一名企业家后，他问我是否愿意花 40 年探索。我问他为什么要 40 年，他说："因为那是上帝将摩西和他的族人带往希望之地之前他在沙漠流浪的时间。"他说："大部分人不愿意花 40 年流浪，他们就想得到简单点的一份工作，安稳领取一份工资。"

"他们从来没有找到希望之地，那个充满牛奶和蜜糖的伊甸园，人间的天堂。"他们放弃了寻找自己的使命，没有找到自己的精神家园。

对我妹妹信仰的考验是佛教，对我的信仰的考验是资本。在我人生的后半部分，我想找出我是否有这个天赋。

2014年将会是我结束在B和I的部分流浪并找到自己的蜜地的时候，2014年，我会发现我的信仰是否能经受得住考验。

但是，1981年那年，我却发现自己破产了，也离婚了。尽管我不笨，也不坏。我建立了自己的公司，但结果公司还是失败了。我品尝过成功，建立了第一家投资和销售尼龙和维可牢防水钱包的公司。马上又发展成专为摇滚乐队加工产品的公司，如粕乐斯、范海伦、乔治兄弟、杜兰杜兰、铁女人等。有一年我几乎成为百万富翁，同时，我又陷入了爱河，和一位好女人结婚了。

但我让财富、成功、贪欲及爱情冲昏了头脑，我变得骄傲自大，买豪车，还开始偷情。我的性格优点又变回成缺点，从而导致了自我毁灭。我没有遵守并依靠自己的承诺，而是让自我的黑暗面占了上风。

我又重蹈在海军部队时的覆辙了。很明显我需要更深的灵魂探索，如果我还想获得力量并在生活中继续前行的话。我们见过很多优秀的人因为性格缺陷而失败，我就是这样，第二次了。

悲哀的是，其实我知道那些简单语言的威力和遵守承诺的重要性，我在很多研讨会上，还有童年时参加的教会活动上，都反复听到过这样的话。

有句话叫"道成肉身"，但当时与我的生活毫无关联。但是在1981年，在很脆弱的情况下，这些话就像是电流在我大脑中击过一样。

这样简单的语言，真的有这么大的威力吗？简单的语言，真能决定我们生活的质量吗？我们的生活真的就是我们语言的简单反映吗？

真有那么简单吗？

我很吃惊，穷人与富人的差别真的就是是否遵守承诺吗？快乐的人和沮丧的人的差别就是他们对自己说着不一样的话吗？诚实人和骗子的区别就是说的话不一样吗？百万富翁与千万富翁的区别也是语言不一样吗？

我突然发现牙医和律师，两种都是聪明的受过培训的人，其区别就是他们在职业中使用的语言。我想得越多，我就越意识到语言的力量，我们确实是道成肉身。

这种意识持续了一分钟，之后，我又回到了正常的思维。这种意识的影响消退了，不过我再也不会忘记这个顿悟。简单来说，我们的大脑就像是汽车的发动机，语言就是汽油。如果我们往汽车里加质量较差的汽油，发动机的性能则不会很好。我们大脑与语言的关系就是这样！

我意识到我的语言——我兑现承诺的能力或者对这种能力的缺乏，还有我说过的话，成了我的肉身。我就是我的话语的产物，我失去了一切。我现在的自言自语、我头脑里面的语言正告诉我我的生活一团糟，确实是这样。

我叫自己失败者，我正在经历失败。

我清楚地意识到需要改变，而且更意识到我需要帮助，我开始寻找新老师和新答案。那一年，1981年，我开始跟随富勒博士学习。

富勒博士是在我穷爸爸和富爸爸之后对我人生有重大影响的第三人。人们称他是20世纪最有原创性的头脑之一，他是一位未来主义者、一位作家、发明家和哲学家。他的很多预言在我们的时代都实现了。富勒博士对语言也有他的看法。

他说语言是人类创造的最强大的工具。

埃米：选择

罗伯特说过，人们听过一些话，可是没能理解其含义。基督教里面也说"道成肉身"。他问过："语言这么简单的东西能够决定我们的生活吗？我们的生活就是我们语言的简单反映吗？"他仔细回想我们在职业里使用的语言。

同样的，我也认为语言是我们头脑的反映，是我们信仰的关键。

他问过富人和穷人的差别是否就是他们的语言。我们使用的语言是我们头脑和心理状态的反映。我们使用自己职业的常用语言，我们也用语言表现出我们如何看待我们的生活状态、我们的社会关系和我们与金钱的关系。在每一种职业里都有功成名就的人，也都有潦倒贫穷的人。政治家、商人、农民、僧侣都是这样。

如果在高中时，有人告诉我将来要做比丘尼，我肯定受不了。我以前从来没想过要做比丘尼。我在大学时选的专业是心理学和教育学，但是我一直在流浪，追寻意义成了我生命的一部分。

我的哥哥，则更专心。

其实最初我想的是学习社会科学，但是我爸爸不赞成，而且那时候我又很容易妥协，而不是为自己的立场辩护。他建议我学更具体的科学而不是"伪科学"，他是这样称社会科学的。罗伯特则相反，爸爸质问他："你为什么想做海军？"但他就是直接去这么做了，他不在乎别人是否赞同或允许。

我们都有自己叛逆的方式。罗伯特就是不顾他人的意见自己去做，我则是暗暗地追寻新的生活方式和道路，体会生活。我们的差别很大。直到1968年，也就是我怀孕的那一年。

艾丽卡出生后，我抚养她，我要学习很多新东西，比如怎么照顾她、怎么赚钱养活我们俩。我一边承担这些，一边继续寻求我的道路。

我和艾丽卡搬到夏威夷山区后，我靠福利救济生活，这事要是让罗伯特知道了他一定会气死。现在回想起来我也觉得很丢脸。我爸爸一直都认为政府应该照顾人民，但是社会救济应该也不是他所想的。他后来知道了这事，不过我们没有谈论过。他可能会问："你为什么不去找份好工作？做个公务员？"就像他曾经对罗伯特说过："在海军好好干，退休就有保障了。"

这是他能接受的政府照顾人民的方式，社会救济则不是。

我为自己接受社会救济找的正当理由是我正在为他人"服务"。我在研习精神，我用从政府领的钱帮助他人，我们盖房子、建浴缸，谁愿意都可以加入我们的工作。我遇见了很多不平常的人。

我是社区的一员，正在寻找完美的乌托邦，我的人间天堂。我身边有一群有着同样想法的人，我们有很多共同点，但最主要的一个共同点就是都领社会救济金。我们一起为这一行为找正当理由，回想起来，我那么安心地接受社会救济也是因为我身边有很多人都心安理得地接受着。

这一切直到我遇见一位曾经在妇女联谊会一起工作的女人后就开始发生了改变。她告诉我政府只为带有小孩的单亲妈妈提供救助，所以她的计划就是接着生小孩。

这让我很不安。

在内心深处我知道这样做是不对的。几个月后我去檀香山政府申请食品补助时又有一件事情对我触动很大。那儿很拥挤，就像命运注定的，帮我办手续的又是和我在妇女联谊会一起工作过的人，她负责审查我的申请。我很尴尬，她却很现实地说："我们在生活中都会不断变化。"这句话分量很重，那是让我改变并走出社会救助的一个信号。

艾丽卡四岁时，我不再领取救助金，决心再也不能这样了。这很难，因为我的学习对我很重要，我挣的大部分钱都花在精神和个人发展之类的讲座上了。我的经济条件很困难，但我知道那些讲座我必须听。同时我发现要和我的精神道路保持一致，我必须更有道德，走出社会救济——为我自己也是为我的孩子。

社会救济正在让我失去斗志。

此外，我领取社会救济也和我渴望精神自由有直接冲突。佛陀说我们有获得自由的能力，但我们必须努力。佛祖说这叫觉悟。是该抛去那些让我"心安理得"的领取救助金的谬见并重新成为一个正常的人的时候了。

佛教吸引我是因为佛经很好，老师也解释得很清楚。另外一个原因是我认识的大部分老师都很善良、乐观，对生活充满幽默和热情。这些正是我想培养的品质。

我得学会遵循自己的精神要求，按照我爸妈教导我的道德原则而不是靠政府的社会救济去生活。我相信沿着我的精神道路走下去，我就能获得力量。不过我也得保证我不是从一个机构转向另一个机构。这一次，是我自己走的道路，我必须睁大眼睛走下去。

我决定去阿拉斯加工作，这样我就能挣够去印度旅游和学习的钱，我请求我的前夫照看艾丽卡一年，他同意了，所以她从科罗拉多又回到了夏威夷，他给她在檀香山的一所日本佛教院报了名。留下她这个决定，我知道这是一个母亲最不应该做的。她非常想和我一起去印度，可是我也知道我没有足够的钱供我们两人去，更别提她在那儿的生活费。

我也担心她在那儿可能会生病，毕竟她还小。不过我确实很想带她一起去。我希望我们能一起体验印度，但是经济不允许，只能作出这样的牺牲了。

我的决定是离开科罗拉多去阿拉斯加工作，然后去印度，这样的计划让我身边很多人都不理解。我的前夫认为我这个决定是不负责任的，他认为我是个怪人，我爸爸也很关心我的发展，我妈妈想让我再回到学校，我的行为他们都不理解。爸爸妈妈希望我的生活稳定而且有保障。我必须走自己的路，尽管我意识到我也许找不到我寻找的，但是我也愿意承担这个风险。

我身上有一种特别强烈的动力，在我生命中我第一次不被反对所阻挠，不管是否得到允许，我都要继续前进。我知道我想要的，我的脑中和心里都没有疑问。我必须去印度学习，尽管这意味着我必须在一年多的时间里放弃做母亲的角色。

今天，我意识到这就是对我的召唤，我在寻找精神的完整。那时，就像是身体里有一股暗流，告诉我该怎么做。这种召唤如此热烈，我知道我必须走下去。有时候召唤伴随着牺牲和挑战，那时确实也是这样的。某种程度上说是很满足，但是还有一部分是不平衡的，艾丽卡和其他小孩一样，特别想和妈妈在一起，但是我的经济困难和我去印度或其他地方学习的需要，让我们不得不分开。回望过去，我错过了一些她成长过程中很宝贵的时光。

第8章
旅途的食物

富勒博士认为自己是一个很普通的人。不过根据他的名气,他被认为是美国历史上最有成就的人之一。

他的生活在很多方面都让我们有所领悟,直接的或者间接的。他是基拉韦厄火山附近的测地圆顶屋的设计者之一,在70年代和80年代,他和埃哈德一起在美国各地演讲过。

他将生命投入到培养个人挖掘潜力方面,大公司甚至政府都没能做到这点,用他自己的话说:"用科学的办法来解决人类的问题。"他被称为"地球的友好天才"。

罗伯特:寻找压力

我还是孩子时,就意识到我生活中有两种障碍。

第一,我天性很懒,这种懒导致了我退学,在这些年里也浪费了我很多钱。

第二,我没有特殊的才能。我没有特别擅长的事情,没有专长,我很平庸。

我知道我天性很懒，意识到如果我想做成事情，我就得找到不能允许我懒惰的环境，冲浪很适合我。如果我懒，浪就会压倒我。我有一个朋友，在我们落日海滩冲浪时死掉了。他遇上了一个很大的浪，转的时候又慢了一点，就这样他被吞没了。几天后，搜寻者才找到他的尸体，他的尸体被鲨鱼撕咬过。

富勒不冲浪，他航海，他常说陆地上的人和海上的人不一样，因为海上的人尊重自然的力量。在海上度过了很多时间后，我也学会了尊重自然的力量。

足球也适合我。我并不是特别喜欢足球，但我需要球类游戏的纪律。懒人不适合踢足球，训练强度很大，由于一直担心身体被人撞伤，我老学不会教练口中的"猫步"。即使练习时，被发现偷懒也会罚你多跑两个圈。在运动中偷懒就是意味着别人在玩，而我却要坐在沙滩上。

我去美国商船学院也是同样的原因。我知道严格的军事学习环境是我能毕业的最好环境。纪律极其严格，全年无休。如果我去夏威夷大学，肯定早退学了。

即使在军校里，我也寻找纪律更严格的训练，所以我参加了划艇队。冬天在冰冻的长岛海峡划艇很辛苦，我的手和屁股都常常流血。但是这种痛苦让我从对学校的厌倦中解脱出来。

从学院毕业后，我又加入了海军部队，在那里懒惰就是耻辱了。这意味着你会让所有的战士蒙羞，这是绝不能允许的。而在越南，懒惰就意味着死亡。

这也许是我今天做企业家的原因。对于企业家来说，懒惰就意味着破产。在很多国家，像法国和澳大利亚，很难因为偷懒而解雇员工，但是企业家却每天都有被解雇、被淘汰的。这也是个不能容

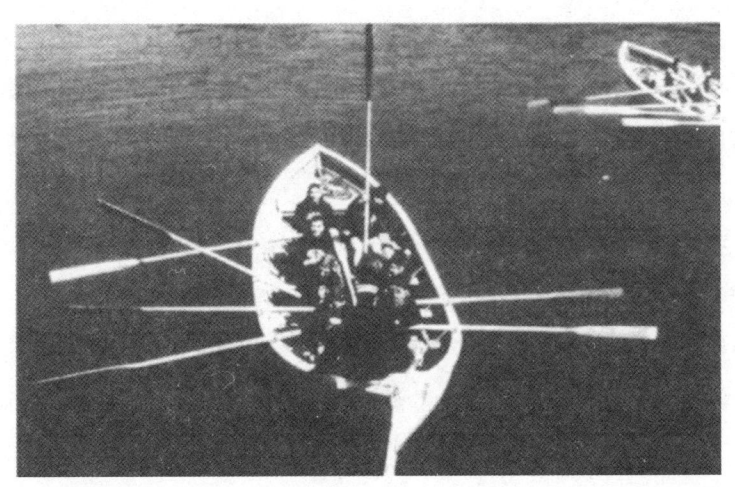

▲ 在纽约美国商船学院，划艇是强度最大的活动。罗伯特在最右方，桨竖在空中。

忍懒惰的环境。

找到能够让我在心理上、精神上、身体上、情感上感到触动的环境，我就觉得自己进入了改变意识的状态。今天这被称做"区域"，我经历过很多次。在踢足球时，我可以接到别人接不到的球，或者完成一个似乎不可能的动作。这种压力使我能够超常发挥。我超越了自己。

有些治疗师把这叫做"强迫沉思"。

划艇比赛的时间大概是 10 分钟。在最初的 4 分钟之后，你就没力气了，接下来的 6 分钟完全是靠毅力。非常痛苦，只有精神力量支持你继续划船。全组 8 个人，意志力最强的小组则会胜出。

也有几次在越南我和同伴本是要牺牲的，结果却没有。此外，还发生了一些别的类似的事情。在这样的情况发生后，我们常问自己："为什么我们活下来了？那些人却死了？我们是怎么脱离困境的？"

我妹妹常沉思，而我却从来不。我通过压力找到了属于我的区域。普利高津 1977 年发明了耗散结构理论获得了诺贝尔化学奖，他相信压力能促进智力的发展，而处于紧张情况能让我超常发挥。我发现这都是因为我天性懒惰。

我将生命中的大部分时间都带到临界点，正如普利高津所说，这样会带来压力，压力又会带来改变，大部分人则正好相反，他们选择简单，就像我附近的人绕着圈慢走，以为这是在锻炼，其实一点也没用。他们在运动，但是没有压力，所以他们的身体也不会有变化。高强度的运动员，知道他们必须达到自己的极限，然后再超越，如果他们想变得更强、更好或更快的话。超越自我才能有进步。

我 15 岁刚踢足球时重 240 磅，到赛季结束时，我变成 195 磅，而且身体更强壮了，这完全是高强度训练的结果。炼钢时先把金属加热到很红很热，然后丢进冷水冷却，就是这遇冷的压力强化了金属。这是普利高津说的。就像钢铁一样，人类也可以通过压力变得更强大。

我们很多人可能都有过超越极限的感觉。肾上腺素激增，那就是一种超越的感觉。

我发现我其实需要压力是为了放松。很多人打高尔夫能放松，但是我不能。我打的时候偏偏什么都想，就是不想高尔夫球。我只有在受到极度压力的时候才能放松，所以我喜欢极限运动。我打橄榄球的时候头脑里除了球就什么都不想了。

1974 年到 1980 年，我想全力提高智力。我选择去施乐公司工作，就是为了训练我的大脑去做企业家，其余时间我用来打造自己的意志力。我的销售同行们在家看足球或在酒吧泡妞的时候，我总是在培训班或者讲习班中追女孩或者找答案。

我是想通过提高智力和意志力来改善经济状况。爸爸认为我去这些培训班就是在浪费时间和金钱。对他来说，只有有名的大学，例如斯坦福大学和芝加哥大学——他上的大学，才能提供真正的教育。尽管他没有毕业，但说起他在那儿学习过他就会感觉很自豪。爸爸总是想不明白为什么我参加的培训班都不是为了拿学位、升职或者加工资。

我的富爸爸能理解我的行为。他高中没毕业，也没有大学学历，但他一直去参加培训班，例如戴尔·卡耐基课程。他重视个人发展。我的穷爸爸知道我的富爸爸坐飞机从我们的希洛小镇飞到檀香山就为了参加销售课程或者听励志演讲，他就觉得他是在浪费时间和金钱。

我无法和穷爸爸讨论我所学到的，他不想听任何不给学分的学校的授课。另一方面，我会和富爸爸用几个小时时间来谈论这些，他知道成功是和心理有关而不是学术，他对个人力量比高级学历更感兴趣。

富爸爸知道潜意识比意识更有力。他知道潜意识可以是我们最好的朋友，也可以是最坏的敌人。他知道潜意识和意识教育都很重要。

我的亲爸爸——就是我的穷爸爸——只重视对他的意识的教育。

我参加过传统课程和个人发展课程，明白这两种形式的意义。传统教育很重要，特别是你想做医生或律师，或在公司或政府得到提升。个人发展教育也很重要，如果你想在个人、情感和精神上有所发展。

这两类教育差别很大。传统教育主要重视教育人的意识层面，提高智力，避免错误。个人发展则重视培养精神。他们强调动机，

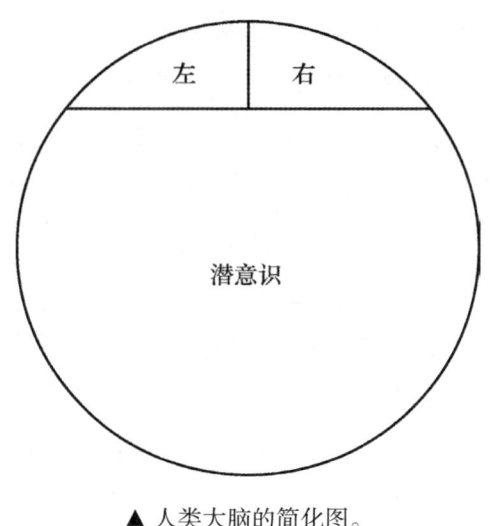

▲ 人类大脑的简化图。

发挥人的潜能、冒险和不怕失败、百折不屈的精神。他们重视潜意识的开发,充分利用潜意识。

我邀请我的穷爸爸和我一起去听讲座,因为我认为他需要学会如何再次站起来。他一直是很优秀的学生,直到他竞选失败,他以前从没有失败过。他很痛苦。他还有聪明的大脑,但是他失去了意志力,他的精神萎靡了。

1980年,我失去了我的第一个公司和第一个一百万。如果不是我参加了个人发展课程,我也许就会一蹶不振了。但在我又弄砸了两笔生意后又赚到了100万,然后开始慢慢发展壮大。我们都知道,重要的不是你跌倒过多少次,而是你能重振信心多少次。

金克拉是最伟大的励志演讲者和畅销书作者之一,他是一位虔诚的基督徒,他的个人魅力影响了很多听众。他的书《与你在巅峰相会》里写了很多宗教原则,都是用平常易懂的语言写的。我见过他本人,他是我见过的最优秀的人之一。他是一位真正的基督徒,他的一言一行都符合他所宣扬的和书写的。

今天的奥普拉·温弗瑞是个人发展领域中最优秀的女性之一。她激励了全世界上百万人民,她碰触到他们的心灵和头脑,鼓励他们站起来对自己的生活负责。

▲罗伯特有幸见到奥普拉·温弗瑞。

很多网络营销和直销的公司,在培训中都有关于个人发展的内容。这也是我赞同这一课程的原因。它确实有很多优点:不仅让人重拾信心,还教会他们如何经商。我赞成这些能够教会人们如何在真实生活中生活的课程。

个人发展课程教会我们创造自己的现实生活。让我给你讲一个例子。我因为不会写作而英语不及格,在15岁时曾退学,我的心里很难受。这种痛苦在我的灵魂上刻下了一道伤疤,我觉得自己让家人丢脸了。我很羞愧、很难堪,被同学嘲笑。这种痛苦让我有了这样的想法：我很笨，我永远都很笨，我永远都不会聪明起来。

这些想法，还有伤心、气愤这些情绪，在我相信自己很笨、学业很差后就变成真的了。我能大学毕业完全是因为我坚强的意志。在学校的每一天，我都必须面对我的这些负面想法。

我在科学课上学到两种物体不能在同一时刻占据同一地方，比如你不能在放一辆车的车库里停三辆车。在我后来的一些个人发展课程上，我发现两种想法也不能在同一时刻占据同一地方。拿我做例子，只要我还有"我很笨"这个想法，我就不可能有"我很聪明"这个想法。只能在伤心和气愤这些情绪消失后，我不再认为"我很笨"时，"我很聪明"这个想法才可能出现。

一旦"我很笨"这个想法消失了，我对学习的渴望就又会出现了。1974年，我27岁时又重新做了学生，一个极富学习热情的学生。

这是我参加个人发展课程后的个人变化。我能治疗高中时期的心理伤疤，很有意思的是今天我成了有名的作家，而我15岁时就因为不会写作而退学。要不是个人发展课程，今天我可能还是智障，你也就读不到这本书了。

同轴圆

很多个人发展课程源于东西方的宗教，重在发掘精神力量。我学过同轴圆，来源于东方的大教育家孔子。你看孔子关于生命的同轴圆，前5个就是精神、头脑、身体、家庭和人性。

圆圈由内至外，依次是精神、头脑、身体、家庭、人性、自然、宇宙和神灵。

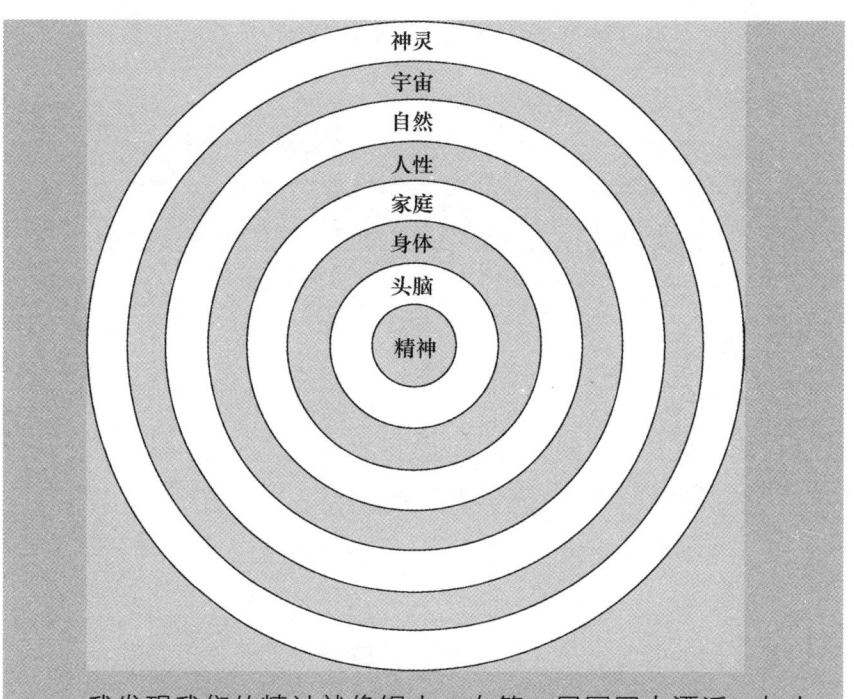

我发现我们的精神就像锯末,在第一层圆圈中漂浮。加上第二圈头脑后,我们的思绪就像黏合精神的胶水,让它们成为一体。我们的精神和头脑合为一体后,它们则在我们的身体里体现出来——第三圈,这时我们的思想就成了肉身了。我们的思想就成了我们自己,我们就这样为自己创造了真实的生活。

你去按摩时,按摩师会摸你的脊椎是否是一条直线,如果不是,你的生命之气就不能到达身体各部分,这样身体就会虚弱。

生命圈很像人的脊椎。很多人在情感上、心理上和身体上都不通畅。如果这些阻塞严重,人的精神与上帝之间的生命力就会减弱,如果上帝与人的灵魂之间的沟通被阻塞,人们的力量、他们工作和创造的能力就减弱了。很多个人发展课程、治疗、自我帮助和宗教课程都是为了重新架起人的精神和上帝之间的桥梁。是否需要增加个人力量，是否需要帮助，则完全取决于个人。

今天，似乎每个人都有个人教练。很多教练都使用融合东西方宗教、现代心理学和本地文化的人类潜力挖掘方法。我的富爸爸是我最早的教练之一。今天我在很多方面都有很多不同的教练。有个教练帮你挖掘潜力、增强信心，这样你生活中无论遇到胜利还是挫折都不会感到迷惘。

力量的定义之一就是：有能够做到和创造的能力。我参加这些课程的原因就是想重获力量。我觉得如果我的个人力量在家里、教堂、工作或学习时受到压抑，那我就是受到了某种阻碍。

我在培训班学到的另一点就是"我们的想法不属于我们自己"。

"我们的想法不属于我们自己"，这个概念意思是说我们的思想可以是我们的朋友，也可以是敌人，破坏了我们梦想的敌人。在参加培训前，我一直认为我的想法是我的朋友。那之后，我意识到，我的想法大大阻碍了我得到在生活中想得到的东西。明白了这点也让我更好地理解了，为什么想变富的穷人还是穷，想变瘦的胖子变得更胖了，寂寞的人还是寂寞，很多有才华的人并没能成功。

培训课教会我的一点是我们的思想常常让我们做一些我们明知道不该做的事情。我们知道我们该说真话的时候是我们的想法让我们撒谎，是我们的想法让我们有时候去作弊，我们明知道该遵守规则，但是我们的想法让我们有时候去做我们知道本不该做的事情，特别是在我们的意志力抵抗不了大脑的想法的时候。

培训课老师说每次我们在精神上或道德上犯错误并且撒谎，尤其是对自己撒谎的时候，我们就牺牲了一点个人力量。如果我们想重获个人和精神力量，我们就必须全盘托出一切真相，面对可能的后果，就像我告诉长官关于我喝酒、带女人去海滩的事情那样。简单地说，我们有增加自己个人和精神力量的能力，如果我们有说出真话的勇气的话。

培训课也让我想起教堂。在教堂里，也有类似的关于真相的力量的说法，只是表达有一点点不一样而已。在培训课上这些意思表达得更明确，而且还常有自我矛盾的地方。我发现很多人（包括我自己在内）都很难做到全盘说出实话，这很有趣。似乎只有那些不犯错的人，才能够值得我们托付我们的小秘密。

随着时间的流逝，语言的力量在我参加过的很多的课程上都反复被强调。

1981年我参加了名为"商业的未来"的一门课程，地点在加州和内华达的边界，在太浩湖附近的滑雪胜地。这一课程由富勒博士主讲，为期一周。这个课很无聊，很让人难受，很多次我都想离开了。不过不知道什么原因，我还是留下来了，我很高兴我坚持到了最后，因为在最后一天我经历了人生中最重要的一个转变。如果我早点离开了，我则不会写这本书了，你们也就不会看到现在的内容了。

我遇见过富勒两次，每次状态都不一样。我觉得我是进入了一种与现实平行的交叉空间。这两次相遇，虽然与我从压力和危险状态中的收获相比不太一样，但是感受同样强烈。我感受到更多的是同感而不是艰苦，我之前参加的组织（足球、划艇、部队）所感受到的都很艰苦。

但我在富勒身边，感受到的不是艰苦而是共鸣。

最后，我还得感谢我的懒惰。我要求自己永远也不被懒惰打垮，我不允许自己说"我做不到"或者"做不了"某事。这就是懒惰，我不允许自己的懒惰影响我的未来。

我的未来就是今天。

这就叫报应。

今天我有两种"域"的状态，我两种都用：一种是艰苦，一种是同感。每种都能带我到相似的地方，这是一种幸福感，我不再担心后果。

当我听说有人有经济压力或担心失业时，我忍不住会想他们身处这种状态就是因为给他们的压力还不够大。他们没有跨越自己忍受痛苦的极限。在一个早间新闻报道里，我记得看见一个女人，因为延迟4个月付房款而面临房子被没收的窘境，她痛哭流涕。记者问她打算怎么办，她的回答很让人惊讶："我只希望一切能好转。"这让我想起儿时的牧师说过的一句箴言："只有绝望的人才有希望。"

当我听到富勒博士说他认为自己只是个没有特别才华的普通人的时候，我则是深有同感。就像我在海军里行为不良一样，他也是因为两次逾规而被哈佛大学两次开除，最后在美国海军学院修完学位。他说自己没有特殊才华，可是他却有这么大的成就。美国建筑院授予他金奖，虽然他没有建筑学的学历。哈佛大学称他是他们最优秀的毕业生之一，虽然他没有真正从哈佛毕业。他写了25本书，有2000多项专利，虽然他不专攻某一方面。

眼界和预言

以下是《你见过雨吗？》：
有人在很久以前告诉过我，
暴风雨来临前一定很平静，
我知道，我知道，
暴风雨马上就要来了。

> 我想知道,
>
> 你见过雨吗?
>
> 就在晴天?
>
> 诺亚建方舟的时候是在一个晴天,他这样做是因为上帝给了他预言。我得说大多数人,古往今来,有过卓越贡献的人们,都是因为受到了某种启示,所以渴望改变未来。比如说,诺贝尔在看到他的创造有强大的力量时,创造了诺贝尔和平奖,这种强大的力量能够建造,也能够毁灭。

富勒博士说专家很容易就过时了。你越专业,你能帮助的人就越少。他认为做个通才比专才好。专家从窄的角度看这个世界,而通才会从更广的角度看待生活。

> 我 1980 年遇见富勒博士,我对未来也有一个预想,这也是我富爸爸所预见的和我穷爸爸所生活的。这个问题也是我们现在很多人都意识到的,巨大的贫富差距,西方很多国家的人们都在依靠政府的救济和医疗保险生活。
>
> 那时候我工作的目的是为了避免自己成为他们其中的一员。我能预测到经济风暴即将来临,我努力不让自己变成牺牲者。
>
> 我遇见富勒博士时,我正为了养活自己而工作。遇见他后,我意识到不应该仅仅为了自己而工作。
>
> 当看到我爸爸待在家靠政府救济领取教师养老金、社保和医保来生活时,我也看到了我的未来,如果我不立刻采取措施作出改变。展望未来,我就会看见越来越多像我爸爸这样的人。

我们传统的学校实际是在培养我们成为专家，而不是通才。企业家一般都是通才，因为他们最有钱，所以他们能帮到很多人。这个理论也在我的生活中得到了验证。作为通才，我能集合很多比我专业得多的专家来工作。在这个过程中，我们一起学习、一起成长、一起赚钱，为别人服务。

富勒博士几乎在我做的所有事情上都给了我很多灵感，他说神并不稀少，而是无处不在。他说传统上把经济定义为稀有资源的分配是不合理的。资源并不稀少。每个人都能充分参与，这也是神希望我们做的。

他帮我意识到任何人学会了相关知识都能变富。有学习的机会也是每个人的权利。综合我穷爸爸的服务精神、富爸爸的经济意识，还有富勒博士的广泛原则，我能对生活做些试验，让我摆脱老鼠赛跑的困境。

富勒博士对于星球的状态也有很多个人观点。他说人类正在经受最后考验，如果我们不好好对待这个地球，我们就会灭亡。他认为我们可以为了石油互相残杀，却在无限的可更新的资源方面，比如太阳能方面投资甚少，我们都是疯子。我们需要的资源都在身边，而我们害怕消失的那些只会燃烧的资源却不停地在污染地球，这又使得我们每个人又要为保护资源而战斗。

我建议从石油的投资转移到太阳能的开发，富勒博士说，地球是一个有些脏的星球，自然允许我们在这里创造自己的人间天堂。他并不认为上帝真会照顾我们，但他相信我们应该照顾地球。毕竟，地球是我们的家，是一个有生命的有机体，然而我们正在杀害它。如果我们相信只有在紧急情况下我们才会作出改变（发生是紧急情况的词根），那我们现在就处于这个紧急情况了。想想能源问题，这么慢的进步是贪婪而不是科学带来的。商人并不在乎在我们和太阳之间放一个测量仪。

富勒博士对于力量也有他的观点。他说:"语言是人类创造的最有力的工具。"他常常提起宗教和教育领袖用非军事的语言来反驳军事领袖使用武器。(我在军校待了 4 年,在海军待了大概 6 年,在前线有 1 年,我觉得语言能够用来对抗武器的力量的概率简直是不可能的。)他还提醒我们语言也能作为武器——用来摧毁或者伤害人们。我们大多数人都被语言伤害过感情,有被人散播过不实的谣言。我们常常看到语言被用做武器。

富勒博士在我 1981 年 8 月参加的一个培训课上曾讲过:"你们没有创造宇宙,所以你们也不应该任意挥霍。"没有我们,宇宙会按自己的规律运行。但我相信为了继续生存,还要体会上帝赐予我们的人间天堂,解决我们的问题可能也是这一代人面临的任务。

埃米:片段的体会

我一直都有缺点。从我能记事起,我就一直避免冲突,向权威人士寻求赞同。

在寻求自己的道路时,我不去面对自己和过去不荣耀的行为。在学校里我从来不是聪明的学生,现在作为成年人,我觉得当时未确诊的一个病症就是注意力不足,所以我常常不安分,注意力不集中。因此我也从来都不觉得自己聪明。

我爸爸是学校校长,这更让我有压力,我也更加不敢在班上发言,这样人家更认为我是一个无知的人。我很爱我的爸爸,想让他高兴,也并不想让自己难堪、让他失望,因此我就选择了沉默。回避困难成了我早年的生活模式。

如果课堂上能给我们更多探索、询问和发现的机会，我也不会那么被动。在学校，老师很少会关注我们这些人，很难给我机会建立自信。我太害怕犯错，不敢冒险去探索所谓的正确。不过，探索和发现对我来说很重要。

我不想回到过去的生活。从某种程度上讲，我喜欢回避矛盾也成了一个好事，让我有机会跟从许多优秀的老师。这不是说今天我就改掉了缺点、敢于面对困难了，不过我一直在努力。

我这个喜欢默默寻求赞同的缺点和我喜欢回避矛盾的缺点形成了一个完好的体系，从童年起，它们一直统领着我的生活。今天我意识到我的缺点，我得注意不被它们拖累。我想在它们出现时抓住它们，让它们成为我前进的工具，让我不断更有建设性的行为。

从少年时，罗伯特就一直故意让自己处于能够改正缺点的状况。与他相反，我就老让自己选择逃避。回望过去，每天我避免冲突、寻求赞同的决定都是条件反射，甚至都是潜意识。我生命中所做的几件事，都反映了我否定的态度，而罗伯特就强迫自己去战胜缺点。

他很小时就一直有他的富爸爸做他的导师而时刻教导他。

我也曾逼着自己出头。那是在我14岁时，我和妹妹参加一些活动，我被安排在每年一度的集市上摆货摊、卖寿司。这个活动包括收集所有的捐赠物品，招募所有的志愿者，还要准备很多饭团。这是我们镇上的大活动，用来募集大量资金。我愿意接受这个大工作，虽然那时候14岁的我还不太明白这个工作的意义。

我回家告诉我妈妈我接受这份任务时，她问我为什么要承担这么大一份责任，暗示着我不能去接受，因为我没有能力完成。我马上感觉到一种矛盾——我一边担心自己不能完成工作，一边又担心如果我做不好会让领导者失望，他可指望着我呢。而且我还冒着我妈妈反对的风险。

这件事结果很成功，寿司做了很多，我也得到了很多帮助，不过大部分是领导做的，而不是我。尽管事情结果很好，我对整个事情的感觉却很糟糕，并且从来没忘记它。

回望过去，我得问自己，对于一个小女孩，又没有受过培训，没有帮助，没有勇气，又能指望她怎么样呢？回望过去可以更加客观、更加清楚，不过那时候却让我更加真切地感到自己的缺点。

我希望那时候我明白这个简单的佛教道理：我会审查我的一切行为想法，一旦有杂念，我就会坚决制止。

这是 11 世纪西藏的一个名叫格西长的大师说的。这么多年来，我常常记起这句话，思考，然后加深理解。我很欣赏这句话，通过"分析反思"，我在生活经历中体会这句话。

就是这句话一直帮助着我，当我遇见困难时：我帮过的人或者我信任的人伤害我时，我会把他们当做我的老师。我们都有过同事、家人、朋友或邻居，让我们感到失望，他们说一套做一套。这句话让我们不去抱怨，正确审视自己的期望，帮我们更好地宽容我们身边的人。让我们拥有更多的同情，而不是愤怒和评判。

我每天学习，教导这些思想，并且身体力行。没有人是完美的，当然我也不是。我常年过度操劳，对健康伤害很大。

1998 年，在一次例行检查时，我被发现患有癌症，我很害怕，首先因为诊断的结果是癌症，第二是因为我不知道我的医疗费从哪里来。我一直都在培养自己帮助他人的技术，却很少为自己的经济考虑。

幸好，我在西雅图访问的精神团体帮了我，我很感激。但也是他们的帮助，让我存在对金钱的错误观念。在家人为僧人提供食物、医疗，僧人为他们祈祷一直都是传统。但这种状态很不稳定，特别是如果这个支撑体系无法承担这个开支。提供日常的饭食和止痛药是一回事，指望在家人来支付核磁共振扫描和手术费又是另一回事了。

所幸的是，我的癌症只是暂时地敲响了警钟，我看到了经济自立的需要，可是我觉得我已经克服了经济困难。在我生病后不久，我接受了在博尔德带领一小群佛教徒的工作。我有份薪水，每月200美元，另外有个小公寓。后来我离开时，每月的薪水已经涨到了600美元。这份薪水——僧人一般都是这么多——是我满足自己生活需要的来源。我需要金钱与我相信僧人应该过着极其节俭的生活之间有一个矛盾。

一年后，美国空军学院的一位牧师请求我去指导那儿对佛教感兴趣的学员，我就在那儿做了六年的佛教老师。我又得到了一份薪水。

我想过简朴的生活，就如我之前所定义的。可是，当生活被例如癌症的事情所简化，当生活面对更多挑战，面临医疗账单、医疗保险这些现实问题时，我不得不扩大我对简单生活的定义，如果我还想生活的话。我必须找到一种将我的僧侣生活和健康融合在一起的方式。

第 9 章
信仰的跨越

跨越信仰意味着你没有全部答案，有些人害怕这点。但那些认为自己知道全部答案的人更可怕。

罗伯特：上帝的证明

1984 年 12 月，在我努力提高自己 10 年后，我发现自己还在对儿时的那个问题寻找答案：真的有上帝吗？老实说，在儿时，我提这个问题，是因为我无法超越教会的教义去找到精神。我那时不会说出来，但事实上，我不明白那些周日去礼拜的教徒们怎么能够平时做那么多有罪的事情。

我知道我为什么做坏事，因为有趣。但我是个孩子，当然，成年人应该比孩子更遵守诺言，对信仰更忠诚。我不明白为什么那么多人公开承认他们信仰上帝，背地里却做坏事。

作为成年人，"上帝是否存在"这个问题一直没有得到回答。我一直寻找着这个问题的答案，而且想证明这个答案的真实性。

尽管我不太需要别人的意见，我的很多动力还是来源于富勒博士主持的为期一周的培训班，前五天他都在谈论商业的未来，巨大的经济变化马上就会出现；谈到工业时代的结束，信息时代的开始；谈到过分贪婪与残忍，指出信息时代会带来慷慨和丰富。

尽管我努力集中精力去听，但我还是漏掉了很多内容。他的谈话我听不进去。我明白他是在谈论我们经历的改变。然后他谈到一个和我密切相关的事情，他谈到上帝的证明。他谈到没有二手上帝。也就是说，在他和上帝之间，不需要一个传教士来做翻译（他喜欢用伟大的精神这个词，是美国本土人用的，或者他用自然而不是上帝这个词，因为他觉得上帝暗含着人的意思）。

富勒博士说1927年他开始了一个名叫豚鼠巴基的项目，认为自己和整个他的人生都是一个大实验。在32岁时，他没有钱，却结了婚，还有了个小女儿，他开始去证明上帝是否存在。

我开始用心听了。

富勒博士解释说，他曾经是房地产开发商的监理师，但后来破产了。他意识到自己不具有成为成功商人的素质。他的朋友提醒他还有个妻子和孩子要养，应该去找份工作。但每次他找到工作，金钱和安全感都削弱了他学习的能力和学习的热情。他发现金钱和安全感会让他变笨。所以他就离开了安稳的工作，下了海，任由沉浮。

他说每次他放弃安全感和经济保障时，他则会变得更聪明。我很受触动。

他还提到最大限度地投入生命为别人服务。我停下来想了想，难道意思是不只是让自己变富吗？这时候他说话像我的穷爸爸。区别是我爸爸老谈安稳的工作，富勒博士则不。他谈的是跳跃。我的头脑里出现很多矛盾——富勒的观点和我两个爸爸的观点。我还想听到更多。

在课堂上我拿到了富勒的书《关键途径》，以下是一段摘录：

> 我以为自然会评价我的工作。如果我做的正是自然想要的,如果我的工作很有前景,符合自然规律,我的工作一定能带来经济收益。如果相反,我就必须停下我的工作,寻找更合逻辑的道路,直到我找到自然允许并给予帮助的新道路。

这一段话是证明上帝存在的关键。对我来说,它意味着如果我做的正是上帝希望的,解决的问题是上帝希望解决的,那么金钱或者别的提供帮助的形式就会出现。如果没有赚到钱,那就意味着要改变方向,否则就要饿死了。

这个概念很让人兴奋,也可行。这就是跨越信仰,信任上帝。如果赚钱了,说明上帝赞成我的工作。也意味着我正在使用我的天赋完成上帝希望完成的,而不是在做我自己想做的。

正好与做你喜欢做的事相反。

如果这个概念还不够,富勒博士说大多数商业都在生产"可憎品",这个词他用来形容不能带来更好的世界的产品。这些公司的目的就是赚钱。我知道,我的摇滚公司也就是这种"可憎"公司,我花了很多时间来否认这点,告诉自己尼龙钱包、带有丝印的摇滚队队徽的帽子能够给这个世界带来价值。

埃米一直在靠救济金生活,我则一直在和这个想法较劲:我的生意和产品没有太多实际效用。我在赚钱,不过我做的东西不好。这让我很失落,也使我的生意、我的工作和我作为企业家的价值基础倒塌。

这对我以前所有的信念都是一次挑战。

因为这个想法,我变了很多。是的,我在赚钱,可是我对世界没什么贡献！通过富勒博士，我意识到两个经济言论描绘了我们的生活：一是我们正在为自己的经济工作，二是我们的社会行为也是衡量我们对这个世界的贡献的标准。巴克把这叫做"无限计算"。我在其中一方面做得很好，另一方面却破产了。

这需要改变，我还得想清楚该怎么变化。如果只有钱，我不会感觉好，无论那种生活多富裕。如果我是因为经营（比方说烟草公司）而发财，我不会感觉愉快，因为我爸爸就是死于肺癌。我的个人财务也许看起来不错，但我不满意于我的社会贡献。

当然，有很多人为世界作出了贡献，但是他们的个人财务又很糟糕。我妹妹就是那种人，这也是让我们走到一起的原因——我们都相信我们的财务和社会状态都应该很好。

很多有信仰的人相信僧人应该一直很穷，但是我妹妹的佛教信仰并没有要求他们发誓要贫穷，只是要求他们生活简单。正因为这样，我才有机会和埃米分享我的理财知识，希望能帮到她。这样她就能照顾自己、帮到别人了。

哥哥就是应该帮助妹妹。

这让我想起印度专家古鲁的故事，古鲁是一个很富有传奇色彩和争议的人物。19世纪80年代，他和他的教派接管了俄勒冈附近的一个偏远的小镇，给住在那儿的约40位居民带来了很大的影响。他吸引了上千名追随者及众多关注。在一次采访中，一位记者问他："你为什么有93台劳斯莱斯？"他的回答很让人意想不到："这不是问题，问题应该问，你为什么没有93台劳斯莱斯？"

这个故事每次被说起的时候，可能会改动劳斯莱斯的数字，但古鲁的回答我觉得很有趣，而且还带点哲理。对个人来说，我不觉得穷能让我精神更高尚。实际上，我穷的时候，生活更是让我没有机会高尚。听过富勒的演讲后,我发现我想要拥有这两个方面,而且希望这两个方面都很好。

我还知道,如果我继续生产"憎品",我这个梦想则不可能实现。但我还没有意识到那是自己的最后一根救命稻草。在参加富勒博士主讲的商业的未来的演讲后,我去了我在韩国和中国台湾地区的工厂。那儿的景象吓到了我:孩子们在很糟糕的环境下工作,将丝质的摇滚队徽章标在我的公司产品上。他们蹲在拥挤的房间里,房间很酷热,不通风。我的致富就是利用他们的生命为我制造"憎品",这种商品没有长久的价值。

我的生活再一次改变了。不要误会我。我喜欢我的"憎品"。我不是说它一点价值都没有。我喜欢生命中漂亮的东西,我也有支付的能力。我只是很高兴我不再生产它们了。

从工厂回来,我又花了更多时间读富勒的《关键途径》。我不太理解这本书,所以我叫了些朋友,问他们是否愿意组成富勒学习小组。很意外的,有6个人说他们愿意每周花一个晚上来学习。共同学习,而不是竞争式的,就像我们在学校里那样,是一种很有意义的尝试。

《关键途径》有10章,每周我们一起读一章。有一个周三的晚上,我们在我的公寓里讨论了4个小时。有意思的是,每个人都会谈到其他人没注意到的。我们在达成一致意见后,就会拿出一张大大的挂图纸,用彩笔画一张我们称之为"思想地图"的图。

"思想地图"充分运用右脑的创造力,尽量用图和画(尽量少地使用语言)来解释每一章的信息。答案没有对或错。如果对于富勒的意思我们还有疑问,我们就会一起翻到那一页,努力去理解它,而不是强加上自己的观点。

在持续讨论了 10 周后，我们 10 个人都有了变化，我们看这个世界时都有了更广的视角。

1981~1982 年间我在学习富勒，后来我就决定自己要去做老师了。从上学开始我就发过誓不做老师，我也从来不看重这个职业，但是我在学校时曾发过誓要学习成为我希望成为的那种老师。我想通过游戏和行为而不是语言、死记硬背、随便的讲座和无意义的考试来教学生。

在我参加的研讨班上，我听到了下面的信息。老师说世界上有四种人，即一定要别人喜欢的人、一定要舒服的人、一定要对的人和一定要赢的人。

我们每个人的内心都会有以上四点，只是其中有一点会比较突出。我属于一定要赢的那类，这是我一定要提高意志力和智力的原因。一定要赢的人通常会活跃在运动、商业和销售领域。

一定要对的人一般只需要脑力。这些人往往活跃在大学、医学和法律界。一定要被人喜欢和一定要舒服的人一般喜欢安静，和谐友爱，生活平衡。这些人喜欢稳定的工作，一般在政府、宗教、慈善机构和公共机构从事工作。他们往往在沉思、祷告、寻求宁静中得到满足。

我知道我应该在生活中寻求更多平和、平衡和和谐，但我更需要赢取一切。我喜欢我的工作，我不喜欢假期。我的医生都说我是极少数压力越大越健康的人。我也喜欢自然、沉思，但这只是在我爬上山顶后才会有。我常在学校里祷告，特别是考试时。我和上帝和耶稣也有很多对话，特别是在高尔夫球场。

我通往上帝的道路，就是通过我对赢的渴望来实现的。我不能通过善行而发现上帝。我想见上帝是因为我想将我的个人力量最大化，这样我就能赢了。很明显，这与其他人寻找上帝的原因是不一样的。

在另外一个课上，我听见了以下三个词，即身份、行为和拥有。

这堂课上老师说："一个人制定目标时，他的重点往往放在拥有上，比如说，很多人想拥有100万，但比这个目标更重要的是，如果你想拥有这么多钱那你的行为是什么，还有你应该成为什么样的人，如果你想拥有这100万的话。"

我的富爸爸会说："要拥有100万有很多种方法。你需要做的就是你要找到你最擅长的而你又愿意做的那一件事情。"

我马上就找到了那件事，我知道放弃其他，追随这条道路需要信仰的跨越。老师也同意我的富爸爸的观点，他最后说："目标越大，精神越大。"

我的富爸爸解释说，目标，尤其是关于钱的目标，是通过个人经济状况衡量的。他说："我看一个人的经济状态，我就能知道他们的生活了。我看他们的社会状态，我就能知道他们的工作，更重要的是，他们的精神是否强大。"

"穷人穷往往是因为他们缺乏意志力。他们可能是善良、诚实的好人，问题是他们可能很喜欢找借口，说他们买不起什么东西，或者把自己的问题归因到其他人或个体情况上。他们祈祷的话，就会请求上帝赐予他们某些东西，而不是思考他们要得到的话要付出什么东西。"

他说："如果你想收获很多，你先得付出很多。"

1983年底，我认识了可爱的金，总想约她出来。我花了6个月时间去追求她，她才同意和我约会。1984年2月，我们第一次约会，我们彻夜长谈，谈关于生活的一切、商业和我受到富勒影响准备开始的信仰的跨越。

1984年初，我开始卖掉我的生意和工厂，着手做上帝希望我做的事情，来证明上帝的存在。我的计划是教学——不是在传统的学校里进行教学，重要的东西往往不是在学校里学的。我希望挽救其他人，不用像我爸爸那样缺钱。他经济拮据，我也很想挽救他。

1984年12月，我卖了我的奔驰车，离开了我在冲浪酒店的奢侈的公寓，放弃了我生活中很多奢侈的东西。金辞去了广告公司那份工作，卖了她的车，和朋友道别，我们手牵手一起准备跨越了。

对于我和金来说，1985年是我们最糟的一年。我们离开了檀香山，搬到圣地亚哥，开始了我们下一个事业——做老师、商人和投资。有时候我们一周的饭钱还不足5美元，幸好街角有个玉米卷摊，我们可以走过去花99美分买个玉米卷，一个玉米卷可以管好几顿饭呢。

但这还不是最糟的时候，我们后来连房子都没有了，睡在地下室，跟《圣经》里称做的"错误的预言师"学习，就像埃米在夏威夷师从醉酒的禅师。

我们大概遇到了15个错误的预言家，他们中的一些人简直是天才。但尽管他们智力高，他们却有某种缺陷影响了他们的性格能量。比如说，有个老师就很喜欢和学生中年轻漂亮的女孩子睡觉。这种不道德的行为肯定会影响精神力量。

不管我们跟他们学了多久，我们从他们每个人身上都学到了很多东西，学到了他们的精华，我们又继续前进了。

我和金改过很多次方向。就如富勒博士教的，如果我们做了上帝希望的，那么金钱和其他帮助就会自己出现了。所以，既然金钱没有出现，我们就得依靠直觉去改变方向，不断吸取教训，继

▲ 中间的是鲍比·麦凯尔维,是金和罗伯特的好朋友。在1985年我们没有房子时,她给过我们很多帮助。

续前进。

大概一年后,我们发现公司并不愿意让员工学会如何生活得更有意义,他们需要的是培训班教他们如何成为更好的员工。1985年12月,我们开办的一个培训班开始小赚了一点,我们赚了1500块。我们开始觉得这是上帝给我们的征兆了。

那个圣诞很快乐。

像埃米一样,尽管没钱,我却是最快乐的,因为我在做我自己的使命,而且我在学我想学的东西,而不是为了通过考试而学习。生活中第一次我成了一个学生,因为我在富勒身上找到了我的老师。

1983年7月1日,富勒博士去世了。我就只有用他的书和磁带来帮助我继续学习了。有意思的是,我最后一次跟从富勒博士学习的地方，就在我爸爸妈妈 1945 年第一次相遇的那个小镇上，埃米 1973 年住的寺庙也是在那个地方。如果你见过这个小镇有多小，你就会明白为什么大家都会记得那儿。

埃米：成为丹增

在我和罗伯特各自寻求自己的道路时，我们相隔很远，很少来往，直到后来我们才发现我们都在跨越信仰。

我在阿拉斯加赚够钱后，1975 年 9 月我和朋友飞到印度，先在加尔各答降落，然后坐火车去新德里，接着又坐上拥挤的运煤车去了喜马拉雅山脚下的佛教中心，我们在不同的城镇下车，我花了几天才走完那段路。

大部分人都认为印度不冷，但在喜马拉雅山那里就很冷。我到达的时候，穿着很厚的羽绒衣，地上有积雪，房子是水泥做的，很冷，也很不舒服。不过我不介意，我找到了我的人间天堂，我到达了我该到的地方。

没多久我就找到了住的地方，租了一间小房，比我的睡袋大不了多少，每月 35 卢比，大概是 4 美元。这很好，我也不需要多大，能待在那儿我就很高兴了。

这里的佛教班开办的课程很不错，由法师格西阿旺主讲，他是一个高级僧人，课程还配有英文翻译。这个课程就是为旅游者开的，有来自世界各地的人。我听见翻译说法语、西班牙语、意大利语、日语，还有很多其他的语言。老师都是受过高等教育的学者，热爱教育。他们不是单纯地授课，而是把他们的理解和经验都融合进每堂课里。

比如，他们谈到人类的痛苦：有时候我们很想去得到某些东西可是又没能得到，有时候我们得到后又觉得不再需要了，有时候我们去得到某些东西最后却又失去了。

他们提出这个问题：如果无法摆脱生命的痛苦，那我们为什么要去受这个苦呢？如果我们通过受苦可能获得自由，那我们应该找到这个途径。

这就是有关灵魂的众多的话题之一——"启蒙的途径"，也是我去印度要学的。我被这条途径所吸引，最大地挖掘人的潜力，通过丢掉所有的错误观念和幻想获得启蒙、获得美德。

现在，就在我的导师面前，我找到了希望用我的余生来探索的信仰，我勇敢地跨越了，不需要再考虑。

有些人在生活早期就发现了生活的召唤，他们知道他们想去学医或者去学习音乐。有些人在很晚才找到，有些人一辈子也没找到。那种召唤是你的精神家园，带你找到你的使命。很多次，我们生活中的一些人，如父母、老师、朋友告诉我们，我们的召唤应该是什么。有时候我们可能觉得我们已经找到了我们的天赋和召唤，当然那时也需要信仰的跨越，就像罗伯特和我一样。我从没想到我会在喜马拉雅山脚找到我的召唤。

我从印度回来，重新适应西方生活。做单亲妈妈不太容易，我必须再找份工作，因为我要养女儿，那时真的很艰难。

我找了一份图书管理员的工作，在檀香山和洛杉矶勉强维持生活。生活方式的冲突对我冲击很大。我不能再每天跟随老师学习了。我整天工作，还要抚养年幼的艾丽卡。勉强有点时间学习，但这一切并没有中止我对精神家园的追寻。

1984年，我写信给我的上师，表示想削发为尼。

到这时，我已经考虑此事快 10 年了，我在洛杉矶的老师也赞同我继续学习。几个月后我的上师才回复，那段时间我很紧张，不知他是否会接受我。我收到回信时，情绪很复杂：兴奋、害怕、安慰，还有很多很多复杂的感受。

我被接受了。生活再一次改变，我将重返印度出家。

我在 1985 年 10 月 5 日变成了丹增·卡雀。

我又完整了，就像是裹起来的毛毛虫在慢慢进化，出来时就成了佛教比丘尼了。

出家仪式完成后，我又在印度待了 6 个月，这样我能更熟悉我的新角色。那段时间我得到了很多支持和鼓励，但对于回国去面临我的角色，我很紧张。我对得起我穿的这幅袍子吗？我在西方怎样才能同时做好佛教比丘尼和一个母亲呢？我很自信我能跨越信仰，知道我能战胜我面临的挑战。

不过我回到洛杉矶时，我发现自己还是想过简单的生活，因为我生活困难，各方面都相当拮据，甚至还满足不了基本的生活。

1986 年，罗伯特在好莱坞参加托尼罗比斯讨论会，教学生在火中行走。想到这么多年后能再见到他，我很兴奋也很焦虑。这么久了，我已经变了很多，他也变了很多吗？

我去了好莱坞，金先说了话，她看见我穿着袍子："你真的对这个很认真。"

"如果我不认真，你觉得我会穿着袍子剃着光头在洛杉矶大街上走吗？"我回答。这个开头很糟糕，不过接下来我哥哥和他的新娘愉快地在这里待了很长一段时间。

他也变了很多。

第 10 章
开悟，更完美的生活

每个人都想上天堂，可是没有人愿意死。

这句话说的很直白，又很有深意。这也是很多人不愿意跨越信仰的原因。他们害怕死亡，即使是他们相信这种跨越也许能够带他们上天堂。

跨越信仰是一次死亡，也是一次新生，这是生活的一种过渡，我们都有很多次的跨越信仰。对很多小孩来说，第一天上学就是信仰的一次跨越，结婚是相爱的两个人的信仰跨越。有些信仰跨越不是自愿的，比如突然被解雇了，或者你爱的人突然说："我要离开你了。"那些信仰跨越被强加于我们，逼我们作出很大的改变。

尽管会很痛苦，但也不是什么大不了的。他们就是生活的一部分，教会我们很多事情，让我们有更多新的思考。

一位佛教大师说过："我们有很多种药治我们的病，所以，我们对于各种错误观念也有八万四千种教义。"

佛陀在开悟之后，整整教了 45 年，所以你可能穷尽一生的学习才能学个皮毛。

旅程还在继续。

罗伯特：信任上帝

我离开夏威夷寻找上帝存在的证据时，每个人都认为不可能。我正要离开天堂、离开我辛苦建立起来的成功公司、朋友还有美好的生活模式。除了这些，我还带着金和我一起离开。

内心深处，我也赞同我朋友的想法：我是疯了。

我赞同他们是因为我真的不知道我在找什么，我不知道上帝的证据是什么样的，我怎样才能认得出来。

这与我1965年第一次离开夏威夷去纽约上学时不一样。那时我知道我要的是什么，知道我在那儿能找到什么。我见过校园的照片，也了解一些军校的环境。我自愿参加海军时，我知道我的变化将会是什么样的。我知道我将投入6年，如果成功的话，我就是有前线作战经验的飞行员了。我在电视上看过越南战争的新闻，我看过很多约翰·韦恩的电影，所以我知道我面对的是什么。

但在1984年12月，在我开始寻找上帝时，我则没有明确的想法，就好像是跳入黑暗的深渊一样，结果1985年是我们生活中最糟糕的一年。

我们离开夏威夷前，一个朋友祝我们冒险成功。他是少数人中似乎能理解我们的人。他不认为我们是疯了。他以前是嬉皮士，大半辈子也在寻找。就像我妹妹埃米，她物质贫乏，不过她内心却拥有平静和快乐。他没有质问，而是送了一份礼物："给你们讲一个在旅途中能用上的故事。这个故事在你们生活信仰接受最大考验时，能帮助你们。这个故事在你们最艰难的时候，能够带给你们灵魂的力量。"

他的故事的确是个宝贵的礼物。

一天，有个人站在尼亚加拉大瀑布的一边，旁边是他的自行车。一小群人围绕着他听他宣布："我要骑着我的自行车，穿过这个钢缆，到达瀑布的另一边。"

人们都不相信。

"很危险啊！"一个年轻女人说。

"请不要拿生命冒险。"另一个女人也请求。

"你疯了，你这是在自杀。"另一个年长的女人也说。

"我知道我做得到。"那个人一边说一边骑上车。马上他就在钢缆上了，摇摇晃晃的，下面就是汹涌的瀑布。一不小心他就会一去不返。人群静静地等着，直到他到达对面，将自行车掉转头，又小心地走回来。他刚回到地面，人群就拥上来了，很多人说："我们就知道你做得到。我们早都相信。"

"还需要我做一次吗？"他笑着问。"当然，我们对你有信心。"人群说。

"好的。既然你们对我有信心，那这次谁和我一起？"

突然人群静了下来，人们开始不好意思了。有些人还开始离开。突然人群的中间有个细小的声音说："我和你去。"一个个子娇小的年轻女孩跳出来，自愿和他一起，人群都吃了一惊。女孩爬进自行车前面的篓子里，很多人都生气了。

"你怎么能拿她的生命冒险呢？"一个人说。

"我要报警了。"另一个说。

慢慢地，那个人，带着小女孩还有自行车，开始过瀑布。人群突然安静了。每个人等他们到了对面都舒了一口气。一旦安全地落地，人群都欢呼起来，为女孩和她的勇气庆祝。

"是什么给予你勇气的？"一个女人问。

"你不怕吗？"另一个问。

"不怕。"女孩回答。

"为什么呢？"

"因为这个人是我爸爸，我不仅对他有信心，我还可以把生命托付给他。"

我们身边也有一些人信仰上帝，却并不信任。所以还是有很多人宁愿继续做无聊的工作，接受低薪，和坏人交朋友，维持破裂的婚姻，或者待在恶劣的环境里。我以前说过："人们想进天堂，可是他们不愿意死亡。"很多人宁愿维持着他们熟悉的东西，而不愿意放弃然后让上帝把他们带到新的目的地。很多人信仰上帝，却不信任上帝。

我们信任上帝的原因之一——虽然也有时候我们都不确定上帝是否存在——就是富勒博士称之为宇宙的普遍规则。学习这些规则让我们跨越信仰。

我和金并没有盲目的跨越。像我妹妹，她花了10年学习、准备后才做了比丘尼。我们也是需要学习、准备的。

1981~1983年间，我有三次单独与富勒博士学习的机会。那几年，我努力想明白他的工作。他是个通才，不是专才，他的工作内容涉及面很广，包括金钱、历史、宗教和未来。他甚至以预言未来而出名。约翰·丹佛写了一首关于他的歌，名为《人的能力》。在那首歌里，丹佛称他为"未来之父"。

富勒每天午餐后都会开始讲课，直到凌晨两三点。只要有人还醒着、想学习，他就会一直讲。他80多岁，比我们很多小他50多岁的人都健康得多。他的谈话也涉及很多方面，如果他突然想不起来了，他就静静地坐着，手指紧握，托着下巴，好像在祈祷一样。我猜他在让脑子思考下一个话题。

在《关键途径》里，富勒写了一些普遍原则，他称之为宇宙的原则。简单来说，普遍原则就是适用于所有情况，没有例外。有些原则是关于世界运转的，用宗教的话来说，普遍原则就是上帝的原则。

一个简单的例子，就是运动的普遍原则。很多人熟悉这个原则，马上会想到陀螺或陀螺仪。如果旋转的轴心斜了，就会倒掉。重力，就是普遍适用于任何物体。幸亏有了重力定律，我们知道如果我们从10层楼跳下来，不带降落伞，我们就会砸在地上，没有例外。重

▲ 1985年，跨越信仰后，我们积极参加全球举行的各种会议，包括在科罗拉多举行的"商业的未来"，歌手约翰·丹佛也参加了。这张照片是我们和富勒博士的女儿（中间）的合影。

力不会管我们是富是穷、受过高等教育还是高中就辍学了，也不管我们是基督徒，还是犹太教或穆斯林。我们可以祈祷、沉思、乐观，但是从 10 层楼跳下来就算不死也一定会进医院。重力对我们每个人都一样，没有例外。

人们生活不顺利的原因之一，就是他们违反了这些普遍规律。换句话说，他们指望重力对他们与对别人不一样。我和金 1984 年跨越信仰时，我们打算靠那些原则指导我们，而不是被它们所阻碍。尊重这些规律能带我们找到上帝存在的证据。

我在 1982 年第二次参加富勒博士的讲座时，他说估计有 200～250 条这样的规律。我觉得如果我们学会这几百条规律，我们就能很强大了。会议上，一小组人帮助富勒博士研究并写下这些规律。我不是其中一员，不过我每个月捐一些钱资助这个项目。

可惜这个小组做得不怎么样。1983 年，富勒博士去世后，我发现我们失去的不只是一个伟人，而且还失去了很多知识。就我所知，富勒博士还没有完成这 200～250 条规律的总结。

从那时开始，我能学到的就是富勒以前在书中提过的那些规律了。尽管我了解得还不多，不过就是那些规律给了我和金跨越信仰的勇气。我们学到的为数不多的几条规律让我们能够找到对上帝的信赖。

像我妹妹，她阅读、研究了很多佛教典籍，我们也组成了一个小组反复阅读，讨论我们在富勒书中找到的那些规律。我们会做演示、讨论、分析、判断这些规律的真实性，就像宗教大师们几千年来热情研究他们的圣书那样。我们通常下午 6 点开始讨论，有时候会整夜不休。我提到这个，是因为我只会描述我们研究过的五个规律，不过我担心这个简单粗糙的描述不足以表明其中蕴含的巨大力量。

一就是多

这个规律认为统一不是"一","一"是不存在的。统一至少都有"二",或者更多。这个规律很重要,因为只存在一个上帝的概念显然违背这个规律。

这个规律还解释了为什么会有争论和战争。每当我们想到只有一个方式、一个答案、一个解决方法时,就违反了这个规律,记得我小时候在教堂时,每次听见牧师说:"只有一个上帝,也只有一个方法能接近上帝,这个方法就是通过教堂和基督教。"我们都觉得很献媚。即使是小孩,也知道这种话显然不合理。那时候我还想知道为什么不能多几种方式呢?

如果某个宗教号召大家追随唯一的真神,那就等于是在挑战了。如果他们认为只有一条道路接近上帝,他们又在挑战了。今天我们仍在为谁才是唯一真神争论不休。我参观耶路撒冷圣城时,基督徒与其他教徒还在争论,几乎都要打起来了。

更远一点说,如果没有女人,男人就不存在了。没有上就没有下,没有里面就没有外面,没有白色就没有黑色,没有慢就没有快,没有消极就没有积极,没有错就没有对,没有地狱也就没有天堂。政治上,我们一般都至少是两党制。只要有保守党,我们就有自由党。有些人梦想一党政府,我想他们还没有了解这个规律。

一个一党政府是不可能的,因为"一"不能独立存在。

这个原则也能解释为什么政治中立或过度礼貌是不可行的。很多人想要政治中立或者对每个人都友好,是因为他们害怕批评。他们想让每个人都高兴。现实中,政治中立的人往往太友好了,结果就没有好的效果。

我写的每本书都遭到了批评。我猜得到，我也受欢迎。因为批评意味着我说了一些东西。我常被问到，是否会为有些人的博客里批评我而震惊。我的回答是："我很高兴我让他们失望了。这意味着我说了些东西。"成功的人往往受到批评，不成功的人则不会。

想想有多少人批评政治或宗教领袖，比如总统、总理、教皇，即使信徒会为反对派的观点愤怒。在体育界，职业明星队如果没有对手，那他们也不会有大的成绩了。如果没有疾病，我们就不会珍惜健康，我们也就不会需要医生了。如果人们总是意见一致，我们就不需要律师了。

这个规律解释了为什么要有律师、警察、战士等。

《圣经》里也有这个规律的例子。在大洪水那个故事里，诺亚带了很多成对的动物在船上。这个规律也解释了为什么每件事的好里面有坏、坏里面有好。理解了这个规律，也给了我和金跨越信仰的勇气，因为我们知道如果我们面临了坏，那我们就能找到好了。

我们开篇引用了菲茨杰拉德的话："对一流头脑的检验是看它在同时装载两种对立的思想时运转的能力。"

"统一是多样的"，这个原则指引我和金走向上帝，让我们能够尽力看到各种想法的正确性。我们能学得更快，因为我们并不去寻找唯一正确的答案，而认为其他答案都是错的。我们能在每种答案里看到正确和错误。我们也不评论自己是好或者坏、对或者错、成功或者失败，我们能把自己的弱点变成优点、不利变成有利、失败变成成功。

人有左脚和右脚，而不是正确的脚和错误的脚，能让我们在极其困难的时候才能继续前进，依靠直觉，结合意识和潜意识。

我们并不打算改变别人的想法，我们只是继续努力，知道这个世界至少总有相反的两面。就如那句老话："如果两个人总是意见一致，那其中一个就没必要存在了。"我们生活的任务是至少拥有两种相反的观点，并在这两种或多种观点之间找到自己的道路。

旋 进

每次我们把石头扔进水里，都能看到旋进这个规律。石头在水里漾起的波纹就是旋进规律的展现。

很多人会设定目标。我和金也设定了目标，不过不是为了目标本身，而是目标的旋进效果。换句话说，我们真正的目标不是眼前的，而是在移动方向的 90 度。

另一个明显的例子，前面也提到过，就是陀螺仪。你旋转陀螺时，它能站立在一个细点上。旋转的陀螺能够站立在细点上就是旋进运动的例子。小时候看火箭发射时，我发现火箭科学家在火箭的锥形鼻子上就用了陀螺仪作为引航体系。在海洋里，船也用陀螺仪来指路，以在海面上保持航线的准确。

1985 年我和金一直以旋进规律为指导，就像空间里面的火箭和海洋上的船只那样。简单来说，旋进就是你在前进中的一个回音。如果我们做的是上帝想要的，我们会得到积极的回音，比如很多钱、发生奇迹，或者遇见神奇的人。如果回音是否定的，我和金就运用我们的直觉，它可以连接我们的意识和潜意识，改变方向，设立新的目标。就像古时的水手使用水、空气、风、太阳、月亮、星星、海流、漂浮物、鸟，还有直觉帮他们越过宽广的水面，我和金靠回音或者说旋进的波纹效果来指引我们的航行。

旋进是一个很大的主题，我才刚刚触及。旋进解释了为什么地球围着太阳转、月亮围着地球转，也解释了为什么有些人比另一些人更富有。旋进，就是有方向的运动。比较慢或者固定的人们，由于没有运动，每天重复一样的事情，旋进就很少。他们在生活中就很少有上帝的波纹效果。

固定的人也经常收到回音，但这种回音是他们不喜欢的。慢的人往往体重增加，健康不好，经济上和工作上都不如人。这些否定的回音也是旋进效果。

再生加速化

再生加速化规律意味着用更少的可以完成更多，所以也可以叫做杠杆规律。

再生加速化在商业里尤为重要。作为一个商人，如果我想赚更多钱，我最好能投入更少产出更多。如果投入更多而产出更少，我就会破产，因为我违反了这个规律。人们在很多时候都挣得很少，因为他们想做的少而挣得多，而工会往往也同意这个想法，所以很多工业离开了美国。

简单地说，如果你想赚更多，你就得做得更多。

今天，再生加速化规律很简单。个人电脑能帮助我们的大脑运算，互联网也让我们接触更多的世界。今天，只要有一些钱，我们大多数人都能做国际企业家，从而进入国际市场。

我听说有人经济很困难，往往是因为那些人在做体力活，没有效率。有些20多岁的人成了千万富翁，还有些20多岁的人每小时才挣10块钱，这就是这个规律的效果。

1985~1994年间，我和金开了一个教育公司，培训企业经营和投资。我们就是在做体力活。一旦我们能够做到我们所说的，并起了作用，我们只要写书和开发棋类游戏就能赚很多钱了。如果我们能通过书和棋类游戏学到更多，反过来我们又能赚更多钱。这里旋进规律和再生加速化规律一起起作用。

再生加速规律对任何想发财的人来说都很重要。作为商人，必须学会投入更少而得到更多，用更快的速度为更多人服务。如果你能抓住这句话，你就超越了地球上99%的人，因为你的头脑抓住了这个规律的力量。

在生活中使用这个规律的人变得越来越富有，不幸的是，那些没有明白这个规律的人，即使他们很勤奋，却越来越贫穷。

时间间隔

落后只是时间的差别。比如，如果我把一个球扔到地上，球离开我的手到达地的另一端的时间就叫时间间隔。这也是一个很重要的规律。

不同的行业有不同的时间间隔。比如，间隔最短的行业就是技术。新的观念成为产品，然后在市场面市，几乎一夜之间它们就开始被复制、被改进、被他人销售。间隔就是新观念被采用和被实行的时间。

不同的人有不同的间隔时间。有些人对新观念适应很慢，有些人则很快。在《革命性的财富》一书里，思想大师阿尔文通过一位站在路边的摩托车警察的眼睛描绘了这个世界，数着9种不同的车代表9种不同的人群。

第一种车：最快的一组，每小时100英里，属于企业家和商人。

第二种车：每小时90英里，属于非政府组织。这种车里都是马戏团演员、职业作家、非商业人群、专业组织、教会人员、佛教徒

（如我妹妹）、时尚人士、鲸鱼爱好者，以及之类的人。

第三种车：大概每小时 60 英里，属于美国家庭，因为我们以前所熟悉的典型的美国家庭现在已经很少了。家庭模式、离婚率、性生活、代与代的关系、约会模式、抚养小孩及家庭生活的各个方面都在迅速变化。

第四种车：每小时 30 英里，是工会的。

第五种车：每小时 25 英里，是政府机构和管理局的。

第六种车：每小时 10 英里，是美国学校的。

第七种车：每小时 5 英里，是国际机构的，如国际基金组织和国际贸易组织。

第八种车：每小时 3 英里，是富国（如美国）的政治机构的，如国会、参议院、政党。

第九种车：是最慢的，每小时 1 英里，是法律方面的，如律师、法律学校、律师协会、律师事务所。在很多律师和事务所正迅速变化的同时，法律却没有。次贷危机的原因之一就是法律及组织（如安全交易委员会）无法跟上时速 100 英里的企业家的速度。

预测未来

作为一个企业家和投资者，我觉得预测未来是很重要的。远见是领导力很重要的一方面。一个人如果想预测未来，在没有水晶球的情况下，就要学会成为历史的学生。不是在学校里学的历史，对我来说那只是对一堆人名、日期、事件的简单记忆，用来应付考试还可以。做历史的学生就是要用历史事件作为预测未来的依据。

富勒博士没有凝视水晶球也没有算命,他用了"预测"这个词,他用一个弓箭手为例子,把弓箭尽量往后拉,拉得越往后,箭就射得越远,也看得越远。

在研究预测方面,富勒加上了再生加速化原则,保持加速。换句话说,改变的过程要不断加速,不是直线进行,也不是以固定的步伐进行。富勒博士说,改变的加速运动让很多人猝不及防,让他们反应不过来,就像恐龙,无力应对世界的改变。

什么是加速改变?

1500年,一艘航船完成环球航行至少要2年。1900年,蒸汽船发明后,环球航行的时间减少到2个月,今天,实现了电子化,我们可以用不到一秒的时间就能环游世界。

关于再生加速化的一个最近的例子是飞行的历史。1903年12月17日,莱特兄弟用12秒完成了第一次人类历史上的飞行。1969年7月20日,美国派宇航员在月球登陆。在60多年内,不用人的一生的时间,人类实现了从12秒的飞行到在外太空降落的梦想。这就是再生加速化的例子,通过过去预测未来。

很多人猝不及防,因为改变的速率也变了。在工业时代,改变需要一生。在信息时代,我们一生就经历了五辈子的改变。

从狩猎时代到农业时代和工业时代,我们学会了尊重老人,因为他们有一生的经验。几千年来,年龄意味着被尊重,年龄就是财富,年龄意味着智慧。今天年老却意味着依赖、过时。我们这个时代的人会说:"50就是新的40。"我们也可以在心理上和工作上理解为:"35就是新的65。"

我跟富勒博士学习时，他说最慢的两个行业是教育和建筑。他说他们的间隔时间——一个新想法出现到被接受的时间——是50年。现在你知道，我为什么不选学校来进行财务教育了。那个行业的间隔时间太长了，改变也太慢了。大概到2030年学校里会有财务教育，不过我没耐心等那么久。

1927年，富勒博士预测未来80年会需要20亿个新家。即在2007年，他预测房屋价格会飙升，因为很多亚洲、南美、东欧、中东的人想要西式的家。

富勒被人称为未来主义者。他使用两个规律准确地预测了未来，这两个规律就是再生加速和时间间隔。我就是用了这些规律指导我的生意和投资策略，因此今天才赚了很多钱。

1983年，在我最后上他的课时，富勒预测一个新的技术将在不到20年间就会出现。他还预测世界超级大国会因为这个新技术而消退，失去统治地位。富勒于1983年7月1日去世，1989年，网络出现，接着柏林墙倒塌。富勒能够预见未来，因为他明白这些规律是适合整个宇宙的规律，也被称为上帝的原则。

下页的照片是我和富勒1981年照的。我在微笑，因为我身边的这个人让我认识了我生命的意义，至少是提醒了我生之为人的使命。

直到那时，我一直觉得我和这个世界不合拍，我不属于这个世界，我是个怪人。我对学校教的东西不感兴趣，我不想上学，也不想做大公司或政府的工作人员。我也曾经完成学业，最后为大石油公司服务，为政府打仗，但我的心里并不想做这些。

在我遇见富勒之前，我的生活似乎都没有什么意义，我在寻找一个新的起点。从我小时候起，我一直对钱感兴趣。但是在我的家里，从上学到工作，对钱感兴趣都是一种罪过，是不可以的，是很

▲ 富勒和年轻的清崎。1981年摄于在"商业的未来"的研讨会上。此次会议之后，罗伯特发现其生活完全改变了。

脏的。所以我在大部分时间里，除了和富爸爸在一起的时候，我都很少提起我对钱感兴趣。

我很想变富有，我其实对钱有好奇心。我真正想知道的是为什么有些人富而有些人穷。我想知道，为什么有些像我爸爸那样的人，宣称对钱不感兴趣，却一辈子在努力挣钱，抱怨钱不够用。我想知道，为什么教会反对迷恋金钱，却又请求群众赐予他们更多钱。我想知道，为什么我们的学校培养我们去工作，又不对我们进行理财的教育。

丹增：找到出路

佛教里有很多的教义，有些是最基础的，在我的生活中意义重大。

万事无常

我们的生活、家庭、财富、家和所有的关系都是无常的。地球、太阳和所有的星星都是无常的。很多年前，我们开车带着游客沿着希洛外的海岸线去看欧诺米拱门，那是一片很大很美的天然拱门，一直延伸进海里。几千年来，默默地接受着海浪的拍打。

一个晴天，一位艺术家在海边画拱门，拱门突然在她眼前倒塌了。这样的突变事件随时都会发生，有时候很突然，更常见的是觉察不到的瓦解。我们很珍视的那些东西最终都会离开我们。

我们最宝贵的生命最终也会消失。很多人不愿意想这些事情。我在医院做义工时，我经常会遇见有些人身体生病了，精神也跟着很沮丧。这种心理状态又带来身体、精神和情绪上更难恢复，生命提醒我们每件事都是无常的，不仅能让我们明白我们在一起的时间是无常的，而且能提醒我们要最大限度地利用这段时间。

我们能够发展爱的关系，让他人受益。此刻就是我们利用生命的最好机会。我们有能力改变坏习惯，因为它们也是短暂的。我们不会永远处于同样的境地。

我们想要长寿，我们却不想变老，这很有意思。真是矛盾，我常和人说我们可以变老是幸运的。长寿和变老可以让我们更好地完成目标、完善自己和他人。我们能接受变老是正常生活的一部分后，我们年老时头脑就能平静而满足了。我们就能和他人更好地相处，更好地体会生命的意义，而不是与正常的衰老过程作斗争。

简单来说，因为我们出生了，我们就会死亡。这是我们面临的自然过程。有时候死亡是永恒的，人们却认为这是他们和他们的爱人接受的惩罚。但不管我们生活的好不好，我们都会面临死亡，每个人都不例外。死亡也是生活的一部分。

我们失落时，会觉得事情永远都不会变了，但一想到这只是无常的就会舒服多了。人在失业、失恋或所爱的人走上邪路时，很容易会觉得痛苦。你有没有注意到当我们爱上某事或某人时，我们从不想变化，但我们痛苦时，时间却像静止了？在那种情况下，我们愿意付出代价去寻求变化，只要有点变化就好，早比晚好。

无常意味着任何事情都在不断变化。

这在积极的一方面意味着我们有机会改变自己，从而实现梦想，完成大事。所以不要把思想总陷在过去，如不好的自我形象，或者有人对你不好，应该着眼于你的潜力，采取行动改变未来。如果我们能改变那么一个缺点，如忌妒他人，或者像我那样避免冲突，我们就能直接有效地行动。

人们在生活中难免会伤心，为一些失去的东西，或者本可以做成的事情，如果我们明白每件事都是无常的，我们就能集中于我们所能做的而不是过去的。改变未来的能力让我们不再沉默，而是让我们在生活中做一些有意义的事情。

行善积德

这是生命中的一股巨大动力。早期的佛教教义注重生命瞬间的快乐和涅槃——从痛苦中解脱达到忘我。后来，关于行善积德的实践和教义发展了,从而为佛教增加了力量。当我们对他人友爱和关心时,我们会把他人放在自己的前面。这是我们内在的改变,从而改变我们和他人的关系及我们和周围世界的关系。

妈妈希望我们做到的一个事情就是要关心和体贴他人,不管是谁,她自己就给我们树立了一个好的榜样。我们在这个孤岛上成长,妈妈会帮她能帮到的任何人,帮助乞丐和陌生人,接游客到岛上,带他们回来吃晚餐。

妈妈还常常自愿参加很多组织,参与各种活动。一次,她平静地对我谈起:有时候做个日裔护士比较难。二战后期,珍珠港遭到袭击时她在医院帮忙。她照顾那些受伤的人,人家却认为她带着仇恨,怀疑她的动机,当时的那个环境一定是极端的困难。但是妈妈仍然很友好,友善是她的工作风格。

不过,妈妈有个致命弱点:她爱身边的每个人,却不太爱惜自己。在家里时,她就是另一个人了,不管是对自己还是对我们都很严厉。很多佛教教义开头都让我们想象我们爱身边每个人,就像爱我们的父母。我就想到她,但这并不容易。

现在我长大了,我能更好地理解她,对她生活中的困难感同身受,我们都需要爱,也值得爱。我想我们对父母都有很高的期望,但是当我想到我和妈妈的关系,想到"在当时的情况下她做了最大努力"时,我就想拥抱她,甚至感动得流泪。

我们每个人都想要被爱,但又常常感觉得到的爱不够,而同时我们却很少想到给予他人更多爱。我们在变得更开放、更宽容的同时,就会减少隔离感、减少以自我为中心。另外,我们给予他人更多的爱和热情,我们就更能体会到他人的大度和友好。

我的老师常说我们应该对一切都平等地去爱,包括朋友、敌人、陌生人。想想吧，如果我们有那种爱，那我们遇到任何人我们都会很高兴，而不是带着偏见、不耐烦或是只想着自己的安排。

行善积德不同于爱。行善是希望他人免受痛苦，爱是希望他人拥有快乐。有了这两种，你的生活就不再一样了。富勒也明白这一点，他说："我为越多人服务，我就觉得自己越有用处。"

因果循环

这条教义认为没有什么事情会自己凭空发生，每件事都是依存另一件事的，它们都是相互联系的。

我们越深地了解这句话，生活就带给我们越多信息。这很类似于富勒的"旋进规律"。富勒的很多理论都和佛教教义类似。不过这个观点不是心理学上的依赖或相互依赖的概念。

"无因不成果"这句古训总结了整个世界。可以适用于人际关系，也适用于自然。一个很经典的佛教例子就是种子发芽，只要有合适的土壤、水和阳光，种子就会发芽，但如果去掉其中任何一个元素，种子就永远不能发芽了。

相互依存也能解释我可怜的银行存款！受穷正是我儿时形成的概念的产物，是我生活中一系列抉择的结果，是我关于财富和自我价值的观点的必然体现。我不是在找借口，我是说很多事情（内在的和外在的）都是造成了我现在的状况的因素之一。

身患癌症才让我醒悟到金钱是有用的，不是为了生活得更奢侈，而是为了基本的健康和生活。这表明我的身体也一直在影响我的情感心理和精神生活。我不介意的东西总以某种形式证明其重要性。

癌症过后，我又得到了第二个警告：2007年我的心脏病发作了。

压力——很多年来的压力，可能先天也有不足，让我不得不去医院接受血管修复术，我的保险不多，存款也没有，而医药费高达5万多美元。我借了2万美元，每个月哀求保险公司为我付剩下的3万美元。缺钱的现实再一次打击了我。

作为罗伯特的妹妹，我有一扇自然之窗来看他和我完全不一样的生活和思维方式。与他一起写这本书，参加他的会议，让我改变了一直以来的金钱观。不同的穷人对金钱和财富有不同的模式和信念，富人的世界也一样。对我来说，这两个世界有冲突，不过现在我能看到这两个世界能共存共荣。

你有没有想过："我为什么要生在这个家？"有时候，人们发现罗伯特是我哥哥时他们会问：你为什么不像他？你为什么不是也很有钱？我们都知道家庭成员间差别可以很大。想到我们的父母、根源和成长环境都一样，结果发展却这么不同，这很有意思。罗伯特是朝向财富、自由和快乐，我则朝向内心的自由和幸福。

重病，还有和哥哥的联系让我改变了对金钱的态度，意识到其重要性。这是内心相连的很好的例子。尽管我过得简单，但我还是需要找到解决我自己的问题的方法。否则，我还能对别人有什么好处呢？

罗伯特和金帮我付了医药费，但他们不给我现金。他们是要教给我知识，让我自己去解决问题，也更好地为他人服务。

善恶报应

很多西方人在日常生活中会用到善恶报应这个词，你可能听过这样的话：啊，他遭报应啦，或者你这么做会好有好报的。似乎报应就是一种奖励，或者是你做了坏事的惩罚。

报应其实意味着一种行为，不仅仅是你所做的或你身体的行为，更多的是关于你的动机和态度，目的和动机决定了你的行为是否有道德，这与奖励和惩罚很不一样。

我要说的是过去的行为和决定形成了我们现在的经验，我们现在的动机和行为又决定了将来的结果，包括我们反复做某些行为的倾向。

虽然我工作是为了他人，但我有时候也充满矛盾，因为我无力解决工作和健康的矛盾。我是个素食主义者，生活很简单，可是这都不重要，重要的是我得了癌症，而这种病往往更多的是像我哥哥那样压力大、喜欢吃牛排的人才得的。所以我很震惊。

我必须改变。

我现在知道这是因为我的生活方式很容易又回到老路上，这是我需要意识到和警惕的。我的疾病让我很为难，但我有好老师帮我去完成生命中的改变。

像富勒曾谈到的"时间间隔"，佛教教义告诉我们，报应不是立时的。西方人觉得这个很难理解。很多人只想立马得到答案。当然，这是没用的，是不可能的。

如果我想我的生活按某种方向前进或者达到某种目的，我就得投入。但那还不够，我还必须得到更多知识并获得技巧。民间有谚云："如果你想知道你来自何方，看看你现在的生活和经验。如果你想知道你去向何方，看看你的大脑。"

我引用这句话时罗伯特并不赞成，说我陷入了太多理论的窠臼。他是从非佛教的角度来看的。是的，对不接受报应的人们来说，这只是一种理论。但报应虽然在某种程度上是理论，却联系着行为和因果。它构建了我们的生活经验和身份。我看到罗伯特和金是通过辛苦工作和学习，不断发展，绝不放弃，才获得了今天的财富、友谊和人际关系，他们不断从经验中学习，并分享给他人。他们也经常大度地回报组织和社区。这些行为都为日后的成功奠定了基础。

佛教大师常说，报应这个概念比其他一些深奥的观点更难理解，因为涉及一些复杂微妙的行为。简单地说，好的行为，不伤害他人或自己的，就能带来快乐，坏的行为则会带来痛苦。

涅槃

涅槃这个词和报应一样，很多西方人也喜欢用，人们有时候用它来替代天堂或者乌托邦。我虽然没经历过涅槃，不过我也在生活中体会过这种深深的满足感。在印度寺庙里学习反思时，有时候我就觉得非常的满足。但我也知道有些人来印度访问，最后是带着恐慌逃跑的，因为他们害怕臭虫、疾病和肮脏。

不过佛教概念里的涅槃有更深的意义——"没有痛苦和谬想"，涅槃是一种心理境界，不是某个具体地方。它让我们能淡然看待一切，没有爱，没有恨，能够充分体会自然。

开悟

开悟是一种去掉所有杂念后的状态，没有恨、怒、忌妒、淡漠等负面情绪，只有爱、友善、大度、美德、同情和为了他人的利益，以及获得这种状态的强烈动机。

所有人都可能达到涅槃和开悟的境界。自由、解放、开悟不仅仅是为和尚和比丘尼准备的，我们所有人都有这个潜力，我们都应该有勇气面对生活的困难，赶走沮丧和缺乏自信，就是那些情绪让我们达不到开悟。知道了每个人都能达到开悟，就能促使我们在和他人一起工作时更加宽容、更加坚定。

跟随佛陀让我的生命充满了方向、目标和心灵的平静。就像是罗伯特谈到的精神家园,在那儿我们觉得满足、被支持、被理解、被接受。我必须不断思考,尽量进步。沉思让我们对自然和生命的状况更具洞察力。我们不应该回避生活中的问题,而应该更加开放地接受他人和差异。

我将一生致力于这些原则,它们将成为我生活的向导,让我的生活更趋平稳。

第 11 章
天堂，地狱，快乐

教会告诉我们天堂是这样一个地方，人们围坐着，飘在云上，弹竖琴。地狱则满是火焰，魔鬼（长着角，长尾巴，拿把大叉）住在那儿，等着罪人去。

我们成年人并不知道死后是否真有天堂或地狱。地球上倒是有天堂和地狱，一个人的天堂可能就是另一个人的地狱。一份政府的安稳工作可能是我爸爸的天堂，但却是罗伯特的地狱。做企业家是罗伯特的天堂。对我爸爸来说，50 岁去经商却是他的地狱。

婚姻也可以是天堂或者地狱。即使大家都深爱着对方，可住在一起有时真的感觉是活受罪。

金钱也可以带来人间天堂或地狱。很多经济专家建议："过自己能支付的生活。"他们这么说，是因为很多人简直是活在地狱里，用借来的钱过他们支付不了的生活。而对其他人来说，天堂就是有自己的生活方式，有更多的金钱。

既然一个人的天堂可以是另一个人的地狱，那问题是：是什么带来了人的天堂和地狱？答案有很多，其中一个就是快乐，或者缺乏快乐。

罗伯特：自私和不自私的目标

就像生活中的很多东西一样，每个行为都会对应一种反应。如果一个人不开心，他可能会做一些让他开心的事情，如喝酒。如果情绪不好，他可能会去酒吧喝很多酒，这样就觉得快乐了。第二天，他就要付出代价了——宿醉。如果经常这么做，这个不快乐的人就变成酒鬼了，他还要继续寻找快乐。

还有人靠吃药来逃避痛苦和不快乐。根据《华盛顿邮报》的统计，今天在美国，每一百个人里至少有一个人坐过牢，多达20%的人跟贩毒有关。

坐牢不是我的天堂。有些人通过购物来缓解痛苦，金钱是他们的药。他们的钱越多，就越多地去购物。不过他们没有找到天堂，他们找到的是地狱，活在一堆信用卡欠款里面。

我的药是食物。我不高兴时，我就吃。我吃东西的时候，我就会觉得快乐了。问题是我吃得越多，我就越胖。我越胖，就越不高兴，这样我就吃得越多，就变得越胖，从而越不开心。我想通过食物找到天堂，结果却到了地狱。很多人通过宗教来解决他们的不快乐，很多人觉得他们有很多问题，而且他们解决不了，他们就希望上帝能把他们从地狱里救出来。

那什么是快乐呢？

我肯定这个问题很多年来一直都有人在问。我怀疑是否有一个适合所有人的答案。就像天堂和地狱，一个人的快乐也许是另一个人的不快乐。所以我不打算告诉你怎样才能找到快乐。我自己在寻找快乐时就遇到了很多麻烦。

我从富勒身上学到的重要一点就是"不自私的目标"。换句话说，符合这个规律的目标就是我为越多人服务，我就越有成效。这个想法适合我爸爸妈妈的价值观，为社会服务。1984年12月，金和我跨越了信仰，我们心中带着不自私的目标。就如我以前说的，那时是我们生活中最糟糕的时候。

那不是快乐。

今天，我和金通过自私和不自私的目标找到了快乐。我们的快乐是通过为他人服务，感觉自己的工作能让他人生活得更好，我们为世界性的问题作出了贡献。我们也有自私的目标，如赚钱让自己过自己想要的生活。如果我们很穷，做自己不喜欢的工作，和不喜欢的人一起工作，在恶劣的环境里艰难生活，无力支付健康及生活开销，我们则不会快乐。

工作也是快乐或不快乐很重要的一方面。尽管我们的工作很有挑战性，充满问题，但还是让我们很快乐的。我们意识到，很多人的工作让他们不快乐。对很多人来说，工作就是为了赚钱。

我有个高中同学很不快乐。她刚毕业后，就遇到一个有钱人，和他结了婚，住到他在科罗拉多的大房子里。她的丈夫继承了很多财产，所以他们不需要工作。他们有很多小孩和孙子。她的生活就是照顾她的赛马、做慈善等。她丈夫则把时间花在俱乐部，举办活动让其他成员快乐。

我问她为什么不快乐时，她的答案很简单："生活太空洞了。"

我问她孙子是否能填充这种空洞时，她说："不行。我喜欢我的孩子和孙子，但他们已经不那么需要我了。"我问到她的慈善事业，她坦白说："我做慈善只是为了保持社交圈。慈善工作只是让我结识了一些我该结识的人，让人看到我和正确的人在一起。我知道慈善很重要，但我对这个事情不是很有激情。"

我问她的灵魂想要做什么，她盯着我看，说："我做的够多了，我对孩子们很好。我是个好妈妈，是个好妻子。我为慈善事业贡献了我的大量时间和金钱。你还想我做什么？"

随后，我们的谈话就结束了。还没谈到自私和不自私的目标的区别。

我从爸妈身上学到的最重要的一课就是这个问题的答案："快乐是什么？"他们最快乐的一段日子是他们都在为肯尼迪总统的和平部队工作。爸爸停下了教育部的事情，和妈妈夜以继日地在希洛的和平部队培训中心工作，培训年轻人作好为世界效劳的准备。作为一个准备参战的年轻人，我见过那种精神上的快乐。我再也忘不了那种快乐。

我和金在1984年12月跨越信仰时，我们正在寻找同样的快乐。1986年，我们结婚那天，我们没有很多钱，请不起乐队，我们就印了婚礼歌的歌词，请到场的每个人手牵手跟着音乐一起唱。这首歌传递了我们新婚的快乐，每颗心都能感受到。以下是这首歌的部分歌词：

> 啊，一个男人将要离开他的妈妈，
> 一个女人要离开她的家，
> 他们一起旅行，
> 合二为一。
> 现在，
> 开始，
> 直到最后。

女人从男人那里获得新生，

又给予他新生，

全是爱，全是爱。

结婚的理由是什么呢？

是爱把你们带到这里，

是爱给予你们新生吗？

如果爱是答案，

那要给谁呢？

你相信从没见过的事情吗？

全是爱，全是爱。

  金是我生命中最美好的礼物。我们从1984年12月开始就天天在一起。那些年我们总共不在一起的时间也只有几天。我们的工作让我们灵魂更接近，我们的工作给予我们生命，我们的工作就是我们的生命。

  像大多数夫妻一样，我们也有矛盾，不总是那么甜蜜。不像童话里那样，从此就幸福地住在一起了。但我们会在工作中分享爱和结婚的理由。我们从工作中得到很多礼物，我们也相信真正的快乐是最大的礼物，并能为生命带来奇迹。

  很多人相信富有就是贪婪。我遇到过很多贪心的穷人和中产阶级，他们是没钱的贪心人，而富人并不一定很贪心。

  我们结婚后，一起制定了自私和不自私的目标。我们定了4个经济目标，从而成为指导我们生活的4步：

  ● 建立一家能为很多人服务的公司。我们想为人们服务，不管他们是否有钱，也不分种族和宗教。

● 投资服务业。我们主要投资公寓，我们为成千上万人提供管理完善而且价格合理的房子。

● 做慈善。即使我们钱很少时，我们也为感动我们心灵的慈善事业捐款。我们不直接把钱给需要的人，而是把钱捐给负责任的有良好运作记录的组织。

● 提高个人生活水平。虽然我们结婚时什么也没有，但我们还是想获得不为金钱所累的生活，满足自己的物质需要。

这4个目标都需要我们努力工作、学习，而且在实现的过程中一定还会有很多失望。但根据旋进规律，也就是波纹效果，我们生命中出现了真正的快乐。

今天我们拥有的金钱花都花不完，大大超出了我们所需要的。所以今天我们更重视回报，就像比尔·盖茨和巴菲特。回报是需要时间的。赚钱投资有很大风险，回报也有一定挑战。慈善捐赠也是讲艺术和科学的。我们不是将钱直接给穷人，这样的话钱很快就给完了，我们是找到负责任的管理良好的组织，既保护我们的财产，又能有效长久地使用这笔资金，从而实现在我们去世后很多年仍会有用处。

我和金都相信奋斗能创造人间天堂。我们在工作中找到快乐，就像我爸妈一起为和平部队工作时那样幸福。通过完成精神工作找到快乐，是爸妈给他们孩子的最好的礼物。

这不是说我们的工作很特别或格外重要。任何能给生活增加价值、提供服务的工作都是很重要、很特别的。例如，开校车就是很重要很特殊的工作，我很高兴有人愿意做这份工作，我也希望他们喜爱自己的工作。

我特别喜欢喜剧演员，因为笑声对这个世界很重要，这个世界时常太严肃了。笑声这个礼物真的很重要。

那你的礼物是什么呢？我被问到如何找到自己的天赋时，我的回答很简单："如果你拥有这个世界所有的钱，你会用你剩下的生命做什么？什么能让你高兴？人们没有使用自己天赋的原因之一就是他们被教育去上学、去工作、去挣钱。那问题是，如果你不需要为钱担心的话你会做什么？"

1994年，我和金享受退休生活了。她37岁，我47岁。我认为退休就是到天堂了。

结果却是地狱。我天天打高尔夫，如果你看过我打球，你就知道为什么高尔夫对我来说是地狱了。1996年我和金开发了现金流游戏。我写了《富爸爸穷爸爸》，我们又重回工作上来。我们的目标还是一样。我们相信太多人是金钱的奴隶了，获得经济自由的一个方法就是通过经济教育。我们希望大家能从经济中解放出来，这样就能更好地用自己的天赋完成自己的使命。

我们工作最大的快乐就是有像你这样的读者读我们的书，即使你不同意我们书中的每个观点。我知道这个世界有很多人有很好的想法、很好的故事，还有很好的天赋。

丹增：考试

我相信拥有一种有意义的生活很重要，不过怎样才能达到，对每个人来说就不一样了。

我、金和罗伯特待在一起读他们的书的时候，我会注意到他们说"不要过得太差"，但我原来一直不把自己归为这类，因为我是个比丘尼。作为比丘尼，过的简单是合适的。但不幸的是，我的生活显然不是"简单"而是"太差"。"过得太差"让我陷入了经济和身体的危机。

我一边在佛教修行和我的医疗债务及健康需要的矛盾之间寻求解决办法，一边分析我的情况，我得出了以下结论：

清心寡欲 / 没有压力

比丘尼的生活应该是很简单的。简单就是减少为了满足自我和舒适生活的活动和学习。比如，作为比丘尼我不需要奢侈品和潮流品，但是保持资讯畅通在现在的世界还是很重要的。这就需要平衡。

另外，我的生活中也有很多帮助他人找到幸福、免除痛苦的行为，通过这些行为我得到了心灵的满足，而心灵的满足是无价的。

友好的行为需要健康的身体

也许我们对于改变世界有很多想法，但如果我们身体不好，那我们为他人能做的就很少了。对我来说，"合适的生活"就是保证满足基本的生活需要。

基本的需要包括有营养的健康食物、好朋友、住所，以及为健康和其他需要留一点储蓄，这对于单独生活的人格外重要。

从我以前的生活经历来看，我意识到最重要的是不让现实和想法总处于矛盾状态中。

有时候我们也需要帮助

传统的佛教文化里，僧人是靠在家人供养的，这样他们就能够专心研究修行，在精神达到一定境界后，就能向他人传授佛法了。在亚洲很多国家，几千年来佛教就是这样兴盛起来的。

但时代不一样了，我们也不是住在佛教国家。很多在家学习者都不是富人。他们要自己养活自己，有些人还要养活家人，就没有很多钱能剩下来帮助僧人，而僧人却还希望每天做的只是沉思、研习。所以我们需要调整。比如，我在出家后住在洛杉矶时，很多年间我都保有一份工作。

不过，在我被确诊患有癌症时，我则没有工作也没有医保了。是我在西雅图的朋友付钱让我动的手术，而这次紧急的血管清除术则是罗伯特和金帮我付的医药费。

我当然不是说我们应该指望别人来替我们付钱。事实上，这正与我想要帮助他人的愿望相反。指望靠别人的善良而生活不是好的生活计划，不论你信不信佛。不过，我们会有自己应付不了的时候。那我们就别无选择，只能请求别人的帮助了。

这些状况也不意味着我们失败了。这意味着我们身边还有其他人，还有我们的精神家园，还有我们的亲人会帮助我们，就像我们愿意帮助他们那样。如果是一辈子的依赖，那当然又不一样了。那样的话，我们必须意识到问题所在并作出改变。

改变由内而外

我最后一次手术后，我意识到我必须考虑到自己的需要——保持健康。我意识到自己一直以来过得都很危险，现在需要调整，以适应新的变化。尽管我的工作很好，但是我的活动和积蓄却变少了。我在寻求幸福，但却在自己身上强加了一些限制，从而给自己带来了很多困难。

考虑到我的年龄和健康状况，似乎回到培训中心教佛经是很不明智的，因为那样不能保障我的身体健康。我决定必须前进。回头一想，看起来很困难的决定也没有要求我要有很多的心灵探索。我很清楚：有很多方式都可以帮助他人。我接受过教师培训，也在佛法活动中做过老师和管理，因此我应该在保留佛教信仰的同时能找到更好的方式来养活自己。

实际上，做个慈悲的菩萨、为他人服务这种理想，促使我解决与健康相关的财务问题。我的老师和一些关心我的学生也看见了这个需要，给我提供了健康保险！这让我很开心，也轻松了很多。

我希望通过修炼自己内心的和平，做一个善人。我希望通过内心的和平，能给自己和身边人创造了一个更幸福的世界。

这与21世纪的美国生活不冲突，虽然我必须承认在这个时间这个地点做比丘尼或和尚是比较独特的。

改变是由内而外的这个原则，适用于社会也适用于个人。作为一种文化，我们美国人过着很边缘化的生活，可能都超过了边缘，我们似乎无力应对不断变化的时间和环境，要么不够快，要么不够好。我们必须面对这个事实，我们这个国家已经用了很多时间在无意义的甚至对生命有害的活动上。

现在，我比以往更坚信我们必须运用创造性的头脑增加获取和平的方法，和地球和平相处，在全球范围内减少污染、贫穷、压迫，个人也要减少仇恨、偏见、自私。解决这些我们人类自己制造的问题也要靠我们自己。宗教的和谐、宽容及道德的美德就是一种强大的力量，它所强调的人们之间相互依存及与自然和谐共处，能帮我们解决这些急需改变的问题。

我们必须发展内省的能力，找到错误和缺点，并有改变的勇气和行动。

第 12 章
生与死

我们最终都要面临衰老和死亡。生与死是交替的，死亡离我们的日常生活并不远，正如很久以前炸弹爆炸所证明的，尽管我们常对自己开玩笑说这次爆炸是没有的事。我们的时间越来越少，所以我们要充分利用这个宝贵的美妙的生命，实现自己的梦想。

人们也并不一定要很优雅地对待生活或者死亡。生活中，我们常常发现自己很矛盾，头脑中不是总有明确的目标。而在我们面临死亡时，可能会表现出很多种坏行为。但越是那样，人越会把事情变得更糟。

在越南，我也常常面临生与死。战争很枯燥。坐在海上的飞机里并不像在邮轮上度假一样有很多供游客娱乐的活动，那里没有豪华自助餐、歌舞表演，也没有让人可以在里面大喝特喝的酒吧。

航空母舰甲板下面的船舱很狭窄，是个滋生不良行为的地方，经常有水手和飞行员争吵。几千个年轻人被困在船上，生活很拥挤、很束缚。飞行员还有个优势，每周至少可以飞到岸上一两次。

很不幸，还有一些比争吵更麻烦的事情。一些人还有叛变的行为，破坏他人的努力，甚至危害到他人的生命。举个例子，有人会把海水倒进油箱，从而破坏整个飞机。

这些破坏行为反复出现后，一些飞行员就开始轮流守卫母舰了，时时刻刻。虽然我们都是美国人，本该站在一边的。

不过不良行为并不局限于战时，任何时候死亡都是生活中最痛苦的事情。有些人早就在为这个转折点准备着，以优雅和宽容来对待。但是另一些人则退避了，他们的一些做法伤害了自己和那些可能帮助他们的人。

这不是破坏飞机的那种背叛，但这也有可能带来巨大的痛苦，甚至毁灭生活。

不过不一定非得这样。

罗伯特：生活在对死亡的恐惧里

在教会，我学到过犹大背叛耶稣。背叛的行为是人类行为的一部分，配偶出卖对方，商业公司相互窃取机密，人们撒谎来保护自己，闲言碎语毁灭了他人的名声，网络的博客里很多人在互相诽谤。背叛的能力是每个人都具有的黑暗的力量。

在越南战争时期，海军没有女人，不像现在，船上有几千个年轻女人，士兵们都充满幻想。大部分时候，美国舰艇沿着越南海岸到处巡逻。前一天海岸线还在我们的右舷出现，第二天就离岸了。

地面海军常常在飞行甲板上慢跑，之后清洁他们的武器或者睡觉。海军飞行员一般在下午晚些时候锻炼，那时候都降温了，我们不像他们那样卖力。这些自我安排的时间帮助我们成为不同的小组，从而减少争吵。

尽管我们都是一边的，但总有一些人能找到发脾气或相互打架的理由。

在越南的时候，我的飞机坠毁过三次，都不是因为敌军。其中，有两次坠毁是因为飞机损耗，一次是尾部螺旋桨有故障，另一次是水力线有故障，很幸运两次我都还是开回航空母舰了。那两次我们都能够排除故障，挽救飞机。

第三次是最严重的一次，是因为飞机被人破坏了。不可能是敌人干的，我们那时候在离岸边20英里的海面，越共战士要爬到飞机上来并破坏喷气飞机是很不容易的。

我们整个小分队都要参加岘港北部的袭击，清早，太阳还没升

▲ 罗伯特和泰德·格林在冲绳岛，准备参加越战。

起，我的直升机就从甲板上开出来了，我们准备开动。共有2个炮手，1个队长，2个飞行员，开始飞前的例行检查。

我和格林是在佛罗里达一起上的飞行学校。在获得飞行章后，我们都很高兴被直升机部选中，并派到加州的彭德尔顿军营接受高级训练。我们一结束枪炮训练，马上就一起被派到了越南。

看着喷气发动机的进气口，我看到涡轮叶片中间有个什么东西突出来。因为当时天色还很黑，我拿了手电筒仔细看进去。马上我就发现了目标，我用力拉出来一个小小的油抹布。

我很震惊，胃都缩紧了，皮肤也起了鸡皮疙瘩，有人突破了我们的防线。马上我下令整个飞行组重新进行更细致的检查，他们发现了一个扳手及一些细绳塞进了其他的小地方。

"你们全都找遍了吗？"我问。

"我希望是。"一个队员回答。

"希望是不够的。"炮手说。

正在那时船上的喇叭响了。

"10分钟后发动。3号炮手，你们是开动还是降落？"

我们5个人相互看了看，不敢确定。我们都点点头说："开始吧。"发动机很快发动了，我们飞向战场。尽管飞机看起来运行良好，我们还是很担心，不断地检查各种测量仪表。

突然我的眼角看到发动机的表盘闪了一下，在飞行学校我们学过，如果这个盘闪的话，就说明发动机有问题。

我还没来得及跟他们说，飞机就颤动了一下，发动机功率突然加大，又熄火，又加大，然后就完全熄火了。警报器响起来，发动机的故障灯也闪起来。没了动力，飞机马上开始从空中坠落。

"求救，求救，求救。"格林中尉一边广播呼喊一边猛拉飞机，我们都紧紧抓住飞机，开始把机枪、弹药等重物扔出飞机。

看着海面离我们越来越近，我想起在学校里学到的一句话：死亡就在眼前。那天我知道了死亡在眼前是什么滋味，我怀疑那是我在世上的最后一刻。

虽然身边有很多种声音，有控制台警告其他飞机不要靠近我们的声音、战场上的广播声音，还有身边队员打算跳伞的声音，但飞机里却有一种怪异的安静。我想大海和我的队员的脸也许就是我最后的记忆了。

一片混乱中，我又平静了。我问自己如果我就要死了，我是否觉得生命满足了？5秒之后，当我提醒自己这是我自己选择的生活时，我则变得平静了。没有人强迫我加入海军，我自愿参加战斗时，我就该知道我可能不能活着回来。

所以，我对生活还是满足的。如果驾驶舱外是我生命电影的最后一幕，我也对这个电影的结尾很满意了。

我们朝海面降落时，飞机还处于稳定的自动驾驶中，在我为沉没作准备并大声核对检查项目时，格林中尉正全神贯注地驾驶着飞机。

格林是个很优秀的驾驶员，他带我们很好地降落在水面上。他尽力飞向航母。我则确保每项项目的核对，门被扔掉，飞机是空的，电力关闭，队员都系好了充气救生衣。我和格林操练这个很多年了，几乎每天反复练习发动机发生故障时的紧急准备，已经练到我们有没有发动机都可以飞行。

操练结束了，我们马上就能知道我们的准备是否能取得成功。我们一组5个人作为一个整体努力了，我们很害怕，但还不至于惊慌失措。

就在我们撞到海面上时,格林转了方向,我们没有猛撞上去,而是在海浪上滑行了几里,这是个完美无缺的自动旋转,靠惯性完成。

我完成每项核对,并叫大家找好支撑,一切都很好。然后一个巨浪撞到玻璃窗,碧绿的海水和泡沫在我们的脚下盘旋。我们马上开始下沉,飞机倾斜,和海浪的力量对抗,最后完全右倾,转叶片在水中高速运转,毁掉了发动机,飞机也被撕成两半。

我在水下拼命呼吸,努力想从飞机中爬出来,想到可能溺水身亡我就很害怕。我的一小片衣服好像被卡住了,很可能被迅速下沉的飞机拖下水。今天,我似乎还能看见旋转的绿水及水下的机舱等,当时我绝望地奋力上爬,想要浮出水面。

浮上水面后,我深吸了一口气,高兴地欢叫了一声。浮上水面,我发现飞机周围的海水很烫,这是因为海水接触到发动机的缘故。我看见自己的两个队友浮在很脏的滚烫的水面上,我高兴地问道:"你们没事吧?"

▲ 转叶片撞到水面的那一刻,罗伯特和他的队员及武装直升机一起跌入海中,好像电影里的画面。事故原因是发动机故障,事故发生在离岘港27英里处。没有人员伤亡。

他们两个都很震惊，不过还能对我微笑，并竖起大拇指。

"杰克逊在哪？格林在哪？"我尖叫道。

两个人都摇头。他们也不知道。

大概过了三十多秒，还是没看见他们两个。当飞机尾桨最后没入海中的时候，射击中士杰克逊从水面浮出来，我们3个都高兴地叫起来。

"格林还在下面，"杰克逊说，"他卡在座椅上了，他也开不了他的门。我帮不了他。他只忙着开飞机救我们，他都忘了救他自己。"

我无法充分描述那时的心情。如果我能够下去把格林拉出来，我一定会，但环境的力量超越了我的能力。飞机迅速下沉，我穿着钢趾飞行鞋，还有充气救生衣，保持我浮起来。虽然我也很会潜水，可穿的却是飞行员的衣服，不是潜水服。等到我把这身衣服脱下来，可能一切都来不及了。

与此同时，想到我最好的朋友就在水下挣扎着，真是很痛苦。我感到一种痛彻心扉的无助。我们对生命是多么的无力？这是我头脑中一直想的。如果我能和格林换个位置，我一定会换。

想到我们3年来的相处，我开始祈祷奇迹发生。时间似乎静止了，我们所能做的就是盯着飞机下沉的那片水面，希望奇迹发生。

似乎空洞的寂静使我们都聋了。

突然格林从水面下冒出来，大口呼吸着。这正是我们祈祷的奇迹。我们马上围上他，帮他去掉吸入肺中的水，帮他浮起来。他还需要时间恢复。

"我以为我死了。"他说。5个大男人拥抱在一起，庆贺，欢呼，庆祝生命。尽管我们沉没的地方离航母很近，不过整个战斗还是比水里的飞行员更重要。所以4个小时后，我们才被从水里救起来，带回航母。

我厌倦了死亡和杀戮。我的海军生涯结束了。我不想再杀戮或把我的生命献给杀戮。

我内心有了一些变化。

我们常常直到失去后或快失去时，才充分觉得某种事物的好。离死亡这么近，还有杀戮，是很不寻常的经历。因此，我对名叫生命的宝贵礼物更加珍惜。我不想再活在对死亡的恐惧感上了，我要努力过着无惧的生活。我相信我不害怕失去稳定的工作，不害怕失败，不害怕被批评和没钱，因为对我来说，这些恐惧不足以表明我对生活价值的恐惧。我不愿意生活在恐惧中，我要选择一种兴奋、感激、有回报的生活，作为对生命这个礼物的交换。

在主日学校，我学到过耶稣被迫害和复活。在越南，我学到了为了复活我们不一定非要先死。战争的一个不寻常经历就是面对死亡。恐惧死亡是很正常的，但死亡是一个过渡，死亡之后还有复活，复活是一种转变、升华、变化，知道这点也是很重要的，我们也可以换个角度这么看待。

我参加礼拜时有一个问题，就是对于复活的解释，复活只有一种，就是死后的这最后一次，能够升上天堂。我发现生活本身就是生、死、复活的进化或转变。

在战场上，我在死亡中发现了生命。越战后，我发现要明白这些我不一定非要坐在教堂里。这些道理就在我们身边，每天都在，无论我们在哪儿。

今天，我遇见很多人，他们生活在对死亡的恐惧中，而不是带着生的欢欣。很多人担心工作是否稳定、收入够不够生活、人际关系太复杂、生活达不到要求、健康不好等众多问题，但在我看来，很多人都生活在对某种形式的害怕中，而没有意识到他们的恐惧正在伤害他们。

生活在恐惧里，不能充分发挥自己的潜力，这是一种惩罚。要免受这种惩罚，就要相信有复活、有进步、有转化，只要我们愿意去相信。

我失去第一个大公司时，我就是受到了惩罚。《夏威夷商业报》很不友善，他们像鲨鱼那样追着我。比尔出版社也追着我。我的一些朋友离我而去，我的第一任妻子也要离我而去。我的哈雷大维森公司被人收购了。我的信用卡也被没收了。我没了地产。我卖了我的保时捷，因为我养不起它了。我开始坐公交车、骑自行车或者走路。

我不知道我什么时候能以什么方式恢复，但是我知道我一定能。在越南，我明白了死后重生的道理。在教堂，我明白了迫害和复活。我也明白改进不是《圣经》上的或达尔文意义上的，而是经济史上的。我知道最成功的企业家在成功之前都失败过，在能够重新站立起来之前都是要受到惩罚的。

我从不明白那种说只要有信仰、不需要做任何事情就能得到救赎的说法。他们宣称，你所需要做的就是做一个好人，去教会祈祷，在盘里放上你的钱。只要做完这些事情，上帝就会解决你的问题。首先我得补充，我知道确实有奇迹发生过，不过光坐着祈祷并不适用于所有人。就我个人来说，我宁愿更主动地创造自己的未来。

我联想到教会说的话：自助者天助。在我的生活中，我发现我帮助别人越多，我生活中的奇迹就越多。海军部队在我的头脑里灌输了自愿为更崇高的事业献身的价值观，这就是格林差点死掉的原因。我知道很多人谈论为崇高事业献身，但是谈与实际行动其实很不一样。

正如前面所说，很多时候，我们在失去或者快失去时才会珍惜我们所拥有的。直到我快失去生命时，我才珍惜我的生命。直到我差点进监狱时，我才珍惜自己的自由。直到我几乎失去一切时，我才珍惜富爸爸的劝告。直到我失去第一个妻子时，我才珍惜她的爱。

那次事故让我直面死亡，也让我看到了那个愿意为挽救他人而牺牲自己的朋友。那次事故大大改变了我，让我更加珍惜自己的生命。我反对杀戮了。我的武士血脉仍然在血管里流动，但今天我宁愿用此来捍卫生命而不是夺走它。

"为什么坏事会发生在好人身上？"

在失去后或者某种坏事发生后，我常听到人们问这个问题。我赞成富勒的观点，"好和坏是没有意义的"，我现在知道所有的事情（好的或坏的）都是恩赐。例如，掉进海里让我重生，破产让我变富，失去第一个妻子让我成为更称职的丈夫，肥胖让我今天变成更健康的人。

我们的生活常常经历惩罚、复活、改进和进步，每一次都与生命中的食物、水、阳光和锻炼有关。如果这四种缺了一个，存在就不完整了。例如，胖得呼吸困难，以为我心脏病发作就是对我的惩罚，也是对我的恩赐。我改变饮食、加强锻炼、学习有规律的生活就是我的复活。但是仅有饮食和锻炼是不够的，我必须从内在也要进步，从一个胖人变成健康人。如果我不进步，用不了多久，我就会又变成胖人。

我的进步——从胖人（我大半辈子都是）变成健康人，这是一种有规律的变化。换句话说，因为肥胖打乱了我身体的规律。

当人们说"我找到了宗教"时，这意味着他们找到了遵循规律的纪律。我减肥后又反弹的一个原因是我从来没找到健康的宗教，我会欺骗自己或假装身体的规律不重要。心脏病发作就是对我的刑罚，我的清醒带我选择了复活。

找到宗教的概念对成为富人也很重要。我必须遵循规律。在我和金的婚姻里，我很想遵循规律。她是发生在我身上最美好的事情。

生活的转换需要心理、身体、情感和精神的转换。

很多人摆脱了贫穷，但是后来又接近了贫穷。例如，很多移民从祖国移出来后又加入了在移民国的本国难民营。这就是大部分大城市里有民族聚居区和道德社区的原因。我在准备离开高中进入大学时，很多人建议我去加州大学或者俄勒冈大学，我问为什么，他们回答说："那些州的学校里有夏威夷俱乐部。"

我很爱夏威夷，爱它的人民和文化，但我离开夏威夷是为了进步和转换。所以我选了纽约的学校，那儿并没有夏威夷俱乐部。如果我还是离夏威夷文化很近，我怀疑我是否能交到像唐纳德和斯蒂芬那样的纽约朋友。这样，我就不能明白他们的世界了。我必须进步和转换，如果我想交纽约朋友和夏威夷朋友的话。

今天，我的婚姻很美满是因为我在第一次婚姻里面是个不好的丈夫。如果我没有经历过个人进步，我知道金是不会和我结婚的。我们第一次约会时，我就知道我爱上了金，但我仍然很贪玩，我以前就错过一次。当我发现对金做出了以前对珍妮特一样的事时，我马上向金承认并且告诉她实情。尽管她很受伤很失望，但她还是温柔地说："你知道我不赞成那种行为，我不会和一个偷情的人结婚。"

从那以后，我没有背叛过她的信任。我不想失去她的尊重和爱。我知道如果不是以前我有那个腐败的灵魂，今天也不能有这个这么好的灵魂伴侣了。

在合法、道德、精神原则方面，婚姻和公司很像。在公司里，像在婚姻里一样也有很多骗子、笨蛋、小偷。做企业家的一个好处就是我能选择自己共事的人，这并不是说我只和朋友共事。作为企业家，我让每个人都知道，如果他们不好好表现、精诚合作、不断提高，那他们就得另谋高就了。

不过，我的大部分朋友都像我（富有的企业家）一样喜爱自己的工作，因为很有挑战性。他们工作是因为他们热爱自己的工作，虽然他们的工作往往充满挑战和实践。很多人赢得了我的尊重，如果我不道德或者不合法很多人都不会做我的朋友。他们可能还爱我，但他们可能会失去对我的尊重。

这些年来，我很幸运能和一些很聪明的骗子、笨蛋和小偷共事。我说这是恩赐，因为他们教会了我从课本里永远也学不来的一些商业知识。他们每个人都让我看到自己身上也有骗子、笨蛋和小偷的影子。如果我不是他们的同类，我就不会和他们待在一起。所以我把自己变得更强大更诚实，因为我自己亲身体验过被他们伤害过的滋味。

在本书的前面一部分，我写到了性格和性格缺陷。每次我发现自己没有达到自己想要的那么成功、富有或者快乐时，我就开始思考自己的性格优点和缺点。例如，我成功后往往很骄傲。

很多性格缺点都是我们在教堂里听见过的，也是七宗罪里面的。它们是骄傲、贪心、忌妒、私欲、暴食、愤怒和懒惰。几千年来，人类一直在和这些罪或缺陷作斗争，如果我们不进步，这些缺点就会成为毁灭我们的力量。

挽救中产阶级

2008年，在总统选举时，很多候选人都承诺要改善中产阶级的处境。在写这本书时，奥巴马刚被选为下任总统，我很确定他无力改善中产阶级的处境。我们都知道，如果你的未来掌握在政府手里，你可能就陷入麻烦了。

1900年，政府可能还能保护你。但从2000年开始，这种可能就越来越小了。政府和宗教都无力在日新月异的全球变化面前保护人们。

1974年，我看到我爸爸坐在他的电视面前时，我很感激美国政府，是财政部门支付了他的生活和医疗费用。到2020年，这些政府保障网络可能就无力支付成千上万的依靠政府保障救济而生活的人的生活和医疗费用了。

在约翰的歌《想象》里面有句话是这样的：很难想象没有国家的世界。

实际上对大多数人来说，包括我，很难想象一个没有国家的世界。几乎无法想象一个没有美国、英国、日本、墨西哥、巴西、加拿大、澳大利亚和南非的世界。因为我们出生时的世界就是有国家的，所以很难想象一个没有国家和政府保护人民的世界。不过，很多预言家预言今后的世界是没有国家的。

约翰的歌词可能会实现的一个原因是国家的概念变了。在工业时代之前，是有国王和王后的国家。今天，只有少数几个这样的国家了。那下一步没有国家的世界是可能的吗？这就是约翰在歌里的问题。

> 如果国家和政府的概念过时了，那些成千上万的想靠政府或国家经济帮助的人会怎么样呢？我相信这个答案离我们不远了。他们要向谁寻求食物、住所和医疗的帮助呢？上帝吗？还是他们的教会、寺庙、清真寺？
>
> 更确切地说，如果国家破产了，无力承担这些又会怎么样呢？如果你是指望政府来帮助的人，你会怎么做？

当我遇到有些人没有充分发挥上帝赋予他的天赋时，我就开始寻找他们没能得到解决的罪。我知道我还在努力摆脱这7种罪，我建议你也这么做，看看你是否在你身上也能发现这些罪。如果你不能，你可能就要归入圣人一类了。

在富勒的一次讲话里，他说："我们人类要开始不靠杀戮也能成事了。"他说话的时候，我的思绪就飘回到我亲眼见到的那次原子弹爆炸、我在越南的经历、我在商场的你死我活的争斗。我开始发现我越想杀掉我的敌人，他们就越发努力地活下来。

在越南面对死亡后，我开始寻求另一种生活方式。这种寻找让我重回我父母、家庭和教会的价值观。我最后听见了他们想说的。到1981年，我已经进步很多，足以听懂富勒博士说的话："如果我们开始致力于共存又会发生什么？"

带着这个问题，我的进步和转换开始了。我不再专注于让我一个人赚钱，我开始努力开创一种让每个人都富有的商业模式。这就是我今天做的。这也是我能够有好的运气和经济成功的原因。

丹增：生和死，带着优雅

我曾在医院做过牧师的工作，这让我比平常人更多地面对死亡。也许我生来就是做这个的。爸爸去世时我在那儿，妈妈去世时我也在。他们的死亡给我年轻的心灵上留下了深深的烙印，让我决心去寻找平和生活和死亡的精神道路。

我们都要面临衰老和死亡。作为佛教徒，我一直在研习和思考这些问题。不过，现在我变老了，特别是在经历过重病之后，我能看见死和生是相互交织的，死亡离我们的生活从来都不远，虽然我们常拿这个开玩笑。

我很清楚我在这个美妙的人世间，实现和增加我为他人付出爱的梦想的时间越来越少，最后这就是我们所有的了。与财富、朋友、家庭一样重要的是医生，他们在我们最后的时间里让我们心灵平静。从我的观察和个人经历来看，优雅的死亡来自于优雅的生活。

优雅的生活定义是精神和道德的，解决内心的矛盾及与他人的外在矛盾。好好生活就是好好死亡的秘密。

罗伯特说死亡不是很好的晚餐谈话的话题，大部分人宁愿回避这个。他在越南面临过死亡，看见过他的战友在异国他乡的可怕战斗中死掉。他说他不害怕死亡，也许正因此而给他带来了活力。对我来说，面临死亡则是佛教修行的一部分。

我们接受过训练，可以关注自己的身体随着时间的变化是如何慢慢变老的。我们今天生活的大部分人在100年后可能都不在了。不过，我不需要用这么抽象的方式思考死亡，因为我已经失去了很多朋友和家人。我对死亡的体会更直接。

最后的死亡过渡是我们所有人生命中的紧张时刻,往往带着强烈的情感变化。死亡能让每个接触它的人对生命变得更加睿智。我准备好了我的思维,过着佛教修行的生活。你可能想知道这对于死亡有什么帮助,特别是你接受过科学思维:人类没有意识和精神,我们所有的想法都来自于大脑的化学和电子反应。根据这个观点,我们大脑死的时候人也就死了。所有的一切都停止了。

我这么多年的修行和研习,让我相信死亡并不能结束生命。

一天晚上我授课时读到日本俳句诗人库拉的诗,他死于1906年。他是日本禅宗和尚、诗人、武士,在人们死前为他们做短诗,捕捉人们临死前的思绪和精神状态。就在他死前,他念着:今年我想看到彼岸的荷花。

在思考一阵后,班上的一个新学生问:"他的意思是从泥土上看还是从泥土下?"

我们的身体也许是在泥土下,但我们的意识,不再有身体的支撑,会和身体分离,继续前进,保留住生命的癖好和印记。

有些科学研究开始支持佛教教义关于意识与我们称做大脑的器官不一样。意识表现出清楚和知道的品质。这不是物质因此不会随着身体死亡而消灭。死亡时这种意识一直存在,事实上,根据佛教观点,这会成为新身体和新生命的基础。

这是我不能接受生命毫无意义的原因。生活充满了意义和目的。我们在长长的旅途上,走向最终的快乐。我们时刻追寻的道路是以道德为基础的,是一种道德生活,大概来讲,是专注于他人的快乐,还有我们自己的快乐。道德生活模式为心灵带来宁静,这对死亡的时候会有所帮助。

过一种有道德有约束的生活是重要的,即使对那些不接受意识和身体分离的概念的人。每个人都想要快乐，我们可以以很多不同的方式寻找。有些人认为在金钱、名声、权力和21世纪的一些新奇事物里面能找到快乐。这是真的，我从自身的旅程里就知道，要保持健康和快乐需要必要的物质基础。但只有金钱是不能带来快乐的，不论有多少。

如果追求快乐缺乏道德基础，一定会变成追求不快乐。对他人的善意是我们心灵找到快乐的根本，这才是真正的属于人的财富，真的财富。

我们要注意自己的生活方式，为死亡作准备。

当然，要发展心灵，首先我们要满足自己的基本需要，保证健康合理的生活状态，我们拥有了这些之后，我们就能做到我们想做的。这是摆脱贫穷的真正方法。

要想带着优雅死去，先要作好接受死亡的准备。最终，我们都会作好准备接受死亡，包括我们自己，还有我们爱的人的死亡。对我来说，我们可以带着优雅和从容死掉，也可以带着痛苦死掉，这取决于我们对死亡的接受和准备程度。我们不可以选择死的方式，我们可以选择死的态度。以下是我们的基本选择：

1. 作好准备，但不接受；
2. 不准备，不接受；
3. 准备好，并且接受；
4. 没准备好，但愿意接受。

不准备，不接受

几年前我在佛教中心讲学时，有一个40岁左右的人来听我的课。他因为吸毒和酗酒把肝弄坏了。实际上他正在收容所里生活，但每天可以有几个小时来听课。他喜欢和学生们在一起沉思,我们都对他很友好。我们去收容所看他,把他接来上课,帮他做一些小事。

一天,收容所的医生告诉他一个好消息:他的健康正在恢复。然后又告诉他一个坏消息:他必须得离开收容所了。

刚开始他和他哥哥、嫂子住在一起。后来觉得不方便,他就自己租了个公寓。不久之后他就没来上课了,我们也再没有听到他的消息。之后,我们发现他又开始酗酒,寻欢作乐,这种生活方式损害了他的健康。他的肝很快又有了问题,最后死在了公寓里,虽然他已经有过第二次机会。

似乎我们这个朋友对他自己没有信心,也不了解自己作为人的潜力。对自己和世界没有积极态度,他失落、迷惑,所以他失去了希望。有些人用毒品、酒精或者一些有毒的物质和活动来摆脱压抑。也许没有人来帮他们,也许在需要帮助时却无力去寻求帮助,这种孤立是很多人面临的问题,像我的朋友。

佛经上说:"不要通过痛苦找快乐。"虽然我的朋友对精神提升感兴趣,但他没能把这些融入他的生活。也许他"寻找痛苦"的习惯太强烈了。在这些情况下,他牺牲生命来躲避困难,而不是选择生活把痛苦改成快乐。

作好准备,但不接受

我的父母就属于这种类型。他们在精神上都准备好了,但是却不能接受他们的死亡。他们比大多数人都更多地处理过死亡。妈妈是专职护士,特别是在珍珠港遭袭击时。他们都经历过海啸、大火、很多家人和朋友的死亡。妈妈在她哥哥最后去世时,为他进行心脏复苏术想挽救他。爸爸曾不顾自己的生命危险，冒着大火去大楼里救人，而那些在里面的人正想拿出他们的财产。

还有一次，我爸爸去认领一个好朋友的儿子，他和一个大卡车迎头相撞，爸爸不让那个男孩的祖父母去看他的尸体，因为已经完全血肉模糊了。

我爸妈有过很多次这样的经历，他们帮别人时可以直面死亡，而面临自己的死亡时，却很艰难。

妈妈有信仰，常去教会，不过作为孩子，我们可以看出她的信仰似乎没能帮她减少太多生活中的个人痛苦。特别是妈妈不能接受对她心脏的医疗诊断。她到处求医，想要得到不一样的答案，但就是不能接受她的心脏在几年前受风湿热而损害的事实。

她拒绝承认这个事实也是很常见的，早在18世纪的印度佛教大师就描述过这种态度，他写到："我骗自己，至少在今天我不会死。但是我死亡的那天终将不可避免地到来。"

妈妈心脏病医治无效时家里就我一个孩子。她的去世很突然，我们都没来得及与她说再见。她还年轻，这完全是意料之外的，回想起来，真不该是这样。

作为护士，妈妈比普通人更了解自己的情况，她只是不能接受她快死了这个事实。我们家很少谈到生病与死亡的必然性，至少不用我们能理解的方式。妈妈以她自己的方式曾经和我们交流过，但是她自己并不愿接受，结果，她的话语充满了痛苦和伤害，把我们推远。

我们不知道怎样才能帮到她，她去世后，没能帮她这个事实让我们都很痛苦。我们都很爱她，我们都希望我们曾经为她做的多一点。

当我们面临严重健康问题时，是很需要谨慎考虑的：我们应该怎么办？作为一个病人，或者病人的配偶、亲戚、密友，我们能够置医生和这些病症于不顾,假装这些都不存在,希望事情能变好。我们也可以让自己和身边的人沉于这一切痛苦中。或者,我们也可以找到应对的办法,找人帮助、咨询。但当妈妈被这个重病所吓倒时,我们没有合适的方法来帮她。另外,由于日本家庭常常内敛,我们也没有寻求更多的帮助。今天我们可以通过各种方法寻求帮助,如上网、去图书馆查阅资料,我们知道的比多年前知道的多得多。

虽然科技越来越发达,每天都有新进步,我们也更健康、更长寿,但我们还是朝向一个同样的终点。

爸爸为自己去世作的准备就是清空家里。后来我很失望地发现他几乎扔掉了他写的所有著作、演讲稿和文件,以及他参加过的项

▲ 我和爸爸在罗伯特和金的婚礼上:罗伯特和金在1986年结婚,我在1985年刚从印度受戒回来,我特意穿着普通衣服,因为我正在适应西方的比丘尼生活。注意,我爸爸手里还拿着烟。

目。近几年我去看他时，他会鼓励我们拿走自己想要的东西，包括工艺品、盘子、银器和其他有纪念价值的东西。他用这些方式在头脑里为自己的去世作准备，不过他去世前的最后几个月很混乱。

爸爸1990年患肺癌的时候，我正在印度学习，但我女儿艾丽卡很多次都想要帮他。爸爸的身体状况越来越差，他变得很不安，似乎不能接受。艾丽卡打电话告诉我他的情况越来越差，如果我想在他去世前见到他，我则必须尽快赶回来。

我和爸爸在一起待了两周，那是他生命中的最后两周。

看到他痛苦我也很难受，特别是我们又做不了什么，肺癌导致缺氧，又导致窒息，爸爸很害怕。他生病时，医生移除了他的一个肺，爸爸的另一个肺接受放射治疗，这让呼吸更加困难。医生告诉我们他需要重回医院，因为便携式罐体无法提供足够多的氧气。

他这样做了，刚开始医院的氧气罐还能缓解他的痛苦，这样爸爸就轻松了一点。他叫我读罗伯特·弗罗斯特的诗句，反复读"那条未走的路"给他听。

最后他的肺无法工作了，氧气罐开到了最大也没有起到多大作用。随着他的病情恶化，他的呼吸也越来越困难。他很易怒，护士不得不把他的手和腿绑起来，以免伤害自己或他人。他的喉咙插了根管子，这样他也无法说话了。平静些的时候，他想写点东西给我们，但因为服用了镇静剂，胳膊也被绑起来，他写的字我们根本看不清。

他最后的遗言我们都无法听懂，这让他很痛苦，也让我们很痛苦。他想告诉我们的是什么呢？还有哪些是他还没来得及说的呢？在他生命的最后时刻，他很想和我们说话，我们家人围着他，他与死神抗争着，在床上挣扎着直到最后一刻。

爸爸不信神，不过他相信哲学。他在生命中经历过悲哀的失败，那是1970年他参加竞选时的失败。那次失败对他打击很大，那时他50岁，而且突然发生了那么多事情。虽然他学过很多知识，也帮助过很多人，但我不知道他花了多少时间帮助自己应对个人的失败、生病和死亡。

不论有没有精神道路，我们每个人在生活中都会遇到困难。问题是，我们能否在我们的世界都坍塌后重新振作起来？我们能否解决问题并将痛苦化为智慧和同情？这些都是佛教探讨的基本的个人问题。

简而言之，答案是肯定的。我们可以转变自己，如果我们努力用自己的智慧和情感力量来分析我们的生活、情况和行为的话。我们必能找出我们可以改善的问题，然后改进。我引用印度大师的话来说明这一切："如果困难出现时还可以补救，那还沮丧干嘛呢？如果没有办法的话，那悲哀又有什么用呢？"

我们可以这么理解这句话：如果你还有办法，那就没必要沮丧了，如果你一点办法也没有，那还沮丧干嘛？

我爸爸中年发生的那些事情让他永远地改变了，他以前拥有的智力和活力再没闪现出来，他后来再没能从那次打击中恢复过来。他这样做也许正与他20年后不愿接受死亡的原因一样。

我们的死亡是注定的，知道了这点，我们就可以在还有精力和时间的时候好好度过我们的余生，不论是在神灵的帮助下，还是依靠自己的观察力和推理，我们都能更好地接受这个事实。

没准备好，但愿意接受

阿西里和沙塔在夏威夷建筑自己的梦想之家，他们深爱着对方,他们的小女儿更是他们生活的亮点。他们想在夏威夷定居,在这个美丽的岛上抚养她长大。

有一天早上,阿西里正在房顶上做事,之后他打算下来和沙塔带着女儿去岛的另一边一起度假。突然沙塔听见了他的尖叫,她跑出去发现他从房顶上摔了下来,电线杆的钢筋刺到了他的颈动脉,当沙塔抱起他的头时,他说:"沙塔,我爱你,我想这次是我搞砸了。"

有一阵儿他还有意识,尝试按照沙塔告诉他的去做:"试着呼吸,记着你的老师的话,不要停。"可是不久他的呼吸就停止了。

阿西里和沙塔在加州一直跟随老师学习佛教。他们一起创造了幸福的家庭,美好的未来正向他们招手。突然一切都变了,房子没完工,还有新的家和未来,阿西里的意外身故是这个家庭万万没想到的。

不过阿西里和沙塔坦然面对了死亡,而且在最后时刻深深体会着他们最重要的对彼此的爱。之后,沙塔回到了加州,在朋友的身边和熟悉的地方抚养着他们的女儿。

准备好,并且接受

生活是多变的,也有很多人生活得平静、温和、友善,死的时候也很安详。他们并不特别出名或者很有成就,就像我们的祖父母和邻居,他们值得信任,可以说知心话,愿意倾听,愿意帮助别人。他们很普通,就生活在我们身边。他们不需要特别的光彩,并能和每个人都友好相处。

我的朋友玛米的妈妈西妮亚就是这样的一个例子。在她生命的最后几个月里,西妮亚很平静、很乐观,所以我会常去看她。她在世的时候,对人对事很友爱、很积极。一次,她告诉我一个年轻的小偷闯进了她家,她那时已经老了。小偷向她要钱,她就把钱包给了他。在小偷要走时，她又叫住了他，又多给了小偷一些钱。

虽然这一切发生在她生病时，当时她正在接受癌症康复治疗，但她却很平静地对待了这个年轻的侵犯者。并不是她的生活没有问题，实际上她来自于中国一个富有的家庭，后来成了难民。她是在日本侵华时，带了随身能带的一点东西跑出来的。她在美国抚养家庭，被迫学英语，在一个玩具工厂上班，有时，还挣点外快。

在生命的最后时刻，西妮亚在自己的公寓里静静地度过，祈祷有朋友和家人探望她。她很安详，对他人也很友好。她不抱怨，很平静地离开人世。

这些人都是我们的老师，让我们明白人本来就是友好善良的。这些人是真正的人，能让我们放下害怕、妄想和竞争性的防卫，让我们觉得自己可以被人信任，知道我们可以做朋友，无欲无求。

我们要像西妮亚那样面对死亡，在她身边我们能感受到心灵的平静和一颗温暖的心。

这四个故事就是我们的四种选择，不是对死，而是对生。

2006年夏天，我的一位仁波切老师被确诊患有肝癌。那时候他已经80岁了，而且肿瘤也很大，所以他没有治疗。确诊后他对一小群人发表了简单的讲话，具体如下：

> 我很清楚这个病情，尤其在这个阶段，是治不好的了。不过我一点也不难过或失望。医生告诉我的肝里有个肿瘤时，我马上想到他真的很善良。对我特别好。很多年来我都在练习替他人承受痛苦，向他人给予我的快乐。不过多少对我来说也是理论上的。我被告知患了肝癌后，我不难过也不失望，相反，我觉得更轻松、更开放。我想：终于，我可以将理论置于实践

了！我的祈祷实现了。多好！我打算用我余下的时间来深化我的修行。

我也不想你们为我难过。我希望你们都开心，也受此鼓励，因为现在我有了这个绝好的机会来实践我们佛教徒应该实践的，我的医生对我很好，那我又为什么要隐藏我在追寻菩萨的脚步呢？

随着病情恶化，仁波切想把这些经历都记录下来。他相信对其他的癌症病人和家庭及疗养院都有好处。

9月，他的一个医生说他从来没见过肿瘤这么大还活着的病人。他还说这样会很痛苦。不过仁波切不痛苦，他还能沉思，每天下午长时间散步。医生也说仁波切的脸，尤其是眼睛，还很清醒，表明他正和癌症抗争。

12月3日，仁波切的学生兼翻译家在电子邮件里写了以下的话：

几天来，仁波切都无法听懂我们的话了，他日渐消瘦。即使这样，他的血压、体温、吸氧量、脉搏和其他参数都维持正常。也许这就是最例外的正常吧，癌症已经到了晚期了。仁波切每天仍然坚持锻炼、祈祷，每天都能得到很好的照看。

12月16日，仁波切进入最后的沉思阶段，4天后，12月20日结束时，他的生命也结束了。

这里简单记录了一个忠诚卓越的佛教大师的生与死。这在我们生活的这个时代，已很少听说这样的事情，这些记录通过电子邮件的形式在网上传播，今天还能给人无限的思考。

死亡并不适合在晚餐时被谈论，但应该被讨论，不是以悲伤的方式，而是以积极的方式，就像仁波切所表现出来的。我相信这个讨论迟早要进行。毕竟，我们作为完全的人，需要通过对死亡的认识展现我们内心的同情和爱。不过我们必须努力来解决我们内在和外在的争斗。修行需要一生。

我自己又属于哪一类呢？通过我的修行、研习和沉思，我觉得思想上我已经作好了死亡的准备。思考死亡是有帮助的，沉思也可以改变我们对死的负面态度。我现在这么说，如果那一天来了，我就知道自己准备的怎样了。我相信我不是个懦夫。

我学过的佛经说，死亡的时候，最好在一个安静的环境里，我们就可以好好准备，思想就可以平静。我相信这个，因为我曾经历过。一次，我坐晚班飞机到印度，飞机突然失控了。随着飞机的摇晃，人们撞到飞机的顶上，又摔下来。尖叫声很吓人，机翼也在晃动，我以为是断了。

反反复复，人们被抛到空中，又摔回座椅和地上。我以为一切都结束了。我们最后降落时，人们是被抬下来的，一个女人腿摔断了，很多人也受伤了。在这种情况下很难保持头脑冷静，我当然也不例外。

死亡可以衡量我生活的如何及我怎样对待生活，包括内在的和外在的。我们应该能够处理好自己的最后时刻，就像我们能处理好自己的现在一样。我一直很尊重爸爸，他很聪明，有能力，有成就。虽然我妈妈和我经常吵嘴，不过怀念她的时候，她既是一个好朋友也是一个好公民。

我从童年开始，到夏威夷的山区，到做母亲，到印度及其他地方，一路学习，一路成长。这是我最宝贵的经历，是一个精神旅程。

不论我们自己是否意识到，我们都在经历精神旅程，就像其他人一样，我活到老学到老。每天，我学得越多，了解便越多，也就有了更多要思考的问题。

不过我对这个过程很满意，很感谢我的老师们和生活中的一切。

第 13 章
找到精神家园

在前文已经说过,我们的精神家园是我们真正的家。有很多道路可以找到这个精神家园:婚姻、教育、宗教、工作、朋友、老师,甚至危机和绝望。我们的道路带我们来到夏威夷一个废弃的寺庙、越南战场、科罗拉多山、印度、纽约和加尔各答的街道上。

很多人都在寻找他们的精神家园,但是很少有人能找到。很多次在寻找的道路上,我们似乎也找不到属于我们自己的那条路。我们遇到很多障碍,包括失败的婚姻、家庭悲剧、疾病,如果我们不能超越障碍,就可能真的战胜不了它们了。

不过,如果我们每次把接受障碍都当做学习的机会,我们就能够战胜它们,从而获取经验。每一次考验都让我们能更好地认识自己,让我们在心理上、身体上、情感上和精神上能有更好的变化。

就像因果循环这个规律定义的,每次失败都能带来成功。佛经里也说,死是新的身体和新的生命的基础。每一次经历都让我们离精神家园更近。还有我们找到的那些导师们,他们指引我们、帮助我们成长,并带领我们走向精神家园。

罗伯特：找到弟兄

我有两次去越南的经历。

第一次是1966年，当时我还是一名学生，在商船上实习，商船在加州和越南之间运输炸弹。船上的船员都是普通人。很多人愿意做这个工作是因为他们能得到100%的红利。比如，一个月薪为5000美元的三副如果愿意在这个破旧的、没有空调的船上干，并去越南，每月就能拿到10000美元。这笔钱在1966年可不算是个小数目。

第二次去是1972年，当时我作为海军飞行队的队员在航母上工作，船员都是士兵。我每月的薪水却是600美元。

平民和军队在战区是不一样的，紧张程度也不一样，当然参战

▲ 1972年圣诞，当时是罗伯特回家前的最后一次战斗。在罗伯特旁边是飞行员"君子乔"中尉。

的理由也就更不一样了。就像那个陈旧的谜题：熏肉和鸡蛋有什么不同？答案是：当谈到鸡蛋和熏肉时，鸡只需要参与，而猪则要送命。商船上的人只是参与了战争，军舰上的人则是参加了战斗。

在寻求精神家园的过程中，知道金钱和使命的区别也是很重要的。在战区，我知道了以下三种人。

行尸走肉的人

行尸走肉的人是我们称呼那些行走的"死人"。这些人不知什么原因失去了他们的灵魂，他们的精神和身体是分离的。对他们来说，死也许比生更容易。我在战区时，有两个飞行员就被称为行尸走肉的人。他们两人都胆小害怕，有压力的时候，他们会救自己，却要牺牲别人。

其中一个飞行员当时晕了头，飞进了争夺激烈的地点降落，子弹穿过他的驾驶舱时，他吓坏了，把飞机往上拉，而不是贴近地面，飞机朝敌军的子弹飞去。飞得更高的他，更容易被敌军发现，他在天空中没有目的地悬浮着，成了战场上一种新型武器的"坐鸭"（囊中之物），敌军发现了他，拉动扳机，火箭就射中了飞机。

我没参加那次战斗，不过那些朋友说起来真的很可怕。16个年轻人，有美国军人也有越南军人，失去了他们的生命。就这样，飞机的汽油泼到货物区，燃烧起来，很多人被活活烧死，在那里的另一个飞行员称，他能从广播中听见那些烧死前的人的尖叫声，他们当时用广播呼救。

这个飞行员就成了行尸走肉的人。人们经常看见他自己和自己说话，他为自己辩护，虽然没人听。还好，他的长官让他回了冲绳，做文书工作。虽然他不是直接对这些负责，我们都知道他所做的。我们都知道他关键时刻吓晕了。在这种紧张情况下，他的真正性格就暴露出来了。他知道，我们也知道。用他人为代价，挽救自己，不是自己弟兄该有的行为。

再也没有人愿意和他一起飞。

21世纪早期，我被邀请为香港一群国际公司培训员演讲。他们给的主题是：把勇敢带回商业。我走上台，安静地走到我的挂图前，写下：尸体——定量。我转向人群，指着尸体这个词问："作为培训员，你们怎么让死人起死回生？"

在大概500个人中，有一小部分笑了。

我的演讲就从这儿开始，开始谈到我在越南的经历，谈到行尸走肉的人，还谈到我在1970年中期在施乐公司的经历，联想到为一些没有精神的公司工作的行尸走肉的人。

"公司培训员都想尝试让死人起死回生，他们想要告诉我们任务和团队精神。在施乐公司，我们都知道，如果某人提供升职、加薪、高福利，那大部分忠诚的员工都会跳槽过去。如果你请的员工是为金钱工作的话，就会发生这样的事情。"没多久，我很礼貌地被告知，我的时间到了。出于某些原因，我再也没有被重新请去谈这个话题。

很多人的婚姻也变成行尸走肉式的了。我有一些朋友结婚很多年，他们的婚姻精神早没了。他们有自己的秘密，有些事他们永远也不愿对方知道。然而两人却仍然在一起，孤独着。似乎他们的婚姻就是两个人住在一起，等着"死亡把他们分开"。

活　人

在军队，"活人"就是指为了安稳的工作而在军队的人。他们在军队是为了年老后有生活保障。相比于任务来说，活人似乎更喜欢军队的等级和结构。很多活人选择在那儿工作，就是因为喜欢看到比他们等级低的人。例如，一个少校活人喜欢看新来的上尉，一个中士在命令新兵做这做那时能体会很多快乐。

我很怀疑，那些活人是担心自己在现实生活中找不到这些乐趣，所以他们的工作就是保持低调，不兴风作浪，安稳退休。

公司和政府机构也是滋生这种活人的地方。那些人上班、工作、吃晚餐、看电视，那艘我所在的商船里有很多这样的人。唯一的差别就是他们晚上不能回家，所以他们就藏在自己的房间里。这种活人的工作宗旨就是足够努力，不被辞退。如果你想要他们做得更好，他们就会要求更多报酬。很多活人都是好的、诚实的人，他们去教堂，在7月4号国庆日升国旗，在选举日宣誓投票，尽一切可能避免风险。

这种活人也存在于监狱里面。他们没有出狱的希望，他们被铁牢关着，牢笼外的活人是被内心的铁牢关着。

在战区，我们马上就能把这种活人和真正的士兵分开。一个职业军官在战区，是因为他们想在那儿。他们是身负使命的。战区的大部分活人只是在做样子。之所以在战区，是因为他们只想有助于他们的提升。

在我们分队，很多活人是贫穷的飞行员，因为他们越老越不愿意努力。很多人处于危险境地。一天晚上，我的朋友乔从他的同伴飞行员那里开走了飞机，他是个少校，在一次夜间降落时，他被吓坏了。后来乔还差点因为不服从规定而要被起诉。幸运的是，其他队员支持他，说他从一个不得力的少校那里把飞机开走，他们还应该感谢他。

弟 兄

在战区,"弟兄"这个词对我有种特殊意义。我相信非洲裔美国人用这个词的原因是因为他们很多人都生长在战区,很多人现在仍在战区。在生与死的边界,知道谁是你的兄弟姐妹很重要。生命就是精神上的联系,生活中需要知道谁可以为你死、你可以为谁死。

在战区,我们都是海军,但不是所有海军都是我的弟兄。

在很多宗教里,兄弟姐妹也有类似的意义。你不会随便叫人兄弟姐妹。我最喜欢的一个人就是杜安,他是一个天主教徒。虽然我不信天主教,他却是我最喜欢的精神导师,因为他用行动而不是语言教育我。他是言行合一的典范,他把生命都献给了上帝。

你可能还不明白我为什么要用在战场上的经历来描述找到精神家园的旅程。毕竟,战斗和战争不是让人舒服的话题。我用战争作为背景的原因,是我们大多数人都处于某种斗争中,不是和别人就是和自己。例如,我大半辈子都在和体重作斗争,避免长胖。要减掉50多磅,维持这个体重是我一生最大的战斗之一。我一辈子也在和金钱作斗争。变富并不容易。如果不是我的精神,我很怀疑我能得到金钱和健康。

没有精神力量,我今天一定是个肥胖的、体弱的、不快乐的穷人。

我听见人们常抱怨太穷,说:"我付不起这个。"我知道他们的精神不强大。我听见人们常说政府应该在经济上帮助他们,帮他们负担子女的教育费,减少他们的账单,承担他们的医疗费及养老金,这更让我认为他们精神不强大。

我听见有人抱怨生活不公平时,我知道他们不够努力。他们被自己的生活打败了,在和自己的战斗中输了。

我用战斗作为比喻的原因，是因为生活中有些东西是值得斗争的。似乎斗争是我们存在的一部分。上帝创造的天地里每样东西为了生存都在斗争着。例如，我写这个的时候，3只麻雀就在我的窗外斗争。其实我的后院有很多食物，不过出于某些原因，这些小东西就是喜欢斗。

虽然梦想和平、祈祷和平，而现实的斗争就是我们生活中的一部分，和平值得斗争。去战场为和平而战，令我的精神更强大。为健康和财富奋斗也是一样。

虽然大部分的战斗是不应该发生的，但还是有一些是值得的。

我妹妹在她的精神训练中学到了很多，作为一个海军飞行员，我也要接受训练。我商界的一些最好的朋友以前也接受过训练。我的一些合作伙伴以前就是摩门教徒，另一些也挨家挨户地卖过宗教书。当我问到他们的经历时，他们都告诉我那些是无价的精神经历，做教徒考验了他们的信仰，增强了他们的性格。今天，他们就能更好地面对生活的挑战。

我去过战区两次，一次和平民，一次和海军。我发现使命比金钱更重要。

以下几步也许有助于你找到自己的精神家园，如果你还没找到的话。第一步是问你自己：我愿意将生命献给什么？回答这个问题也许需要探索灵魂，不过你开始寻找答案的时候，你就开始寻找你的精神家园了。

第二步是问你自己以下这些问题：

- 如果不是为了钱，我还会继续做这份工作吗？
- 如果不是为了钱，我会免费来做这份工作吗？
- 如果答案是否定的，那你愿意一直而且免费做的工作是什么呢？

- 如果没有任何事情是你愿意免费做的，那可能你还没找到你生命的使命。如果有其他事情是你想做的，那也许你就该做那件事。

虽然我已经不需要工作了，但我还是不休息。我退休过两次，不过工作总是又召唤我回来了，今天我意识到我做的正是我的使命。所以即使工作很有挑战性、很有难度，有时候还很辛苦，我都一直努力工作。

这个工作给我带来很多满足，在精神上和物质上都是。我怀疑也许有一天我会停止工作，不过现在我的工作就是我的生命。我的工作滋养着我的身体、思想、情感、精神，还有我的钱包。我知道即使免费我也愿意做，因为我开始做的时候就是免费的。

第三步是问以下这些问题：

- 和我工作的这些人，我爱他们如同爱我的家人吗？
- 我尊重我的同事吗？
- 我对我的同事有热情吗？
- 我所工作的公司生产的产品或提供的服务是我的骄傲吗？

例如，因为我爸爸死于肺癌，我就不愿意在烟草公司工作，通过卖杀害我爸爸的产品来赚钱等于是良知泯灭。这不是说我个人反对抽烟。如果你要抽，那是你的选择。我也抽了几年，后来戒了，现在我时不时会抽上一口。

生活就是由很多关系组成的。一个人的生活质量与他的人际关系质量直接相关。如果你工作的环境里有很多行尸走肉的人，卖他自己都不信的东西，你就得小心了。就像电影里有很多吸血鬼和饿狼，真实世界中的人也能吸你的血。如果你一辈子和僵尸在一起，你自己也会失去灵魂。

第四步是最重要的一步，增强你的精神。

增强你的精神很重要，是精神决定了你的成功或失败。例如，这个世界有很多才能出众的人，但取得胜利的是既有才华又有毅力的人。这个世界有很多聪明人，不过我们知道有很多聪明人并没有成功。换句话说，如果你想成功，那就锻炼你的毅力吧。

第五步就是免费工作。

将上帝赋予你的才能贡献给支持你灵魂的人或组织，免费为他们工作，也许是增强你毅力的最好办法。例如，如果你的宗教对你来说很重要，那就为教会免费工作。如果你擅长营销，那就经常去教堂帮助你的牧师。免费工作、不期待回报能增强你的毅力，它能起作用是因为你将你的天赋献给了崇高的事业。

你给得越多，得到的保佑也就越多。我很确定大部分牧师都欢迎真心相向的真正的兄弟姊妹。大部分教堂里都充满着僵尸和活人，他们在那儿只想得到更多。

如果你愿意做慈善，那除了捐钱，还请捐上你的天赋。如果是会计，那就帮助做记录或管理图书。如果是修剪草坪，那就免费做，不要期待回报。如果对政治感兴趣，那就为你信任的竞选者真心工作，你就会在很多方面得到保佑的。

参加团队运动也能增加毅力。我喜欢团队运动因为我学会依靠我的团队，就像他们依靠我。很多年来，我打篮球，踢足球，玩橄榄球。最辛苦的运动之一就是划艇，我在大学4年都参与。像我之前说过的，很多网络营销公司是增强你毅力的好地方。唐纳德和我都支持网络营销公司，因为他们善于培养企业家，我们都知道企业家成功就是靠毅力。如果你想做企业，找一家有很好的人事发展规划的网络营销公司，投入至少5年帮助别人发展，以此来发展自己。

富爸爸公司有特许经营项目，帮助那些想按照富爸爸公司经营方式做企业的人。特许经营项目就是创立现金流俱乐部，每个俱乐部都会为人们提供尽量多的投资教育机会。对于喜爱教育的人是个很好的机会，同时他们也能学到一些理财和管理的知识。在很多方面，富爸爸特许经营项目都是按照很多宗教的传教模式设立的。但我们不是要传播宗教，而是要通过理财教育带来经济的收益。

我们做的是授人以渔。

很多人很努力可是仍然很穷，原因之一就是他们也许精神富有，但缺乏头脑。缺乏头脑就是我们学校没有理财教育的结果。现金流游戏和现金流俱乐部的目的就是培养理财头脑，提高一个人的财商，让他们将自己的天赋贡献给这个世界，让这个世界变得更美好。

只要真心付出，你收获的就不仅仅是金钱。我知道这一点是因为我曾经免费工作过。我去一家公司和他们的销售团队一起工作，教他们销售。我不需要回报，但是最后我的销售技巧提高了。我一个朋友的地产合作生意有困难时，我又免费给他建议。几个月后，我一生中最好的一笔地产生意摆在了我的桌上，那份投资至今天还让我赚着钱。

我在教堂里学到的一点就是：上帝不需要接受，不过人类需要给予。我发现我给得越多，越不期望回报，我得到的就越多。当我遇到那些认为自己所拥有的爱、钱或快乐不够的人时，我知道一定是他们给予的不够。

今天，我有幸能和这些同事工作，他们很像我战区的那些弟兄。我对很多人都生出了敬爱，他们是我精神家园的一员。我们有相同的使命，我可以用生命信任他们。

在战区，我学到了以下几点：

- 僵尸虽然活着，却害怕死亡，他们活着是不愿意死。
- 活人虽然活着，却害怕生活，他们也许觉得死比生容易。
- 弟兄姐妹，他们找到了值得献出生命的东西，所以愿意献出自己的生命。

1981年遇到富勒博士后，我的心灵发生了改变，也改变了我的生活。我没有用自己的知识来使自己变富，而是开始用我的知识让别人变富，我出现这种转变后，就开始找到我的精神家园了。

1984年，最美丽的天使在我的生活中出现了——我的妻子金。当她和我一起跨越信仰时，我们就像在穿过针眼，你们也许从我之前的书中了解到穿过这个针眼并不容易。有很多起伏成败。我们遇到了很多好人，也有假先知。有意思的是，我们从这些好人和假先知身上学到的一样多。

假先知也可以是天使。我和金在最黑暗的时候变得最强大，因为黑暗让我们找到了真正的精神和爱。一路走来并不容易，不过这段路程是很值得的。

2000年，有一个叫奥普拉的天使邀请我去参加她的电视节目，我的生活从此改变了。奥普拉给予了她的天赋——她美丽的嗓音和人们对她的信任，在采访我和金的天赋的过程中，将我们理财教育的概念宣传到全世界。

现在，通过本书，我的生活与我妹妹的生活更加完整，她现在也是我的精神姊妹丹增。我知道如果我没有作出1981年的改变，我就不可能遇到这些好人，包括我妹妹。

当你找到生活中某件值得你献出生命的东西，你就开始找到你的精神家园了。

找到我的精神家园曾经很困难。我想在任何家园里也都不容易，有时候家庭关系比社会关系或商业关系更复杂。因此你出发开始寻找你的精神亲友时，让我先告诉你一些我自己的心得。

▲ 罗伯特和其合作伙伴。

否极泰来

现在，我以这句话开头，因为很多人束缚在坏关系里太久了。如果你有一段坏关系，那就很难为好关系腾出地方。有时候你得学会放手，即使你爱那个人。这样你们两个才能进步。在工作中，很多人被束缚在一个坏工作环境中太久。如果你停止了学习和成长，那就是寻找新的机会学习和成长的时候了。

记住一就是多的规律。你不可能只有坏没有好，最重要的是合道德、合法。如果你愿意好，好运中的好就会光顾你。如果你坏而还不承认，坏就会让你更坏，你的情况也就更糟了。

记住，我们的监狱里有很多"无辜的人"。我发现现在的司法系统确实会让真正无辜的人进监狱，不过大部分监狱里装的还是坏人。只要他们不好好改过，他们的情况就会更糟。即使是没进监狱的人也是这样。记得克林顿总统不承认他和莱温斯基有染，他没有好好改过，还对世界撒谎，他的情况就更糟了，而不是更好。他的谎言对他老婆入主白宫又产生了什么样的影响呢？

我之前在飞机里和女人乱来，醉酒驾驶，被发现后，我撒了谎，这让情况更糟糕。我不仅让自己蒙羞，也牵连到我的海军弟兄们。在我找到勇气坦白后，我才在身体、心理、情感、精神上得到自由。今天，我发现说真话能让坏事变成无价的经验。

说真话需要勇气。懦夫才说谎。更糟的是，生活对骗子和懦夫而言会变得更糟，因为他们的习惯会让坏事变得更坏。

害怕意味着新的机会

什么时候你害怕了，也许意味着你在接近你所知和未知的边界。如果你退缩了，你可能就停止了成长，因为你停止了学习。

害怕给我们机会，测试我们的精神。害怕给我们每个人机会，让我们变得更强或更弱。在越南，害怕死亡则让我成为了一个更好的飞行员。我必须变得比我的敌人好。在战场，我学会尊重我的敌人，而不是恨他们。仇恨会让我们盲目。

在金钱社会，很多人希望你害怕。例如基金公司很会赚钱，就是因为大部分人认为投资是有风险的。虽然投资确实存在风险，但并不意味不能投资。有风险的是你不懂投资，而把你的钱交给总是让你害怕、让你以为他比你懂得多的销售商。

我最近遭到以前合作伙伴的起诉，我没有表现出害怕，我想他就是算准了我会害怕，我只是说："来吧，这是我学习成长的好机会。"

今天，我认为那个经历是我一生最好的一段之一。尽管很痛苦，却在精神上唤醒了我。因为我喜欢斗争，我在这个过程中学到了很多，现在生意也做得更好。如果我放弃了，我就不能超越自己了。如果我放弃了，在商界，我可能就失去了我的灵魂、我的精神。

别和僵尸一起工作

如果你为之效力的是僵尸一般的政府机构或公司，那你就要小心了。有些人就是算准了你害怕失去工作、你需要钱，这些人往往让你很难受。那是你的精神在警告你要小心。如果你待得太久，只是为了钱、升职或退休而工作，你的灵魂可能就不在了。

我们都见过有些人待得太久，成了僵尸。这些人往往不喜欢自己的工作，只是在混日子。这些人就想着周末或退休。他们出去工作是为了打发时间，然后回家。他们的身体在工作，可是他们的精神却不在。

有时候，人们因为我把战时和后来的生活混在一起而不明白。在我们这个社会，很多人认为战争和打仗是坏的，在某些方面，确实是。不过你看看，我们大部分人也有个人之间的战争。例如，我发现我穷的话，我就得努力变得有钱。我过度肥胖的话，我就得打减肥这场战役，从而恢复健康。我的一生都在和健康、财富作斗争。

今天，我发现很多年轻人都指望他们的爸妈给他们一切。我遇见的穷人抱怨政府或老板给他们的薪水不够多，我遇见的胖人买那些神奇的药丸让自己变瘦，我还常常遇见我那代的人没有退休储蓄，并祈祷上帝能给他们创造奇迹。

战争和战斗对多数人来说不是好事。多数人宁愿友好礼貌，宁愿安安静静的。我当然也是，区别是我接受过参加战斗的训练。所以，如果有了战斗，我就会努力去打赢它。在战区祈祷和平是没有意义的。如果有人带着枪闯进你的家，打算抢劫或实施强奸，我宁愿先打后祈祷。

战争让我更坚强。如果不是战争，我就没有勇气去寻找我的精神家园了。如果不是战争，我就没有勇气承受我工作中的那么多批评。如果不是战争，我就会在网络博客中为自己辩护，而不是继续我的工作。如果你要找到精神家园，你必须把精神变得更强，因为你的精神将受到考验。我可以保证。

1981年，我从贪心变得大方，因此就发生了奇迹，也发生了灾难。有些奇迹改变了我的一生。我第一次做了学生，我发现我想学习。金钱并不重要，为人们服务更重要。

我并没有因为没钱而放弃，而是想尽办法赚钱。我发现人类需要金钱，但我们的精神则不需要。我发现我专心为他人服务时，祝福而非金钱就会降临到我身上。有时候祝福是以坏人或灾难的形式，所以我学到的是好事往往是随同坏事而来。实际上，我发现我从灾难中比从奇迹中学到的更多，如果我够谦虚去学。我没有因为害怕而逃走，而是善于利用害怕，不是因为我不怕死，而是因为我想考验我的精神，从而进一步强化自己。

从1981年开始，我一直想增强我的毅力。这是个没有结尾的过程。这个过程里我不可能突然跳起来说："啊，我找到上帝啦！我的生活现在完美啦！"这是需要一辈子去学习和发现的过程，有起伏有成败，有好有坏。这个过程让生活更好，不过不是立马的，虽然很多人都希望是这样，但这个过程却是逐渐的。这个过程不断考验我的毅力，不断有精神和心理压力，就像我们进行锻炼时身体承受的压力那样。

我希望在这个过程里找到上帝或者毅力，一路走来，我还有以下发现：

- 免费工作。我免费工作越多，就能赚到越多的钱。你越需要某种东西，如爱或钱，你得到的就越少。
- 我给予的越多，得到的就越多，虽然不是立马实现。
- 说真话比说谎难，不过我离真话越近，我就越不需要说谎。
- 我教得越多，学得就越多。
- 如果我想要高质量的精神朋友和家庭，我需要增加精神。如果一个人欺骗家庭成员，生活就会改变。
- 知道要播种也要收获，愿意接受播种的后果。
- 知道何时变脸、何时战斗，知道报复和正义的差别。
- 如果该斗争的时候不斗争，你可能就会成为入侵者的受害人。记住，有入侵者就一定有受害者。如果你弱小，不为斗争作准备，你就准备做受害者吧！
- 按自己的标准生活。很多人说钱不重要，不过你的生活标准重要。对个人来说，我喜欢家庭、度假、汽车及生活中的好东西。
- 学会在内心微笑，特别是深陷痛苦时。我的第一个公司倒闭时，我有一两年一直都很痛苦。当我把失败看做祝福后，我就变得快乐了，因为它们给我带来很多经验。
- 仔细挑选朋友，做企业家的好处就是我可以挑选合作伙伴，我的很多合作伙伴都像我一样富有，并且热爱工作，因为工作充满挑战性。
- 在精神家园的世界里，尊重往往比爱更重要。
- 某人对你严厉，并不代表他们不爱你。有时候，精神朋友对你做的最严厉的事就是告诉你不想听的话。反馈对于给予者和接受者都一样艰难。

● 我的精神家园包括我的专业导师。例如，通过差异的比较，我遇见了最好的律师、医生和会计。

最近，我心脏有点问题，我对传统心脏学家的建议很失望。他们的建议就是推荐立刻手术，还有一个建议我马上停止锻炼，当晚就手术。

我没接受手术，而是想了其他办法。在这个过程中，我遇见了一名医师，是通过一个朋友的朋友认识的，他很理解我对疗法的选择，并没有压制我对自然疗法的渴望。现在这名医师也是我精神家园中的一员。换句话说，我发现我的精神家园很广泛，涉及生活的各方面。

这一切都涉及我经常问的问题：如果我没有找到精神家园会怎么样呢？我知道的有两个答案。

一是你仍然是孤儿——一个孤独的孤儿或者一个有很多亲戚朋友的孤儿。这并不矛盾。很多人满足于过这样的生活，他们不知道在世界的某处有他们的精神家园。对他们来说这是一个痛苦的灵魂探索的过程，他们宁愿不要，他们宁愿忍受孤独空洞，且安守现状。

二是上帝也许强迫你去寻找你的精神家园。例如，我朋友一个8岁的女儿因为癌症夭折了。几个月前和他一起吃饭时，他说："我宁愿和她换，我宁愿用我的生命换回她的生命。"今天，他不再沉浸在悲痛中，而是不知疲倦地在许愿基金会和其他致力于治疗癌症的慈善机构工作。因为失去女儿，他发现了自己生活的目的和他寻求的精神家园。

你生来本该做什么呢？你特殊的天赋是什么？你怎么用它？什么是你值得付出生命的？

只有你能回答这些问题。因为那些答案深藏在你的心中。

丹增：扩大领域

我的精神之旅始于最常见的"离家出走"。这是需要很大勇气的，因为我是个带着孩子的单身母亲，没什么技术，也没什么钱。离开夏威夷比起穿越州界要难得多。从夏威夷坐飞机到最近的陆地要5个小时，那里和有着宜人的海风的热岛岛屿很不一样，我得做好计划才能省出足够的钱到达加州，我还得找份工作、找个公寓，然后让艾丽卡进入当地的学校。

找到精神家园并与之荣辱与共，与维系自己的血缘家庭一样，有很多麻烦和挑战。教会和精神中心实际上就是另一种形式的家庭，我们还得和麻烦的人、等级、官僚、日常琐事打交道。精神生活里也有快乐、胜利、阻碍、冷战和紧急状况。

精神生活和日常生活真的不应该分开，整个世界就是一个教室，每个人都可以成为我们的老师，锤炼我们的耐心、忍耐力和同情心。这并不意味着我们要让别人践踏我们，而是说我们要培养自己处理人际关系的能力。有些人就做得很好，值得我们学习，还有些人我们则应该教育并帮助他们。还有些人则是我们的障碍。有时候我们太用心了，对某些人或事牵扯太多，我们很容易生气、烦躁、沮丧，或者被情绪所影响，很多不良的因素控制了我们。我们没有像凤凰涅槃般从失落和绝望中走出来，而是一直深陷其中。

我在收容所认识的一对夫妇就很特别，所以我很期待着见到他们。丈夫需要接受救济，医生、护士和社工们常常要去他家看望他。第一次见面他们就很热情，他们告诉我，每一天对他们来说都很美好。丈夫已经被确诊只有2个月寿命了，可他到现在已经又活了6个多月。他们说："如果我们因为健康不好而沮丧，我们就失去了一天，我们不想这样浪费我们在一起的时间。现在的每一天都很难得，所以我们珍惜在一起的每一天，我们真高兴还能多在一起待一天。"

过了几个月，妻子也被确诊患有癌症，必须接受化疗和放射治疗。他们还是乐观地接受了这一切变化。每天都必须有人来照看他，因为妻子每天要出去治疗，丈夫的状况又越来越糟。一天，照顾他们的人出门扔垃圾，不小心把自己锁在了外面，她在卧室的窗户外面敲，叫病人给她开门。他好不容易才从床上爬起来，坐进轮椅去开门。照看者很不好意思，因为自己还要病人帮她。"我本来是来照顾你的！我是照顾者！"照看者尴尬地说。

这对夫妻觉得很有意思，后来他们告诉我："这种事是正常的啊！"虽然他们日益减少与朋友邻居的会面次数和时间，因为他们体力不够了，但他们还是常常想着他人。每次我去他们家，我都会想着记住他们的话。因为他们如此勇敢地对待死亡，因为他们的态度和对待他人的方式是那么的友好。和他们在一起很让人振奋，这让我希望能够用他们的故事来帮到别人。他们用他们的生活方式教育了我。

有时候，我们会陷入不健康的依赖关系中。在友谊和爱情方面，刚开始也许我们的人际关系很好，工作环境也好，我们与服务机构、教堂的关系都很良好，有精神伙伴，可后来我们会发现我们身边的人和工作并不那么好。人们常把情人或商业伙伴拉入自己的生活需要中，这样真是让自己陷入了雷区。从室友到情人、到家人、到工作或教会，每个人都必须培养健康友爱的人际关系，并以此来帮助自己成长。我们每天都在与他人打交道的过程中不断作出选择。我们需要的就是爱。

这么多年来，我背负着未婚先孕的耻辱，可是我也得原谅我自己、原谅我的家人及我们的时代文化。这种未婚先孕的耻辱过去是由家庭、教会和文化带来的，现在也是。尽管我不愿意接受这样的耻辱，也很爱艾丽卡，但是我内心还是深深觉得羞耻，从而失去了很多力量和信心。这种羞耻是文化对具有这种行为的女人的责怪，似乎只在婚姻的保障下才能怀孕。

关于性、婚姻、金钱、文化、宗教的一些观念，虽然没有被讨论过却代代相传，这让那些本来就很困惑的人更有压力。

如果之前有相关的讨论和教育，就可以大大减少这种事情的发生。还不知道怎么保护自己就要承担起把孩子抚养成人的责任，真是特别艰辛。这就反映了婚姻的必要，因为婚姻能带来另一个人和大家庭的帮助。在今天更为自由的世界里，更宽容也更开放了，不过很多人还是隐隐摆脱不了"犯错误"的内疚感。

我们常常回顾过去的往事，想要减轻自己的罪恶感，让它似乎是合理的、正确的。婚姻、家庭、教堂和寺庙本应是充满欢乐和归属感的地方，有时候却让参与者害怕、内疚，有时候人们原谅了自己，可是环境却不肯。我们必须自己释怀。

罗伯特谈到军队里的活人，我们在教堂、寺庙和精神中心也能发现这类人。人们受洗或受戒——相当于受洗，希望这样做能够免进炼狱。通过人们在教会谈宗教信仰，你能看出他们信仰的程度。人们常常将听来的规则强加于他们遇见的每个人，他们的头脑里锁着一系列特殊的信仰，遂成为了他们的生活观。他们的世界成了黑白色，他们的行为就是基于这种信仰。你能听见他们把你归为哪一类。他们把自己平面化，通过那些规则看世界。他们不想做错事，害怕下地狱，结果他们的生活完全僵化。

寺庙里也能隐藏生活的挑战，就像罗伯特说的僵尸和活人。寺庙生活本应是深化精神的，无论我们住在哪儿，做什么，都能理解这些道理。如果一个僧人不能抓住这些机会，他们也就没能利用这些机会成长。不论是在办公室、家庭、教堂或寺庙，不论我们是否换工作、住在哪一间房或哪一个镇，都有些活人在寻找稳定的工作，从来都不敢跳出他们自己设置的围墙。

在不久前的一个研讨会上，我问一些修行者对医保和社保的看法。在努力为我的心脏病筹到保险费之后，我很想知道别人对这个实际问题是怎么处理的。他们的答案是：一个人说她很健康，不需要考虑（我过去就是这么想的）。另一个说他正等着领社保。我们聊天时，我发现他很需要看牙医了。第三个人说他没有保险，还说："如果你修行得好，你甚至能自己治好癌症。"我耸耸肩，想到自己的经历，如果我就坐在垫上念经来治疗癌症，可能此刻我早死掉了。虽然我也相信在极少的情况下也有人能靠祈祷来治愈癌症，我还是宁愿不在自己身上做实验。另外，我不认为我能那么冷静——病了又不去治疗。

另一次心灵交流会上，一个寺庙的负责人谈到了类似的话题。他的寺庙建于20世纪50年代，一些和尚已经很老了。他说他们当中没有人有医保，最近一个和尚生病，几乎花掉了他们所有的资金。他说他不知道如果这种事情再发生他们该怎么做，他们的寺庙可能就维持不下去了！这些宝贵的团体需要有良好的健康计划。

之后，我想到我之前都在和有这样观点的人一起生活，我相信很多其他教的信徒可能也有这个观点。这种"忠诚"可能会让人们陷入麻烦，但这不是佛教法义教给我的。记住，佛教第一教义告诉我们的是，我们会生病、变老、去世，所以我们必须照顾好自己。我喜欢和那些教徒在一起，但是关于健康问题我还是需要其他观点。

有些人修行很认真，也有些人支持这个体系，如厨师、经理、律师、老师和学者。不过我想每种体系中，无论是办公室、家庭或寺庙里，都有单调的人、被动生活的人。似乎看起来是体系支持他们，实际上却不适合他们，他们成了罗伯特所说的活人。

因为我找到的道路对我来说很宝贵，沉浸在佛教社会里，很多年来我都觉得很满足，觉得自己找对了地方，我觉得很有成就感。但我还有很多新的东西要学，要让我的世界变得更大，避免成为罗伯特所说的活人，将新生活融入我的修行里。罗伯特谈到我们无法改变人们，但我们可以改变环境。我的课堂必须有更多的人。有一阵儿，我总用一种方式教学，后来发现那种方式不再适合我了。

我还有很多要学的。这对我来说很重要，也是我生活的主要方向。这些年来我从老师那和教义上收获很多，我也很尊重我学习的这个传统环境。但我必须将之扩大，我感觉自己未来工作的很大一部分是给自己的精神生活和普通生活创造更好的桥梁。

罗伯特的老师——富勒写下了自己的原则："我发现我服务的人越多，我就越有效，所以我总结，我愿意为每个人服务，这样我就会更有效了。在努力实现让所有人远离无知的自我毁灭的道路时，我们学会了应该立刻、详细、认真地采取行动。"

罗伯特是我的亲哥哥，但他也是我的精神哥哥、我的朋友，他不断鼓励我，让我拥抱更多人，将我的天赋发挥得更好。

现在，随着我和我这代人渐渐老去，我们也学到了更多的东西，因为我们所处的时代让我们必须树立为他人服务的意识。我们必须协调我们的生活，我们必须清醒地认识到我们剩下的生命是有限的。我不再把人们分成高贵和普通。难道我们可以不挖掘自己的天赋，就这样让其消失吗？

授人以鱼,不如授人以渔。学会渔,就是在精神和物质需要上找到了平衡,从而能在凡尘中历练自己的精神。

第14章
尾　声

罗伯特：贪婪的终点

我们都有两个账户，一个是我们个人的经济账户，这个账户表明我们个人的财产和能力：我们赚多少钱、花多少钱、欠多少钱；另一个就是我们的社会账户，说明我们在这个地球上做了多少好事：我们为多少人、多少地方、多少事情服务过。

1981年，我从富勒博士身上学到的最重要的一课，就是用我的能力帮助我自己和尽可能多的人。如果我这么做，就会感受到快乐和神灵无处不在。如果我只为我自己的利益，我的第二个账户数额则会不足。

我怀疑很多有钱人之所以痛苦，是因为他们积累的个人财富是以他人的付出为代价的。

另一方面，很多人的第二账户很富有，他们对地球的贡献很多，但是他们却忽略了第一账户，即他们的个人财产。我爸爸（我叫他穷爸爸）就是这类人。他一辈子致力于孩子的教育，代价是没有很好地照顾家。

我对教会一直不理解的是它宣扬金钱是万恶之源。金钱是《圣经》里谈到最多的一个话题，对钱的渴望是邪恶的。我不认为是这样。我说的是我还是小孩子时对教会和礼拜的印象。

我妈妈的一个教会朋友很有钱，她不用工作，因为她嫁了一个比她大但很有钱的人。他去世后给她留下很多钱，虽然她很有钱，但是她也批评我对财富的渴望。几年前，我第一次介绍我的智力游戏现金流时，她又一次问到她反复问的问题："你最近一次去教堂是什么时候？你不应该教育人们怎么变富，你应该教育人们去了解《圣经》和耶稣。"

从个人角度来说，我不明白为什么人们认为你不能同时爱上帝、爱金钱。我个人不认为爱金钱是罪恶的。金钱就是金钱，这与我爱家爱猫没有两样。只有赚钱和花钱的方式有好坏之分。例如，如果我抢银行或非法贩卖毒品，那就是坏的、不合法的。如果我做一份我不喜欢的工作或和我不喜欢的人工作，那也不好。如果我把我的钱浪费掉而同时家人还挨着饿，那也不好。

对我来说，金钱就是金钱。但真正糟糕的是，在我们的学校里并不教给人们理财知识，只有银行家和财务策划员才教，而那就像是狐狸进了鸡窝。过去几年，就是这些机构和这些机构里的工作人员（银行，投资银行家，共同基金公司，财务策划员，按揭经济人，股票经济人和地产商）导致了2008年的全球经济危机。很多人责怪次贷借款人，我觉得真正带来这场危机的是次贷投资银行家。他们太贪心了。就是这些财务人员和相关机构利用人们缺乏经济意识，从他们身上获利。也是这些人，他们只想忽悠未来的客户，却被请到我们学校教孩子们理财知识。这已经不是邪恶了，这是犯罪。

在教堂里，我学到耶稣在十字架下最后的话是："上帝，宽恕他们吧，因为他们不知道自己在做什么。"我在这本书里也说过，上帝也许会宽恕我们,但在现实生活中,人们会因为不懂理财知识而受到严厉的惩罚。

我相信最终会有一个大终结。这个终结并不是教堂里面说的那个,而应该是富勒博士所称的最终的审判。我认为富勒的观点很容易理解,是因为我们对未来的观点一致——人类正在自我毁灭的道路上。

我在1962年看见圣诞岛上的原子弹大爆炸时,我就想不明白为什么人类要花那么多钱和精力来相互残杀,我不明白为什么我们不花更多的时间和金钱把生活变得更美好。

听富勒博士谈最后审判,他的观点与教堂里面谈到的天启的观点很类似。他谈的不是骑士出现、升天、俘虏和基督再临,而是贪心和最后的审判会考验我们人类是否能够运用自己的头脑和上帝赐于我们的礼物——我们的资源——来为所有人创造一个可持续的生活环境,不只是为富人、为所谓的被选定的宗教与民族或被选定的某个国民。总之,他说如果我们不把贪心改成慷慨,那人类在地球上的生活就结束了。

我遇见富勒博士后,开始审视自己和他人的贪心。我能看出来太多贪心是有毒害的。贪心正在污染我们的地球,我们的地球已经对生命有毒了。贪心使我们用尽了我们的海洋,砍伐了大片的森林,而海洋和森林就是我们地球的肺。地球失去了肺,二氧化碳又大量排放,导致我们吸进的空气都有毒。

贪心还导致有毒的政府和有毒的政府政策。例如,美国政府付钱让农民不再种水稻,这样米价就一直上涨,而世界很多国家还生活在饥荒边缘。我们不养活人们,不让人们享受上帝的慷慨。

贪心导致金钱供给也有毒了,总让中产阶级负债,让穷人依靠政府支持。金钱供给有毒是因为政府可以任意印刷纸币，这样的"好玩的钱"让劳动人民的钱贬值，反而更加奖励那些玩金钱游戏的人。

很多宗教组织也很贪心，宣称只有一种宗教能进天堂：就是他们自己的。我不知道是否有天堂，但如果有的话，我相信也一定很大，通向大门的钥匙也不止一个。宣称通向天堂只有一把钥匙就是贪心，也导致了地球上的很多痛苦及暴力。

解决贪心的办法是什么？一个很明显的办法就是慷慨。富勒谈的宇宙会计就是指上帝的慷慨。他说太阳能现在还不是地球的主要能源的唯一原因，就是那些贪心的人还没有找到一个方法把计量表放在你和太阳之间。他们还没有找到办法来向你收太阳能费，而本来太阳能就是上帝为我们每个人免费提供的。

今天我们没有充分利用丰富的资源，而是花掉上千万的钱杀掉上百万人，只是为了石油。为什么不把那些钱花在如何应用太阳能上呢？为什么不把我们的家都变成用电的？原因就是贪心。

我们现在拥有把地球变成天堂的科技，问题是我们愿意这么做吗？我们是否愿意用心思考并采用新观念来维系这个地球？

很少有人知道1971年金钱规律被改变了。那一年，尼克松总统将美元和黄金取消挂钩。美元替代了黄金——黄金本来是上帝创造的货币，美元则是人造的，被当做法定货币，或者说这种货币不再以某种实际商品为基础。1971年，美元成为流通货币，也就是说它不再是真实意义上的钱了。

"流通货币"这个词源于"流通的"这个词。流通货币就像水流或电流，需要保持运动。所以你把钱存在银行或放在共同基金里会减少你的财富。你的财富在减少，是因为你的钱没有运动。当你把钱放在账户里时，你的钱移到了你的银行家、财务规划师、投资银行家和共同基金公司那里——但除了你。

就我个人来说，我不存钱，也没有退休金。我不让钱停下来，我的工作就是让我的钱不断运动。大部分人因为离开学校时没学到多少理财知识，所以他们的钱会越来越少。

我创立现金流的教育游戏，就是因为每个有理财意识的人需要控制他们的金钱流——他们的流通货币。有很高财商的人知道如何让更多的钱流进来。我的游戏教会人们如何控制现金流。

你可以选择盲目地将自己辛苦赚来的钱交给一个所谓的"专家"，或者你可以慢慢接受一些理财教育。我反对将你的钱交给理财专家有两个原因。一是你什么也学不到。如果你赚钱了，你也没有真正学到多少。二是如果你的专家并不厉害，你的退休金和你孩子的教育金就没了。

巴菲特（美国最有钱的投资家）针对这些财务专家和他们的建议是这么说的：

> 养老保险基金经理的眼睛是死死盯在后视镜上的。
> 风险来自于你不知道自己在做什么。
> 分散投资是对无知的保护，如果你知道你在做什么，那就没必要分散了。
> 华尔街是唯一一个这样的地方，开劳斯莱斯车来的人听取坐地铁的人的建议。

约翰·博格尔（先锋基金的创始人）强烈批评共同基金经理，他指出：

投资者投入100%的钱，承担100%的风险，却只赢得20%的收益。

共同基金投入0，承担0风险，却赚到80%的收益。

如上所说，上帝可能会宽恕那些不知道自己在做什么的人，但现实世界会惩罚那些人并从那些人那儿窃取很多东西。

1974年，金钱的规则再次被改变了。那一年，美国政府通过了员工退休收入安全法案，今天在美国被称做401K。简单地说，这个法案改变了雇佣规则。1974年前的规则是一个员工在退休后能获得退休金。但由于全球的经济竞争，美国公司觉得给员工付一辈子工资太昂贵了，所以公司要求政府改变规定。今天，员工得靠自己了。如果他没有足够的钱维持一生的生活，那是他个人的事情，不是公司的事情。今天，在美国，这个曾经是全球最富有的国家，上百万的工人在他们停止工作后需要政府来照顾他们，为他们付医疗费、生活费。这就是在一个人们和领导人都相信金钱是万恶之源的宗教社会里发生的事。金钱并不邪恶，对金钱的无知才是罪恶。

我决定和我妹妹一起写这本书，帮助她成为一个真正的富翁。我相信一个人要想真正富有，他们需要在精神上、身体上和心理上都富有。我知道丹增很多年来一直在锤炼她的精神，我知道她即使面对最残酷的个人、经济或身体的考验，如癌症和心脏病，也能很好地控制情感，从而继续保持乐观。

虽然她精神强大，但是依旧缺乏理财知识，而且还可能一直这样下去。她需要的就是训练头脑，像有钱人那样思考。让我用下面的图表来解释。这是一个四面体——最统一也最有力的一种结构。

很多人经济不宽裕，是因为这4个部分其中的一个或多个很弱。例如，我遇见过的很多人头脑聪明，但精神不够强大，或者容易感情用事。我有个朋友有工商管理硕士学位，她在经商方面头脑很聪明，但她缺乏对情绪和精神的控制力量。今天她的工作则是照看婴儿。我并不是说照看婴儿这个工作不重要，我说的是她经济不宽裕是由于精神和情感的因素，而不是因为缺乏思想。虽然她知道该做什么，但她在经济上仍是一团糟。

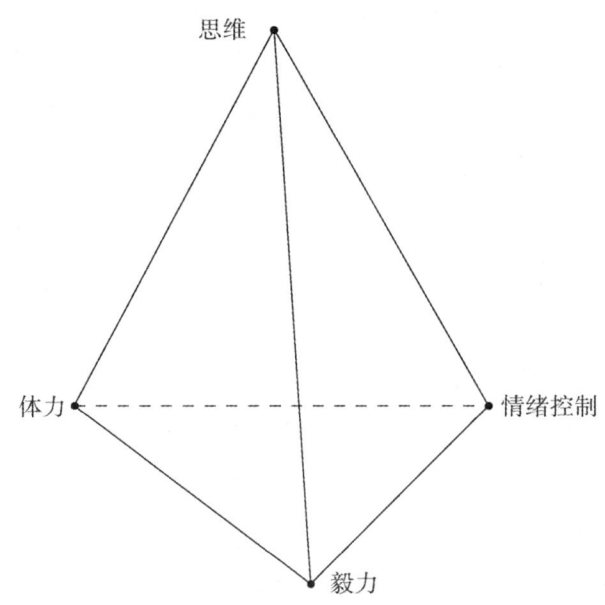

▲ 图片为一个四面体，上下左右分别是精神、情感、身体、思想四因素。经济上成功的人，这四个方面都很完整。

我认识的最成功的一些企业家是在教堂接受的训练。有些以前是摩门教的传教士，有些人则挨家挨户卖过《圣经》，他们都说那是他们曾有过的最好的商业经验，教会了他们纪律、决心和行动力，而且增强了他们的思想、情感、身体和精神的力量。

我没有在教会做过传教士，但我在美国海军待过。海军部队重视发展我的思想、情感、身体和精神，在那里我学到海军的任务比生命更重要。这也许就是海军说"在第 8 天，上帝创造了海军"的原因。这也许就是每周只有 7 天的原因。

在传统的公司里，如果你不得力，你就会被解雇。唐纳德和我推荐网络营销作为想做企业家的年轻人开始学习的地方，其中一个原因就是很多网络营销组织有很多培训项目，专门为发展人们的思想、情感、身体和精神而开设。只要你愿意学，他们就愿意教。

很多人思想丰富，但情感脆弱。就像我之前说过，我们是理性和感性的融合体。如果一个人情感脆弱，也就是太感性的话，虽然他们也许同样渴望财富，并且知道应该怎么做，但他们缺少情感的韧性来获得财富。这些人常说："我需要安稳的工作。""我失败了怎么办？""我可承受不了。"

这些都是因为情感脆弱造成的。巴菲特常说："如果你控制不了你的情绪，你就控制不了你的金钱。"涉及钱的时候，很多人都会表现出人类的弱点，这是因为他们太感性，从而让情绪压倒了客观情况。

在思想上，一个没受过多少经济教育的人常常生活在恐惧中，害怕犯错误，精神脆弱，祈祷得到拯救，渴望得到某种形式的保障，如一份薪水不太多的安稳工作。这种财务知识匮乏的人可能会受到那些别有用心的预言家的利用，如银行家、股票经济人等，他们表面上都似乎很为你着想。

很多人精神脆弱，他们可能每天都会去教堂祈祷。他们更多地是依赖希望而不是信心，所以我富爸爸常说："希望是为没希望的人准备的。"

我的第一个公司——冲浪者钱包公司失败时,就是信心而不是希望让我度过了生命中最艰苦的一段时间。那时,我不仅失业了,而且还欠投资商大概 100 万美元。但我没有放弃,宣布破产,我得在感性和理性之间作出选择。重新面对我的债权人和重建我的公司是我生活中最糟糕的一段经历,也是我生活中最美好的一段经历。它考验了我的人性,让我明白我在内心深处到底是怎么样的一个人。它也增加了我的精神力量,让我成为一个更好的人,让我成为一个会犯错误并会从经验中学习、成长的人。

我们知道一个硬币有两面,不过当涉及钱时,很多人只看到了硬币坏的一面。这就是他们没变富的原因。同样这些人往往也没能看到好坏都存在于每件事情中。我生意失败的经历不仅增强了我的心理承受能力,也使我的情感、身体及精神更强大。今天我知道第一个公司的失败是我生命中最宝贵的一次经历。虽然我当时确实很痛苦,而且那种痛苦持续了好几年,但它也给了我信心——我相信我能从失败中获益的信心,正是这种信心让我一直前进到现在。

今天,当我遇到特别害怕失败的人们时,我知道他们只看到了硬币坏的那面,而没有意识到还有好的那一面。这些人也许常去教堂祈祷,但除非他们迈出第一步,承担风险,否则他们的精神则不会被考验,他们的精神也就没有机会成长。

在学校回答正确的人会得到奖励,回答错误的人会得到惩罚,但在现实生活中没有必然正确的答案。现实生活是一个多选题,有时候我们会猜错。

乔治·索罗斯(我们这个时代最伟大的投资家)这样评论过投资,其实也可以适用到生活中的各个方面:

你必须作出决定，即使你知道你也许会错，你不能避免犯错误。不过你要知道万事都有不确定性，这样你才能更容易改正错误。

在学校，最聪明的人是那些从不犯错误的人。但在现实生活中，最聪明的人是那些犯错误并从错误中学习的人。我的穷爸爸是一个非常聪明、非常优秀的老师，在他离开学校系统时则变得一无所有。尽管他学术上很有成就，但他却没能为现实生活准备好！他不知道从错误中吸取经验。

那些人利用了他对金钱的无知欺骗了他，他没有好好享受退休生活，直到去世的那天他都一直忍受着经济困窘的压迫。没有稳定的政府工作，他就像是离开水的鱼，没有了希望。

很多人最痛恨被告上法庭，我却把这个过程当做学习和检验自己的机会。我今天能更富有，无论是心理上、情感上、身体上，还是精神上，都得益于那些经历。

健康也是一样的道理。我天生心脏有一些缺陷，遗传了我母亲的风湿热。在我的一生中，心脏都时不时有些问题。我没有被身体的缺陷所牵制，我唤醒我的头脑和精神，让我变得更强大。医生告诉我"不能踢足球"，不过我还是踢了。医生告诉我"不能参加军校"，结果我也去了。还有飞行学校也是这样。我的心脏没有让我变得更脆弱，却让我变得更强。

我们不能忘记我们生来就有感性和理性。生活给了我们机会，让我们增强理性和精神的那一面。同时，不幸的是，很多机构就想利用我们感性的弱点来谋利。

我们很多人都知道商界里最危险的两个字就是："信我。"你听到这句话时，一定要抓紧你的钱包了。做企业家和投资家这么多年，这句话我听到过很多次。我听到这句话的时候，就如同我听到"我是个虔诚的基督徒"一样，就想跑。

只要有人打出宗教的招牌，我就很怀疑。因为某人是个虔诚的基督徒、犹太教徒、穆斯林、佛教徒或别的什么教徒，并不意味着他们就一定在商界里面诚实、可靠或能干。

"我很正直。"

如果你说你很正直，那很可能你就不是的。我宁愿看行动。

"我是来帮你的。"

我听见这句话时，我就想他们是想帮谁呢？他们是来帮我的，还是来帮他们自己的？

"我会一直支持你。"

我的富爸爸常说："人们喜欢站在你后面，因为那样更容易伸进你的口袋。除此之外，如果他们站在你后面，你就看不见他们真正在做什么了。"

虽然我一听见这些话就很警觉，但是我还是上过很多次当。现在我年龄越来越大，也更成熟了，每次我失去或者信任某个不值得信任的人，或者犯了错误时，我就提醒自己每个硬币都有两面。就我个人来说，我从坏的合作伙伴、骗子和错误里面学到了很多。实际上，他们使我变得更富有。

我很感激我失去了金钱。记忆也许很痛苦，解决问题的过程也很艰难，但是教训却是无价的。经验，无论好坏，都是滋养我们精神的食粮。

我对上帝和金钱的最后想法是：我相信金钱最后会属于那些最正直的人，远离那些狡诈的人。也不一定是说他们是坏人或骗子。

我的意思是，金钱会属于那些在乎它、尊重它并知道如何挣钱的人，而远离那些滥用或者不知道如何保管它的人。

这也是四面体的四点都对富有很重要的原因。

如果我们不道德，我们就只能和不道德的人做生意。例如，一个有强烈道德感的人就很难经营色情业。那些遵守规则的人会远离那些违反规则的人，就像生活中的所有事情都是"物以类聚，人以群分"一样。

我在教堂里还学到的很重要的一点就是"话成肉身"。换句话说，我们就是我们的语言。在理想世界里，我们都知道我们应该说真话并遵守诺言，不要说我们做不到的话。但在现实生活中，撒谎往往比面对面说真话更容易，我们很容易食言，这些事情会减少我们的精神力量。

例如，我有个朋友常常许下承诺却又做不到。他不是个坏人，但就是记性不好。他做生意越来越不顺，因为老客户知道他靠不住，他得艰难地不断寻找新客户。

我从富爸爸那里学到的很重要的一课是，如果我们的话现在没有用，那我们的话在将来也没有用。每次我们失信于人，我们就失去了力量。除了失去力量，我们失信的压力还会挂在脖子上，这意味着我们得更努力地工作。如果没有人信任我，我说"我要做一笔100万的生意"，你会投资给我吗？那很可能大部分人，甚至我的朋友都会回答"不"。

反过来，如果一个人信守诺言，那他就获得了预言未来、实现未来的能力。如果你值得信任，你说："我要做一笔100万的生意，你会投资给我吗？"很可能大部分人都愿意。

我们都有过被人失信的经历。我的一个朋友借了我25块钱，没有还。今天我就不会给他投资。他的话成了他的身，这不好。如果你想变富，那就要信守承诺。

你的话是你被人衡量的标准。

我写这本书的原因之一就是想强调思想、精神、身体、情感相统一的重要性。我生活中很多次的经济和个人危机，都是因为没有保持这种统一而造成的。我的第一个公司失败了，是因为虽然我有勇气，却缺乏经商的知识。公司在迅速成长时，我个人没能很好地跟上它的脚步。

回去向投资者道歉，坦白承认失去了他们的钱是很需要勇气的，不过坦白却让我重新获得了四面体的统一。

我不想让你认为我是完美的。我向你保证，我知道自己离完美还很远，我知道我还有很多东西要学。

我这么说是因为我确实相信上帝。我相信我们体内也都有一个伟大的神灵。当我们能够面对一切（无论好坏）都能从中学习时，我们的生活就会变得更美好，我们就能变得更富有、更快乐，从而离上帝更近。

那对付贪婪有办法吗？一个途径就是变得更加宽容。富勒博士谈到"宇宙会计"时，他谈的就是上帝的宽容。如果我们确实有两个账户，第二个社会账户用富勒的"宇宙会计"来衡量的话，我们就能专注于自己在这个地球上做的好事，不再贪婪。我们为多少人、多少地方提供过服务，我们有没有很好地利用自己的天赋来创造一个在精神、思想、身体、情感上更加丰富的生活呢？

丹增：善有善报，涅槃和过去的生活

如何过得更好，让精神和物质都更宽裕，罗伯特提出了很多重要的观点，首先看看我们能为他人做什么，我们的目的都是为了让这个世界变得更好，为自己和身边的人创造一个"人间天堂"。

这个方法在佛教关于因果报应和涅槃的教义里也有反映，我之前都提过的。这两点对于我们的过去、现在和未来都很重要。

在讨论富勒博士提出的一些规律时，罗伯特担心自己没有足够而全面地进行阐述。就像他和讨论小组一起分析富勒博士的理念，我们很多人也长时间地讨论佛教教义，学习是永无止境的。我这里谈到的是这些中心思想的其他方面，以帮助你更好地去理解它们。

因果报应

因果报应是头脑的产物。因果报应的发生也许是无意的，就像不小心踩到了你的宠物。一个完整的因果循环需要四个部分，即意图、目标、行为、完成。

这里有个例子：一个周六晚上，在我去超市的路上，我看见一个男人站在花店外面盯着漂亮的鲜花看。突然，他抓起两大把花跑掉了。我猜他偷这些花是为了送给他的女朋友。在偷窃的行为中，他去那家店是因为花就摆在外面，很容易得手（意图），他看好要偷走的那一束（目标），拿走了（行为），很高兴他没被抓住（完成）。

这四个部分完整地构成了一个偷盗的因果循环。如果缺少一个，例如，后来他后悔偷了花，或者到花店后决定不偷了，那这个因果循环就不完整了。

好的循环也需要同样的部分：确定意图，观察目标，采取行动，满意结束。带来行动的主要因素就是意图。很可能这个偷花的人没钱，又想给住院的邻居送花。这样的意图是慈善的，不过带走不属于你的东西还是不道德的。

如果意图是好的，行为也是合道德的，关系和环境就和谐了。

有时候，我们的行为也许别人看来是好的，但其实动机是为了自己，打算欺骗或伤害别人。有时候，我们的行为似乎是有害的，而事实上是为了别人好，比如父母或老师在教育我们时。还有些时候我们是好心，可是却没达到预期效果。

一天，我在印度的寺院里，邀请我老师的侄女来参加我的课程，因为我以为她会喜欢看怎么给西方人上佛教课。我们的寺院位于山脊很高处，上课的地方在山脚，道路很难走。我们就挑了一条下山的小路，可是却在半路上遇到了山体滑坡。泥土直接滑到我们身上，我们回不了头，只得在泥土中继续前进，非常艰难。

还好最后没出什么大问题，但我之前可不想这样的。可是，我们的行动有时候就像赌博，我们无法预料会发生什么。

你的行为会带来快乐或痛苦。简单来说，如果你用心做好事，你会获得快乐。如果不是，你就不会得到快乐。我们都有道德或不道德的行为、语言和思想，我们一直都可以带来这种循环。有道德的意图和行为能带来将来的快乐和幸福，有害的意图和行为会为将来的快乐埋下隐患。

报应并不是简单的"x=y"公式，也不能说因为 x 你就得到 y。

我们身边的经验、关系和一切都显示着因果报应。我们看待事物的方式、我们理解自己经验的方式、行动的方式都有赖于因果循环。除了现在正发生的，我们的经历就是我们以前行为的结果。我们也受到社会、年代、家庭、组织、学校、朋友、邻居及很多其他因素的影响，我们的行为就是这些影响的产物。

每件事都有因果，所以佛教也没有一个很简单的解释。有人认为因果是注定的，我们没有选择。你生命中的所有快乐都是因为你之前做的善事。因果是有定数的，如你没做什么事，就不会得到一些结果。不过也不是一定会有那么确定的因果报应，环境的变化也会在其中起到作用。

你对事物的处理方式是可以选择的。你现在的行为就会为将来的事情埋下伏笔。如果你行善，为众人谋福利，就会带来现在和将来的快乐。有时候有些行为很痛苦，可我们必须这么做，因为结果是有益的。例如，为了健康进行手术或者约束自己的消费习惯，这样就不会负债累累。

如果人们看到结果的重要性，就会愿意承受身体或心理的痛苦了。

现在的事情也是我们过去行为的结果，如果我们没有创造原因，我们就不会经历结果。现在生活的事件能让我们看到过去的自己及过去的生活。我们佛教徒并不认为这是我们的第一世，我们有很多世，不断轮回，直到我们直接理解自然和存在，也就是开悟。

如果人们认为这辈子就是我们唯一的生命，他们会认为我们生命中发生的一切都是没有理由的。坏事发生时，我们想要找出原因，为什么会发生这些。如果我们想不到有什么原因，特别是某事很糟糕，我们就会意外，为自己辩护，觉得很困惑，不明白为什么这么糟糕的事情会发生在我们身上。

如果有好事发生，我们就很兴奋，以为我们是交了好运，是天上掉馅饼了，是我们得到了恩赐。这些态度跟接受因果报应的人的想法很不一样。

在因果报应的概念里，如果某种困难出现的话，即使我们想不起做过什么会带来这种困难，那我们也应该为它的出现而高兴。为什么？因为这意味着我们过去曾做过的恶事现在终于要结束了。而当好事发生时，则说明我们过去行过善。

即使我们今天行善，想为明天创造更好的环境，我们还是要经历过去的行为的结果。这也解释了为什么好人会有坏运、坏人可能有好运。我们对过去的行为不能控制，但今天的行为却能决定明天的情况。

创造好的原因，我们就能有好的结果。如果因果是立刻的，我想我们都应该小心自己的行为。

《珍贵的伽蓝，一封给国王的信》，由约翰和萨拉翻译，是第一世纪的印度大师阿卡亚所著，是给一位想要规范生活、永世统治人们的国王的建议。

> 恶会带来痛苦，
> 还有一切邪恶的诞生，
> 善会带来幸福，
> 还有一切新的生命。

就如前面提到的，我们做了好事时我们想要每个人都知道，不过当它们带来伤害时，我们就会想隐藏我们的行为。不过，如果心里有因果这概念，我们在将来总是要体会这个行为的结果。因果报应没有重量也没有形式，但在你心里却有烙印。我的老师说："如果因果报应有重量的话，我们就都站不起来了。并没有人在那儿给你记分，是你自己造成你的一切。如果我们认真想做某件好事或坏事，在事情做完后觉得满足，我们就创造了一种力量，想要再去做一次，享受做的过程，或者觉得做的还满意，我们总会为自己的行为找理由。"

我们被思想相似的人所吸引，因为这样我们不仅觉得自己的行为是正确的，而且还觉得周围的人也是赞同的，从而会鼓励我们的行为。这些心理态度成了我们的世界观。我们的行为（好的或坏的）不断地影响着我们。

当我们发现自己无意间做了一些有害的事情，并为此后悔时，就是我们朝向正确方向前进的标志了。避免坏的行为、后悔做了伤害人的事情，就创造了正面能量，或叫好的报应。后悔不是负罪，是意识到某些行为不对，对你自己和他人都没好处。

但不要总停留在负罪感里，迷信自己是个坏人，没有救了。这会消去你的能量，让你抑郁，而不能消减负面情绪。

负罪感并不能解决问题或习惯性的行为。负罪感还是以你自己为中心，而不是你伤害的人们。

后悔能让你明白你伤害了其他人和你自己。我们应承诺再也不这么做了。如果是一种习惯性的行为，也许会很难改变，那就先承诺在一定时间内不做。这样你可以信守承诺，从而开始积累力量并继续下去。

其次，在承诺后，考虑一下这个决定会对你的生活有什么样的影响从而决定接下来的几天或几周你能做的正面的事情。例如，向你伤害过的人真诚道歉。如果做不到这样，做些别的事情来让身边的人都知道你的承诺。你不必告诉每个人这是为什么，但你的承诺关系到你的生活。

给朋友送花，帮邻居做点小事。回想你的老师、父母及那些在生活里真正帮过你的人，感谢他们。也想想你身边的人及那些有益和有趣的事，并心怀感激。

我们都希望快乐，我们知道我们做得不好时会让他人不快乐。根深蒂固的偏见、责备，会让他人感受不到爱、感受不到关心。我们习惯性地对待彼此，对不尊重和缺乏爱心更加执著。但坏习惯也可以改成友爱的、关心的习惯。

我和我母亲的关系说不上好，但她去世后，我很后悔，后悔没能跟她进行更多的交流，后悔没能给她更多的爱。于是，父亲就变得更加珍贵。每年，我都会飞回家陪爸爸过上几周，在他的花园里种种花草，或摘些花送给朋友、打扫房子、陪他。我喜欢和他一起听夏威夷音乐，那时候已经很流行了。我们常在一起谈话，现在他一个人也不太需要工作了。

有时候谈话还有些困难，因为他总盯着电视看高尔夫或某个节目。他喜欢给艾丽卡和我做饭吃，我们就在厨房聊天，在饭桌上也聊。

即使我在加州忙于抚养艾丽卡时，我每年的假期都还会和爸爸一起过。有几次我都选了一间房画画，作为我在爸爸家的工作。爸爸也会参与，我们都很快乐。我在印度时，每一两周会写封信给爸爸，我将爱都灌注到爸爸身上，因为现在我已经没有妈妈了。

妈妈去世后20年，爸爸也去世了。现在我们都长大成人了，但我还是觉得很孤单。我很想念他们，觉得失去了父母的爱。我们成了老一辈，年龄不断增长，逐渐走向死亡。这是事物的自然规律。

作为比丘尼，我不行恶，我为我的每个行为负责，比丘尼的生活更加让我清楚我每天的行为。我承诺过要遵守誓言，即使在睡梦中。当然，我还是会让人们失望，甚至让自己失望。有时候我忘了承让他人，有时候会说不清楚或者忘记一些事。

但我会调整步伐，继续前进。我们已经得到了宝贵的生命，要为下一次的生命作准备了。我们在身体、语言、思想上都要作好准备，在与朋友、敌人、陌生人相处时也是如此。

在我快写完这本书时，我在佛经《法句经》里看到这样一段话：

> 年轻时没能过得圣洁、没有财富的人，会像没有鱼的水塘里的老鹤那样枯萎。

这个比喻给我很强烈的震撼，因为我正面临新的旅途——和我哥哥一起写书。我知道这本书会将我带进大众的视线里，我的生活会因此改变。

几十年来我都生活在贫困线的边缘，亲眼看到很多人付不起医疗费。现在我能赚到一些钱维持生活，不必完全依赖人们的好意，这对我也是一种安慰。发现自己在60岁时还能找到工作赚钱是一种很愉快的体验。我相信总有人会帮我，不过我也想为社会尽点力，并创造一些财富，这是我的动机，也是平衡修行与生活的正确方法。

一个没有鱼的池塘里正在枯萎的老鹤的形象对我震撼很大，我从个人和全球方面来理解这个问题。几千年来，寺庙和传统的修行者都是由社会扶持的。过去的群众有足够的时间和金钱，但是现在群众的时间和金钱已经减少了，因为现在的经济不景气，美元贬值，甚至交通都很拥堵。今天世界的空气、水、油、食物和土地等已受到污染。这就是我们生活的池塘。

一个周日的早上，我和罗伯特与金一起去听一个为8000人举办的讲座，罗伯特告诉我大部分听众是基督徒。当时我就在想，他们为什么不在教堂里呢。

父母都要长时间工作，没有经济保障无法充分享受生活，更别提有闲暇在每个周日去教堂了，人们都想赚更多钱。我发现人的天性是大方的，都有想要支持慈善事业的意愿，但他们需要钱和时间去这么做。当然，也有很多其他原因造成没有以前那么多的人去做礼拜了。宗教本身的问题让人们更警觉。不过警觉能帮助净化我们的精神追求。

我们能影响现在发生的事情。当困难、疾病和其他问题发生时，可能很让人心烦，但不要被这些问题所压垮。我们可以检查自己的心态，利用问题帮助我们的精神成长。我们锻炼毅力、耐心和同情，当看到我们身边的人面临困难时，我们则应该帮助他们。如果生活一直那么美好，我们就不会渴望改变了。

不过不管怎样，改变还是会发生，我们会变老、会生病、会死亡。这种观念深深影响着我每天的生活。

因果报应很强大、微妙而深入。回顾自己的行为，看看报应对我们个人和集体的影响，我们就应该对我们的行为加以规范。

这个世界的资源正日益减少，地球也在变暖，我们必须学会和他人及环境和谐相处，在这个联系日益紧密的世界里学会宽容、合作和友好。

思考、涅槃和重生

思考能让人变得清醒，虽然其依赖身体和大脑，但思想却不是物质的。例如，目的就是一种心理行为，思想是看不见的。思想没有重量，也不受时间或空间的限制。你可以坐在这儿读这本书，回想5岁时进幼儿园，或者你在18岁、30岁、60岁时在做什么。这表明了思想的连续性。

思想不是物质的，又有连续性，这就是佛教关于重生和转世的基础，解释了人从一个生命到另一个生命的连续过程。

今天美国人的平均寿命是80岁，随着全球变暖及污染和其他因素，我们能延长多少寿命还很难讲。不过思想还能继续前进。它不会像身体那样老去，虽然也会出现一些问题，如脑疾病、醉酒或看太多电视，但如果是正常情况，思想有超越极限的潜力。

我们一直会改变。如果事情不会变，就没有改善了。我们可以克服懒惰或者坏习惯。我们必须有意识地改变心理态度和行为，从而来培养同情和智慧、爱和友善，克服贪婪、偏见和自私。我们不能控制或改变过去发生的，但我们有能力决定或指引我们现在的动机和行为——这辈子的，为下辈子创造更好的前提。

生命是有限的，然而我们有时间来完成我们的目标。

即使我们的情况不好，但有坚强和美德，我们就能承受很多。反过来说，如果一个人的头脑充满了忌妒和仇恨，即使有最好的物质条件，如健康、美貌、朋友、财富和美食，也不能有一个好的思想。

这表明内心的状况对于我们的日常生活是很重要的。生活可能很困难，不过思想可以很快乐。

我们的身体和普通思想（或叫感觉意识）也是不断变化的。知道我们从哪里来、我们为什么在这里、我们前往何方也很重要。通常我们不会问自己为什么在这儿、我们是谁，虽然我们小时候可能会这么问。我记得我曾经问过："我为什么在这个家庭，而不是别人家呢？我为什么长相是这样？"我们大多数人，在生活的某一时刻，都会问我们死后会去哪里。身体会灭失，但意识很难说会发生什么变化。因为思想不是物质的，没有形状。

一般人认为，一旦我们死掉，就什么都没有了。根据这个观点，我们的思想是身体的化学反应，身体死了，思想也就停止了。但是即使从物质的观点来看，形式改变后现象仍会存在。就像水变成冰或蒸汽一样，我们的身体成分会重新变成尘土。佛教相信在非物质方面也有类似的微妙变化，特别是思想。

身体会变老、生病、死亡。佛教认为，人死后思想会与身体分离，与这辈子的联系结束了。死的时候，所有与生命的联系都消失了，思想不再认识这一生的人和事。剩下的是思想对一些观点的倾向，我们习惯性的倾向和反应还是保留着，成为下一生的基础。

上一世的因果会决定你重生时的情况，决定你出生的家庭、你的人际关系。人的一生很多行为是可以预见的，有些人很周全、友好、大方、喜欢合作，还有些人则很狡猾、爱偷盗、伤害别人、挑拨离间。人们时常在变，但我们的行为还是渐渐不自觉地变成了习惯。

继续存在的就是我们一直保有的习惯。

佛教认为，世界都是由因果构成的。问你自己：你的这辈子是有原因的吗？如果有，那是什么呢？如果死后还有下辈子，那又有原因吗？如果某人总是做坏事、偷盗、伤害别人，那会对他的下辈子生活带来什么影响呢？

行为的后果不会就这么消失，就像生命结束时我们创造的一切物质不会就那么消失了。善会带来善果，就像种子的成长需要很多条件一样，它们也要到一定时候才会成熟，也许还会变形，因为有多种影响因素。

在文化上，轮回的理念在印度和很多亚洲国家都被广泛接受。我们是否相信轮回取决于我们出生的环境和文化，在西方，人们相信这是我们的第一辈子，而东方文化相信我们有很多辈子。如果我们的观念与出生时接受的文化不一致,我们常常会提出疑问,并挑出和我们观点类似的人。

虽然我和罗伯特出生时接受的是基督文化,但当我在高中和大学里接触到轮回的观念时,我马上就被其吸引了。这个观念似乎很合乎自然。我怎么会过上我现在的生活的?我这辈子将要做的是什么呢?这些问题一直在我追寻精神家园时缠绕着我。

进行佛教研究让我对轮回有了更深入的认识,佛教揭示了思想连续性的自然过程、各辈子之间的过渡,以及我们如何通过动机和行动创造原因。在藏传佛教里,有些人被认为是前世的大师转世。他们是社会很重要的一部分。我在印度时也深受其影响,我能接受轮回是一种生命的自然过程。

在佛教里,我们有无数次的生命,我们的生命让我们有机会来修正我们身体、语言、思想方面的不足,这样就为下一生作好了准备,使我们能从无限的轮回里获得自由,从而最终开悟。

涅槃意味着从没开悟的存在中解放出来,而不是指某个有魔力的地方。涅槃意味着你不再受苦。你的思想不再受到负面的观点的污染,你已经剪断了痛苦存在的根源。一个寻找涅槃的人不断排除杂念,修炼自我,洞察自然的存在。

涅槃有两种层次:第一种层次是一个人可以免受无数的轮回,第二种层次就是开悟。第一种层次包括成佛,一个选择重生的人是为了他人的利益而存在的,他们的行为都是为了他人。第二种层次是指完全纯净的状态。菩萨就是指"醒着"的人,没有任何缪想和有害的行为,能揭开错误和无知的面纱看到真实。

在佛教看来,所有的人都能获得涅槃与开悟,如果他(她)想的话。

后 记
心脏的变化：一个真实的故事

2008年9月3日，我住进了亚利桑那州的美雅诊所准备心脏手术。

从出生后，我的两瓣心脏就一直很脆弱，但这也没能阻碍我努力工作、努力生活。除此以外，我一直把压力当做动力，我一直相信压力能促使智慧的成长，我也一直这样生活着：逼自己努力、更努力，吃很多红肉、喝很多烈酒来增强体力。

手术后，我恢复得很好很快。我很勇敢，就像我对生命中的很多挑战一样，对疾病我选择勇敢面对。手术三周后我就又开始了日常锻炼，开始高负荷的工作。

手术四周后，我回到医院复查，医生的建议是：减少生活的压力、不要太操心、沉思、练练瑜伽。

很多年以来，确切来说是61年，我一直在听我心脏的跳动，我太清楚它的问题了，我的心跳无力、无规律、不稳定，但这一切都过去了。现在晚上我能够好好休息，心跳也很稳定。

我想到医生的建议，关于压力、瑜伽、健康的饮食，当然还有沉思。这只努力生活、拼命工作的豹子会改变它的习惯吗？

让我惊讶的是，我真的在思考着改变，时间会告诉我们一切。

有一点我很确定，心的改变能够带来很大的变化。

罗伯特·清崎
2008 年 10 月

我们对你的祝愿

我们祝愿你生活幸福。

我们祝愿你拥有爱和快乐。

我们祝愿你和家人及精神家园都有爱。

谢谢你!

一位智者曾经说过,"一个人能给你的最好的礼物就是他的时间"。

我们都知道时间是非常宝贵的。

所以谢谢你们的时间,谢谢你们阅读这本书。

我是富爸爸公司

我是富爸爸公司，欢迎来到我的世界，这个世界充满可能性——学习和理解，这是一个自己为自己负责的世界，通过我，各种背景的来自全球各地的人们都有机会实现自己的梦想。我不仅仅是一家公司，还是一位唤醒者、一名教师、一个社区建立者，我改变了生活，并决心在将来继续改变生活，我不会停下来。我是富爸爸公司，我在这个地球的使命就是改善人们的经济状况。

我的使命很吓人吗？当然是的。我害怕吗？从来不。因为富爸爸公司就是要带来信仰的跨越。这种跨越是星星之火，可以燎原，可以带来改变，可以带来成长，我想接下来很多人又会出现很多糟糕的状况，要唤醒这些迷途者的大脑和心灵，需要坚定和勇敢的行动，他们一直盲目跟从，以为自己走在光明的大道上。

我是富爸爸公司，我不相信空想能给别人带来任何东西。当你还能够学习、了解、行动的时候，为什么还要空想呢？我不是一名慈善家，而是一名教师，而且是一名很严厉的教师，有一些人可能还接受不了。我不会用委婉的语言，大部分时候我都直言不讳。我重视行动。为了明天的幸福，我要求今天必须努力，但是我也会重视课堂的简单化及趣味性、实验性和难忘性。好老师都是这样的。

我知道有些人是不会努力的，他们就是太懒了，太胆小了，太优越了，他们错误地以为自己活得很安稳，掌控着自己的生活。也有些人会过来向我学习，他们过来的时候我都会给他们提供很多入门的帮助：他们适合看的书、游戏、录像、讨论会、教练。我有很多通向成功和财富的门，这些门只为那些有意愿的人们打开，跟他们的生活状态无关，我的行动始于梦想。

就像我的那些学生，我也一直在学习，在成长。我意识到，真正的幸福意味着从经济的富足到完全的富足，包括各方面的良好状态：身体健康、精神饱满，有爱心、有事业、有方向。这是一种真正的富裕生活，这是我的下一个转变。我们不是在成长就是在枯萎，那些通过我得到转变的人都有很多伟大的故事，这些故事充满了力量、乐观、精神和胜利。这些人已经超越富爸爸的基本原则，正在走向一种真正富足美满的幸福生活，有了丰富的生活。我也是他们中的一个。

迅速提高财商的三个方法

方法一：阅读"富爸爸"系列书籍

财富观念篇
《富爸爸穷爸爸》
《富爸爸财务自由之路》
《富爸爸提高你的财商》
《富爸爸女人一定要有钱》
《富爸爸杠杆致富》
《富爸爸我和埃米的富足之路》

财富实践篇
《富爸爸投资指南》
《富爸爸房地产投资指南》
《富爸爸点石成金》
《富爸爸致富需要做的6件事》
《富爸爸穷爸爸实践篇》
《富爸爸商学院》
《富爸爸销售狗》
《富爸爸成功创业的10堂必修课》
《富爸爸给你的钱找一份工作》
《富爸爸股票投资从入门到精通》
《富爸爸为什么A等生为C等生工作》

财富趋势篇
《富爸爸21世纪的生意》
《富爸爸财富大趋势》
《富爸爸富人的阴谋》
《富爸爸不公平的优势》

财富亲子篇
《富爸爸穷爸爸（少儿彩图版）》
《富爸爸发现你孩子的财富基因》
《富爸爸别让你的孩子长大为钱所困》
《富爸爸穷爸爸（漫画版）》

财富企业篇	《富爸爸如何创办自己的公司》
	《富爸爸如何经营自己的公司》
	《富爸爸胜利之师》
	《富爸爸社会企业家》

方法二：玩《富爸爸现金流》游戏

风靡全球的《富爸爸现金流》游戏浓缩了《富爸爸穷爸爸》一书的作者——罗伯特·清崎三十多年的商界经验，让我们在游戏中模仿和体验现实生活的同时，告诉游戏者应如何识别和把握投资理财机会；通过不断的游戏和训练及学习游戏中所蕴含的富人的投资思维，来提高游戏者的财务智商，最终实现财务自由。

方法三：关注读书人俱乐部微信

北京读书人俱乐部微信公众号由北京读书人文化艺术有限公司运营，为"富爸爸"读者提供符合富爸爸理念的各种理财资讯、产品和工具。读书人文化是一家专业图书策划与出品公司，一直致力于为读者提供幸福生活的知识。从2000年成立至今，读书人文化已在投资理财、文化生活和少儿教育三个领域确立了自己的文化理念和品牌，先后策划出品了"富爸爸穷爸爸"系列、《谁动了我的奶酪》《金字塔原理》《空谷幽兰》《中国的品格》《莲花次第开放》《一心一意来奉茶》《小狗钱钱》《儿童自我成长小百科》等优秀图书。同时，公司也以自身积累的图书和作者等优质文化资源为载体，不断拓展相关衍生产品与服务，如培训讲座、投资工具和影视作品等。读书人文化将秉承"读书人当为天下爱书人服务"的理念，用更多优秀图书和产品，助力读者的财务自由与心灵自由之路。

readers-club
扫码关注读书人俱乐部
获取更多相关资讯

读书人淘宝店
扫码关注读书人淘宝官方品牌店
获取更多优惠信息

图书在版编目（CIP）数据

富爸爸我和埃米的富足之路/（美）罗伯特·清崎，（美）埃米·清崎著；刘思佳译. — 成都：四川人民出版社，2017.10

ISBN 978-7-220-10357-5

Ⅰ.①富… Ⅱ.①罗… ②埃… ③刘… Ⅲ.①教育家-传记-美国-现代 Ⅳ.① K837.125.46

中国版本图书馆 CIP 数据核字（2017）第 230177 号

Rich Brother Rich Sister
Copyright © 2009 by Robert T. Kiyosaki
This edition published by arrangement with Rich Dad Operating Company, LLC.

版权合同登记号：图进 21-2017-504

FUBABA WOHEAIMIDEFUZUZHILU
富爸爸我和埃米的富足之路

〔美〕罗伯特·清崎　〔美〕埃米·清崎　著　刘思佳　译

责任编辑	李淑云
特约编辑	张 芹
封面设计	朱 红
版式设计	乐阅文化
责任印制	聂 敏
出版发行	四川人民出版社（成都市槐树街2号）
网　　址	http://www.scpph.com
E-mail	scrmcbs@sina.com
新浪微博	@四川人民出版社
微信公众号	四川人民出版社
发行部业务电话	（028）86259624　86259453
防盗版举报电话	（028）86259624
照　　排	北京乐阅文化有限责任公司
印　　刷	三河市中晟雅豪印务有限公司
成品尺寸	152mm×215mm　1/32
印　　张	9.75
字　　数	231 千
版　　次	2017 年 10 月第 1 版
印　　次	2017 年 10 月第 1 次印刷
书　　号	ISBN 978-7-220-10357-5
定　　价	39.80 元

■版权所有·侵权必究

本书若出现印装质量问题，请与我社发行部联系调换
电话：（028）86259453